本研究受教育部人文社会科学研究青年基金项目“学术社会化视角下博士生科研能力的形成机制及其提升研究”（19YJC880046）资助

从学生到研究者：理科博士生的学术社会化之路

李永刚　著

中国财经出版传媒集团
经济科学出版社
Economic Science Press

图书在版编目（CIP）数据

从学生到研究者：理科博士生的学术社会化之路/李永刚著．—北京：经济科学出版社，2019.9

ISBN 978－7－5218－0948－0

Ⅰ.①从…　Ⅱ.①李…　Ⅲ.①博士生－研究生教育－研究－中国　Ⅳ.①G643.7

中国版本图书馆 CIP 数据核字（2019）第 204942 号

责任编辑：张立莉
责任校对：隗立娜
责任印制：邱　天

从学生到研究者：理科博士生的学术社会化之路
李永刚　著
经济科学出版社出版、发行　新华书店经销
社址：北京市海淀区阜成路甲 28 号　邮编：100142
总编部电话：010－88191217　发行部电话：010－88191522
网址：www.esp.com.cn
电子邮件：esp@esp.com.cn
天猫网店：经济科学出版社旗舰店
网址：http://jjkxcbs.tmall.com
固安华明印业有限公司印装
710×1000　16 开　18.5 印张　300000 字
2019 年 11 月第 1 版　2019 年 11 月第 1 次印刷
ISBN 978－7－5218－0948－0　定价：89.00 元
（图书出现印装问题，本社负责调换。电话：010－88191510）

前　言

提升博士生学术创新能力和培养质量是我国博士生教育相当长时期内的核心主题，培养优秀的研究者作为当前博士生教育改革的优先议程，不仅得到相关政府部门的重视，而且受到大量研究者的关注。为此，许多实践者与研究者将视角聚焦于博士生招生选拔机制、分流淘汰制度以及以提升科研绩效为质量表征的教育制度改革之上，然而，培养制度的改革是否与博士生自身成长的规律相吻合？或者说，现有的制度改革设计能否有效帮助博士生从学生成长为一名优秀的研究者？正是基于这一考虑，本书将转换视角，聚焦一项更为基础的议题，即博士生教育阶段研究者素养与能力的养成过程。

围绕这一主题，本书将探讨的具体问题包括：第一，在现代科学研究模式变革和组织方式改变的背景下，学术科学家的素养和能力要求发生了什么变化？第二，博士生阶段的优秀研究者素养与能力的养成方式是什么？第三，理科博士生研究者素养与能力的养成过程是什么？经历了什么样的阶段以及不同阶段的成长特征是什么？第四，当前我国理科博士生的研究者素养与能力养成情况如何？存在什么问题？第五，基于博士生学术素养与能力的形成逻辑和现实情况，博士生培养制度应作出何种改进和调整？

针对上述问题，本书从以下几个步骤入手：第一，运用历史研究法，勾勒现代科学研究者作为一种专业职业的形成轨迹，厘清研究者职业内在的专业精神、工作特性与发展趋势；第二，建立研究者素养与能力指标来源数据库，构建博士生科研素养与能力框架；第三，建立诺贝尔奖获得者的博士生教育历程数据库，探究优秀研究者素养与能力的养成方式；第四，运用混合研究法，构建符合具有中国特色的博士生社会化模型；第五，开发研究者素养与能力养成情况调查工具，全面分析当前理科博士生素养与能力的准备情况及其支持条件；第六，对博士生教育阶段的研究者素养与能力形成的逻辑和路径进行探究。

本书得出如下结论：(1) 德国与美国现代大学的改革促成了研究者的职业化，现代研究者的训练模式经过了德国学徒式培养、美国结构化培养、现代合作型培养三次重要的制度转变。(2) 博士生应具备的研究者素养与能力包括学术志趣与品德、学科知识与方法技能、科学思维与研究能力以及研究合作与管理能力四个方面。其中，社会责任感、知识宽度、跨学科研究、国际交流、团队合作以及学术网络构建能力等素养与能力在现代科学研究中日益重要。(3) 研究者的形成是博士生以研究想法孕育为核心的科学素养与能力的自我确证过程，博士生的学术社会化过程共分为专攻准备、研究锁入、研究阈限过渡和研究者素养与能力的自我确证四个阶段，其中，研究阈限过渡是博士生素养与能力飞跃性发展的关键期。博士生素养与能力的发展兼具渐进性与突变性，各项能力之间具有较强的关联。(4) 在博士生素养与能力的发展水平上，表现出学术抱负较高，但纯粹性学术动机较低；知识深度、前沿知识掌握较好，但知识宽度、知识产权知识和学术英语技能有很大不足；研究操作技能发展尚可，但研究认知能力和学术写作能力表现较差；绝大部分博士生与导师和其他团队成员有着较好的合作，但在科研管理能力与学术人脉建构方面则不甚理想。在博士生科研及训练支持上，导师与其他实验室成员对其提供了积极指导；科研经费、设备等硬件资源投入较为充分，但在软环境方面，存在团队规模偏大、高级学术交流缺乏、课程教学有效性不够、学术共同体参与机会较少以及跨学科研究支持不足等诸多问题。

为了更好地促进博士生从学生向研究者的转变，第一，博士生培养单位应注重博士生学术志趣的先期选拔与过程筛选；第二，推行实验室轮转制度，提高博士生与导师、实验室研究方向的匹配度；第三，增加基础知识教学的挑战性与方法类课程的比重；第四，设计“高难度与高支持”相协调的学术训练环节；第五，关注博士生素养与能力发展的关键期，提供针对性支持；第六，加强学术交流，营造健康、浓厚的实验室学术氛围。

目　录 CONTENTS

第一章 绪　论

第一节　研究问题与研究意义

一、研究问题

我国自恢复博士生教育以来，经过三十多年的规模扩张，质量提升已经成为当下博士生教育改革与内涵建设的首要考量。[①] 本书之所以关注理科博士生研究者素养与能力的形成这一主题，一个潜在的考虑就是以未来研究者职业素养与能力的角度来审视博士生的职业准备与培养过程，通过博士生的个体视角理解研究者素养与能力的形成方式，进而为培养优质博士生提供有价值的建议。

传统上，博士生教育即学者或研究者培养，在此专门提出“研究者素养与能力”的概念，意在强调新时期学术科学研究者的时代性和新特征。原因有以下两个方面。

其一，进入知识经济时代，学术科学研究在工业、政府三螺旋模型中的地位与作用发生了新的变化，大学及科研机构内的科学家越来越多地参

① 教育部：《教育部、国务院学位委员会关于印发〈学位与研究生教育发展“十三五”规划〉的通知》，中国政府网，2017 年 1 月 17 日。

与到创新创业活动中①，知识生产方式发生悄然转变②，研究者职业的内涵更加丰富多元，传统 PhD 学位对于博士生科研素养与能力的规定已经无法与当下的研究者职业特征相匹配。

其二，自 20 世纪 90 年代后，随着学术劳动力市场的饱和，博士学位与学者、研究者职业发生脱耦。面对博士生就业去向多元化的发展趋势，许多国家、组织与研究者开始根据市场需求重新界定博士生的科研素养与能力，导致大量与学术研究关联性不高的通用性技能充斥于博士生科研素养表述中。更令人担忧的是，为了实现博士生科学素养与能力在学术与非学术职业市场中的整合与通用，重新改造后的博士生素养与能力修辞淡化了传统学术研究的特征，无论是内容还是话语风格，都带有明显的市场化逻辑。在某种程度上，对以培养从事原创性、基础性研究者为主要目标的博士生教育构成了某种冲击与不利影响。③

正是基于以上两方面的考虑，研究认为，在新的时代背景下，重新思考学术科学研究者的职业素养与能力对明确博士生培养规格、提升博士生综合素质与创新能力具有重要意义。

当然，明确大学研究者的职业素养与能力仅仅是为博士生的培养提供方向与坐标，从质量提升的角度来说，更为基本的问题是如何培养研究者的素养与能力，换句话说，博士生素养与能力的形成逻辑才是本书关注的主要对象。对研究者素养与能力的不同认知很大程度上决定了博士生教育要素重视的差异，如果从更为宏观的视角来看待当下博士生研究者素养与能力的形成研究，我们大致可以将其分为两种取向。

一种是关注认知性的科学素养和能力，如专业知识、研究能力和创新能力等。在实际研究的过程中，大量研究者以科研发表或“优秀博士论文获得者”作为科研能力的替代变量，从而造成对原本高度复杂的研究者素

---

① Etzkowitz, Henry, and Lois S. Peters, Profiting from Knowledge: Organisational Innovations and the Evolution of Academic Norms. *Minerva*, Vol. 29, No. 2, 1991, pp. 133 – 166.

② ［英］迈克尔·吉本斯：《知识生产的新模式：当代社会科学与研究的动力学》，陈洪捷等译，北京大学出版社 2011 年版。

③ Gilbert, Rob, et al., The Generic Skills Debate in Research Higher Degrees. *Higher Education Research & Development*, Vol. 23, No. 3, 2004, pp. 375 – 388.

养与能力的简化。这类研究大多仅关注容易测量的外显性指标，而忽略了更为关键的内隐品质，如创造力、批判思维、独立研究能力以及团队合作能力等，而后者事实上对于优秀研究者的养成更具长远价值。[①] 因此，所得出的研究结论更多的是有利于优秀科研成果产生的影响因素，如学科实力、导师声誉与指导、学术训练机会和科研条件等，至于其他重要科研品质的形成方式我们则无从得知。

另一种是关注规范性的身份认同与价值规训，如学术承诺、研究责任感和科学规范等。研究者主要依据博士生专业社会化理论，通过质性研究方法，考察博士生成长为研究者的阶段、方式与影响因素，这种以文化适应（enculturation）或价值内化（internalization）为理论视角的研究揭示了在博士生学术成长过程中不同阶段发挥关键作用的制度事件、重要他人以及组织支持。不过，由于研究的偏好在于博士生的学术坚持（persistence）和承诺（commitment）问题，对于优秀博士生能力和素质的社会化过程及影响因素并没有提出有效的理论解释。

故而，综合上述两种研究取向的优劣，本书立足于博士生个体的学术成长，探究其在成为研究者的过程中，研究者素养与能力是如何逐步发展和形成的？具体而言，这一问题可分解为以下几个问题。

首先，要回答的问题是，现代学术研究者应该具备什么样的素养与能力？与历史相比，研究者的素养与能力发生了什么变化？

其次，在未来研究者所应具备的素养与能力要素中，有哪些要素是在博士生阶段培养的？从博士生个体的角度看，这些素养与能力是通过何种方式形成的？

再次，在个体成长为研究者的过程中，博士生素养与能力形成的阶段、特征及影响因素是什么？不同阶段，促进研究者素养与能力发展或转变的关键变量与重要事件是什么？

最后，当前我国博士生对于未来研究者素养与能力的准备情况如何？主要存在的问题是什么以及应该如何培养？

---

① 郭建如：《我国高校博士教育扩散、博士质量分布与质量保障：制度主义视角》，载《北京大学教育评论》2009 年第 2 期。

二、研究意义

关于博士生科研能力培养的文献已经举不胜举，区别于已有研究，本书主要的价值或独特之处在于以下三个方面。

第一，充分考虑在知识生产方式转变的背景下，现代学术研究职业的发展特征，构建博士生的研究者素养与能力指标体系，有助于丰富我们对博士生素养内涵的理解和认识。当前，国内外关于博士生素养与能力的规定或是承袭传统哲学博士学位的要求①，或是强调非学术职业的能力需求②，二者都无法准确地反映符合现代学术研究者特点的职业要求。因此，本书通过建立学术研究者素养与能力指标，一方面，有助于为以学术职业为目标的博士生确立参照，明确自身的优势与不足，提高学习与训练的针对性；另一方面，有助于博士生培养单位和导师提高对研究者素养复杂性的认识，确立博士生学术素养与能力发展的整体观，同时，也可为相关机构监测和提升博士生培养质量提供依据或工具。

第二，构建具有我国研究生成长特色的理科博士生学术社会化模型，增进我们对研究者的形成方式与过程的认识。博士生社会化是国外博士生教育研究中的一项重要议题，围绕个体成长、文化适应以及学位完成等现象，欧美国家学者提出了多种博士生社会化模式和理论。但是，在我国，有关博士生社会化的研究还处于对国外理论的引介或理论移植阶段，不仅研究者较少关注，而且缺乏本土理论构建。本书重点关注自然科学领域研究者素养与能力的形成过程，研究从博士生自身视角出发，采用定性与定量相结合的混合研究法，除了在文化、价值等规范意义上探讨学术职业认同的形成之外，更重要的是研究博士生在成长为研究者的过程中，具体的素养与能力是如何逐步发展和转变的？这对于揭示博士生科研素养与能力形成的“黑箱”，明确博士生学术社会化过程具有重要的理论价值。

---

① 陈洪捷等：《博士质量——概念、评价与趋势》，北京大学出版社2010年版。

② Buckley F，Brogan J，Flynn J，et al.，*Doctoral Competencies and Graduate Research Education：Focus and Fit with the Knowledge Economy*? Learning Innovation & Knowledge Research Centre，Dublin City University，2009.

第三，关注博士生素养与能力成长的微环境，进一步拓展博士生学术发展的分析维度。当下有关博士生科研能力、创新能力以及学术品质的影响因素研究，大多集中于中宏观制度层面，例如，招生方式、课程设置、科研项目参与、导师声誉及指导、学生奖助政策、中期考核与论文盲审制度，等等。在制度研究视角下，作为研究对象的博士生往往处于被动地位，很难发现个体如何与外部结构性要素发生互动，也无法知晓外部制度是否与个体成长规律相契合。本书从博士生自身的视角出发，将个体置于学术训练的微环境中，通过分析个体与导师、团队成员的互动方式，探究团队结构、学术氛围如何影响博士生的科学观念和行为。发掘真正有助于博士生素养与能力发展的关键性事件、重要他人以及组织条件。不仅有助于进一步扩展博士生教育质量影响因素研究的层次和维度，而且也可以为博士生教育制度改革提供科学依据。

第二节　研究对象及概念的界定

在进入具体的研究问题域之前，首先有必要对本书的研究对象和核心概念进行交代，明确关注研究对象的边界与范围，以及行文当中重要概念的实际所指，避免因概念的含糊而造成不必要的误解。

一、理科博士生

所谓的博士，是一个形成性概念，博士生只有在论文研究与论文答辩过程中证明自身对知识做出原创新贡献或推进，才能从一名博士候选人（PhD candidate）转变成为博士（PhD），因此，博士学位的获得过程也可以看作一场学术旅程，[①] 是从学生成为独立研究者的转变过程。

由于博士学习的这种过渡性特点，在德国博士教育中，作为学徒的博士，其身份既是学生，同时也是研究者，学生通常以科研助手的方式与导

---

① Trafford, Vernon, and S. Leshem, Doctorateness as A Threshold Concept. *Innovations in Education and Teaching International*, Vol. 46, No. 3, 2009, pp. 305 – 316.

师一道在研究所或实验室从事独立的科学研究。① 而在美国博士教育中，博士生的身份则更为多样，比如，从刚入学到综合考试之前的学生被称为博士生（PhD students），在此阶段，学生的主要任务是学习专业知识；通过资格考试之后到获得博士学位之前的学生称为博士候选人，意味着学生掌握了一定的专业基础知识，具有初步的研究素质与能力②；直到最后学生提交博士论文并通过论文答辩之后，学生才成为一名真正的博士，博士学位的获得象征着学生具备了独立开展科学研究的能力，完成了从学生向研究者角色的转变③。基于博士教育阶段，博士生身份的这种过渡性特征，本书认为，理科博士生是以成为研究者为目标，通过从事创造性科学研究活动、发展科研素养与能力的学习者和初级研究者。其中，“理科”在本书中主要指数学、物理、化学和生物等基础性学科。

二、研究者

从博士生到研究者，在此所指的研究者主要指供职于大学、科研院所的学术科学家。鉴于越来越多的博士毕业生选择去工业界就业，在此，我们从学术科学家与工业科学家的区别中，对本书所用的研究者（即学术科学家）概念进行说明，二者的差异主要体现在以下几个方面。

首先，在价值取向上，学术科学家从事科学的目的在于拓展知识边界，推动知识的发展，其成就评价标准是其做出的知识新发现对既有理论的重要性。工业科学家的研究目的是产生经济效益④，评价工业科学研究成果的依据是其对利润创造重要性的大小，对工业科学研究者的评价建立在其对企业利润的贡献之上⑤。

---

① 陈学飞：《传统与创新：法，英，德，美博士生培养模式演变趋势的探讨》，载《清华大学教育研究》2000 年第 4 期。

② 郭秋梅、刘子建：《美国研究型大学理工科博士研究生的培养特点及质量保障》，载《学位与研究生教育》2013 年第 11 期。

③ 黄海刚、苑大勇：《美国博士生教育质量评估与质量保障体系研究——基于历史和价值转换的视角》，载《外国教育研究》2014 年第 9 期。

④ 鲁白：《事业选择：学术界与工业界科学家的区别》，载《科学新闻》2011 年第 2 期。

⑤ Hinrichs J R, Value Adaptation of New Phd's to Academic and Industratrial Environments—A Comparative Longitudnal Study. *Personnel Psychology*, Vol. 25, No. 3, 1972, P. 546.

其次，在日常工作的权威影响来源上，学术科学家遵循的是同行权威，同行认可是学术科学家职业晋升与声誉获得的主要机制。在大学中，科学家尊重和接受同行给予的专业建议，这里的控制是通过间接说服或操纵而非命令，个人对规则的遵守是自愿的。而工业科学家接受的是行政权威，其工作受到行政官僚体系从上到下，以单一方式下达命令的控制与监督。①

最后，关于研究活动的性质，是由好奇心驱动自主开展的，以追求不可预测、非实用的和基础性知识为目标的基础研究，一直被视作学术科学家的主要任务。而产业科学家的研究有着明确的目标，他们的目的并非是增进人类知识，而是为了解决具体的现实问题和达成确切性的实际目标。

概言之，学术科学家所遵循的是默顿的科学规范原则，是在制度化的CUDOS（公有主义、普遍主义、无私利性、独创性和怀疑主义）机制下开展日常科学研究。而工业科学研究的特征是归属性的（proprietary）、局部性的（local）、权威性的（authoritarian）、定向性的（commissioned）和专门性的（expert），因此，工业科学家是在“PLACE”原则下进行的科学研究活动。② 不过，这种对学术科学与工业科学截然二分的做法，到20世纪80年代之后遇到了一些困难。随着外部社会对研究功用性的强调，包括政府在内的科研赞助方越来越诉求于大学科学家，证明其研究工作潜在的社会与经济价值，导致大学基础研究与工业应用研究之间的传统界线日益模糊，传统认识对基础研究的界定已经无法有效解释当下政府的科研资助导向以及学术科学家的日常科研实践。③ 考虑这一层现实，本书无意执着于纯研究、基础研究与应用研究等之间的严格区分，而是接受希拉·斯劳特（Sheila Slaughter）的看法，认为学术科学的主要构成是基础科学

① Mayer K B, Book Review: The Scientist in American Industry: Some Organizational Determin-antsin Manpower Utilization Simon Marcson. *American Sociological Review*, Vol. 27, No. 2, 1962, P. 275.

② ［英］约翰·齐曼：《真科学：它是什么，它指什么》，曾国屏译，上海科技教育出版社2002年版。

③ Calvert J. What's Special about Basic Research? *Science*, *Technology*, & *Human Values*, Vol. 31, No. 2, 2006, pp. 201-205.

研究，但基础科学研究也包含应用维度。[①] 因此，本书中的研究者（学术科学家）概念并不局限于传统意义上的纯科学研究者或基础科学研究者，而且还包括具有应用取向的科学研究者。

三、素养与能力

成为一名合格的研究者需要具备多方面的知识、能力和素质，其中，既包括认知因素，又包括情意和个性因素。研究者资质内涵的丰富性致使在现有的中文词汇中很难寻找到一个词来涵盖所有含义，因此，人们通常会采用知识素养、能力素质，或素养与能力等并列词的方式来说明；相反，在英语国家则有一个统一的术语"competency"。考虑到中文语境中素养、能力等概念之间的交叉含混，为了更加准确、全面地说明研究对象，本书采用英文概念"competency"对研究者专业素质内涵进行说明，出于中文语言的表达习惯，在具体行文中则继续保持素养与能力的说法。此外，文中所用到的博士生素养与能力概念，均是指博士生的研究者素养与能力。

从起源来看，competency 一词早在中世纪行会中就已出现，表示学徒在与师傅共事工作过程中所学到的技能。20 世纪 80 年代后，素养与能力概念逐渐从教育学领域扩散到管理学、人力资源以及心理学等学科，并迅速成为相关学科中非常重要的概念，不过，由此也导致素养与能力定义的复杂多样，莫衷一是。按照帕特丽夏（McLagan，Patricia A）的分类，可将目前有关素养与能力的定义划分为三大类：第一类是关于工作的能力，具体包括：（1）任务型能力（task competencies）；（2）结果型能力（results competencies）；（3）产出型能力（output competencies）。第二类是关于个体内在品质的能力，包括：（1）知识、技能和志向型能力；（2）具有区别性的优异型能力。第三类是混合型能力，即上述多种类型能力特征

---

① Slaughter S，Beyond Basic Science：Research University Presidents' Narratives of Science Policy. *Science*，*Technology*，*& Human Values*，Vol. 18，No. 3，1993，P. 290.

的集合。[①] 不过，正如霍夫曼和泰伦斯（Hoffmann and Terrence）所言，不同类型的素养与能力定义有其各自的适用范围，研究者与实践者在选择或界定素养与能力的概念时，往往是基于工作或职业的特征有选择性地进行概念重构。[②]

对于学术研究职业来说，研究者所从事的学术工作具有较强的未知性、不确定性和复杂性，无法对其工作结果进行准确规定，所需的素养与能力更多是一种个体产生优异表现而需具备的内在素质。因此，本书中的素养与能力（competency）概念是指博士生未来能够开展出色研究所需的知识（knowledge）、技能（skill）、能力（ability）和其他品质（other characteristics）（包括态度、信念、个性特征、气质和价值观）。[③] 在博士生所应具备的众多研究者素养与能力中，有些能力是可教的，通过正式教育获得，如知识、技能；而有些能力则无法教导，只能通过经验学习或熏陶而养成，如能力、态度、信念和价值观等，这也意味着研究者素养与能力的养成需要区别对待。

第三节　学术史回顾与述评

一、博士生素养与能力内涵的历史变迁

（一）基于学位特征的博士生素养与能力

从形式上来看，现代意义上哲学博士学位继承的是中世纪大学文艺硕士传统，但在精神内核上，二者之间却有着云泥之别。早期博士学位主要关注的是个体能否胜任辩论角色的要求，现代哲学博士则要求学位候选人

---

① McLagan, Patricia A, Competencies: the next Generation. *Training & Development*, Vol. 51, No. 5, 1997, pp. 40 -48.

② Hoffmann, Terrence, The Meanings of Competency. *Journal of European Industrial Training*, Vol. 23, No. 6, 1999, pp. 275 -286.

③ Abdullah A H, Sentosa I, Human Resource Competency Models: Changing Evolutionary Trends. *Interdisciplinary Journal of Research and Business*, Vol. 11, No. 1, 2012, P. 16.

具有浪漫主义的“原创性”品质，具体表现为创作一件大师之作，个体在博士论文研究中展现出的个性、特殊性、原创性和创造力是判断博士学位资格的重要条件。关于哲学博士资质的这一定义，随着19世纪30年代早期越来越多的大学要求将学位论文作为获得哲学博士的前提而得到加强和推广，尤其是柏林大学在创建后颁布的一系列章程，确定了博士候选人的“著述者身份”。[①] 自此以降，通过博士论文研究来养成或辨识研究者素养的传统，一直延续到今天。

由于博士论文研究被视作个体成为学者或研究者的准备，所以长期以来，博士论文创作过程中所包含的知识、能力与品格也被默认为是未来研究者的素养，二者相互等同，许多国家、组织和大学通过博士学位论文的标准来说明博士生成为研究者所应具备的素养与能力。譬如在美国，哲学博士学位的目标是培养学生成为学者，为此，学生需要掌握发现、集成、应用以及交流和传播知识的能力。[②] 1991年，美国研究生院理事会发表的一份声明指出，博士论文应该彰显学生具有以下能力：（1）分析、解释和综合信息的能力；（2）与论文主题相关文献的知识；（3）研究方法与程序；（4）按顺序、合乎逻辑地呈现研究结果的能力；（5）充分、有条理地论证研究结果所具有意义的能力。[③] 用调查中资深教授的话说，候选人提交的博士论文应反映出独立贡献、可发表（研究质量）、原创性和重要性（研究价值）。[④]

在英国，哲学博士学位（PhD/DPhil）意味着博士学位候选人需要通过原创性研究或对现有知识理解进行创新性应用，对他们所在的学科或领域做出知识贡献。[⑤] 博士学位的目标是培养训练有素养的专业研究者，这

---

① ［美］威廉·克拉克：《象牙塔的变迁：学术卡里斯玛与研究性大学的起源》，徐震宇译，商务印书馆2013年版。

② ［美］美国科学、工程与公共政策委员会：《重塑科学家与工程师的研究生教育》，徐远超、刘惠琴译，科学技术文献出版社1999年版。

③ Hancock K L，The Role and Nature of the Doctoral Dissertation：A Policy Statement. *Council of Graduate Schools*，1991.

④ Isaac P D，Quinlan S V，Walker M M，Faculty Perceptions of the Doctoral Dissertation. *The Journal of Higher Education*，Vol. 63，No. 3，1992，pp. 241 – 268.

⑤ Quality Assurance Agency for Higher Education（QAA）. Doctoral Degree Characteristics Draft for Consultation. www. qaa. ac. uk，2015. 1. 16.

意味着学位获得者，第一，应具有评价现有知识的能力；第二，要熟知研究领域中的动态和进展；第三，拥有确定研究问题的敏锐眼光；第四，掌握适当的研究技术，并了解其局限性；第五，与同行交流研究成果的能力；第六，保持研究的国际性。①

同样，在我国，对于博士生素养与能力的规定也是基于学位界定而派生出来的，1981 年颁布的《中华人民共和国学位条例》（以下简称《条例》）中有关博士生知识与能力的说明，一直沿用至今，《条例》规定："博士学位论文应当表明作者在本门学科上掌握坚实宽广的基础理论和系统深入的专门知识；具有独立从事科学研究工作的能力，并在科学或专门技术上做出创造性的成果。"② 2013 年，国务院学位委员会第六届学科评议组依据该《条例》制定了 110 个一级学科的《博士、硕士学位基本要求》，分别对各学科获取博士学位时所应具备的基本知识及结构、基本素质、学术能力以及论文要求做出规定。③

从各国对博士学位的描述中可以看到，哲学博士作为一种研究型学位，对候选人最核心的要求是在博士论文研究中形成或体现出具有从事原创性研究的知识、技能与素养。然而，这种以原创性的知识贡献为旨归的博士生素养规定在 20 世纪 90 年代后受到了越来越多的挑战，一方面，人们开始反思传统博士教育过度强调博士学位论文研究原创性所带来的一系列问题，指出博士学位论文不应被当作诺贝尔奖来评审④，哲学博士不仅是对知识的原创性贡献，而且还应当是对研究者的训练⑤。博士教育概念的这种重新理解客观上为博士生教育提出了一个新的命题，作为研究者训

---

① Phillips E M, Pugh D S, *How to Get A PhD: A Handbook for Students and Their Supervisors.* Maidenhead: Open University Press, 2005, P. 22.

② 全国人民代表大会常务委员会：《中华人民共和国学位条例》，中国政府网，2005 年 5 月 25 日。

③ 国务院学位委员会第六届学科评议组：《一级学科博士、硕士学位基本要求》，高等教育出版社 2014 年版。

④ Mullins G, Kiley M, It's A PhD, not A Nobel Prize: How Experienced Examiners Assess Research Theses. *Studies in Higher Education*, Vol. 27, No. 4, 2002, pp. 369 – 386.

⑤ Collinson J A, Professionally Trainer Researchers? Expectations of Competence in Social Science Doctoral Research Training, *Higher Education Review*, Vol. 31, No. 1, 1998, P. 59.

练过程的博士生教育应该培养哪些研究素养与能力？另一方面，随着知识成为现代经济社会中日益重要的一种生产要素，大学中生产的新知识在大学—工业—政府的三螺旋关系中具有了“多价（polyvalent）”特征，知识生产与创新模式的转变赋予了传统学术科学家新的角色，① 跨学科研究的兴起、与社会经济发展需求密切的应用性研究的强调、不同情境中团队合作能力的重视等都对学术研究者提出了新要求。哲学博士教育的内外环境的双重变化促使研究者与实践者们不得不重新反思一个古老话题，哲学博士应该具备何种素养与能力？

（二）博士教育扩张引发的博士生素养与能力重审

20 世纪 90 年代起，全球博士教育规模的快速上升是引发哲学博士培养目标与能力反思的直接诱因。面对“博士工厂”中生产出越来越多的博士生，不同国家有着不同的困境和思考，② 在欧美和日本等发达国家，博士生规模扩张所带来的主要问题是：学术市场供过于求，大量博士生外溢到工业、政府部门和第三方机构就职。学术职位获取难度的上升与就业去向的多元化，使得博士生就业出现了所谓的“买方市场”，迫使政府、大学和第三方机构重新思考博士生在不同机构就业所需要的素养与能力。而在中国、印度和埃及等发展中国家，博士规模急速增长带来的是博士生动机多元化、生师比上升、配套资源的滞后等众多问题，在一定程度上影响了博士生培养质量的提高，博士生科研能力和素质日益成为政府关心的一个重要议题。从中可以看到，各国无论是对用人单位所需能力的关注，还是对博士培养质量的关切，二者的共同点在于，博士生培养改革都以未来学术或非学术的职业素养与能力需求为出发点，故而，围绕职业构建博士生素养与能力标准将是未来博士生教育目标和内涵调整的重要依据。

聚焦博士生未来职业发展能力需求，是当前许多国家和第三方组织开

---

① Etzkowitz H, Viale R, Polyvalent Knowledge and the Entrepreneurial University: A Third Academic Revolution? *Critical Sociology*, Vol. 36, No. 4, 2010, pp. 595 – 609.

② Cyranoski D, Gilbert N, Ledford H, et al., Education: the PhD Factory. *Nature News*, Vol. 7343, No. 472, 2011, pp. 276 – 279.

展博士生教育改革的一个出发点。其中，一部分组织和学者针对学术职业发展特点开始重新审视研究者所应具备的素质能力以及养成方式，例如，1993 年由皮尤慈善信托基金会（The Pew Charitable Trusts Foundation）、国家科学基金委员会（NSF）和大西洋慈善基金会（The Atlantic Philanthropies）共同发起的未来教师准备计划（PFF），帮助博士生习得教师所承担的教学、研究和服务等职责需要的各项能力和经验。[①] 2001 年，卡耐基基金会创立了卡耐基博士生教育创新计划（CID），提出了博士生教育的目标是培养学科管家，要求未来的博士生具有创造性地生产新知识、批判性地保存有价值和有用的观点，负责任地通过写作、教学和运用的方式转换所理解到的知识的素养与能力。在此指引下，又分别根据数学、化学、神经科学、历史和英语等学科的不同特征，提出了更为具体的学科管家素养与能力。[②] 2007 年，由国务院学位委员会、教育部和人事部委托中国博士质量分析课题组对全国（除港澳台外）所有博士培养单位和部分用人单位进行了博士质量调查，课题组综合多种视角，认为能够反映博士生素养的指标包括基础和专业知识、相关学科知识、科研能力、创新能力、外语能力、组织协调能力、使命感和责任感、思想道德和学位论文质量。[③] 乔治・沃克和劳拉・琼斯（George E. Walker and Laura Jones，et al.，2009）等人则从学者形成的视角对博士生转变为教师、研究者提出具体的能力发展建议。[④] 包水梅以培养学术创新型研究者为出发点，认为博士生具备的素质应包括：广博、坚实的知识基础（专业知识、跨学科知识、研究方法知识）；卓越的学术能力（独立探究的意识和能力、想象力、批判能力）；以学术为志业的品质（独立人格、学术热情、学术忠诚、冒险精神和意志力）。[⑤] 王东芳对化学家素质的研究发现，博士生所应具备的能力既包括

---

① Council of Graduate Schools. The Preparing Future Faculty Program. http：//www. preparing-faculty. org/. 2003.

② ［美］克里德・戈尔德，乔治・沃克等：《重塑博士生教育的未来》，刘俭译，上海交通大学出版社 2015 年版。

③ 陈洪捷等：《博士质量——概念、评价与趋势》，北京大学出版社 2010 年版。

④ Walker G E，Golde C M，Jones L，et al.，*The Formation of Scholars：Rethinking Doctoral Education for the Twenty-first Century*. New Jersey：John Wiley & Sons，2009.

⑤ 包水梅：《学术型博士生培养目标定位及其素质结构研究》，载《教育科学》2015 年第 2 期。

学术研究与筹划的能力，又包括沟通和交流的能力。具体而言，一名成熟的化学家应拥有问题提出、理解和解决的能力，具有沟通、成果汇报、独立思考和学术写作的能力，以及对实验室事务做出决策和规划的能力。① 不过，总体而言，对于学术职业所需素养与能力的考察更多地停留在经验层面，科学研究方式转变、知识经济时代的学术科学家角色变化等因素并没有纳入其中，因而，未能充分反映现代科学研究的特征。

相比之下，在当下各国政府、第三方组织或研究者关于博士就业多元去向背景下职业能力需求的叙述，则展现了较为开阔、前沿的视野，不过，其注意力主要集中在非学术职业的能力需求方面。例如，1997 年美国科学基金会提出了研究生教育与科研训练整合计划（IGERT）旨在培养能有效处理工业领域跨学科问题的下一代研究者，掌握教学、发表、演讲、团队工作和组织等技能。② 1998 年，皮尤慈善信托基金会发起的重新构想博士生计划（Re-envisioningthe PhD）则是在调研博士生教育相关利益主体的关切之后，针对性地培养雇主所需要的能力素质，如跨学科工作能力、全球经济与环境的理解以及技术素养等。③ 2010 年，法国高管就业协会和德勤咨询（APEC/Deloitte Consulting）公司根据大规模调研，指出未来研究者需要具备的素养与能力为：（1）科学能力，如科学知识、制定研究问题的能力、分析和掌握复杂 IT 工具的能力；（2）项目和团队管理技能，如团队工作能力、沟通技能、语言技能、商业文化和管理技能、研究相关性以及对环境影响的意识；（3）个人资质或人际交往技能，如创造性、思想开放、动机、参与和适应能力等。④ 2011 年，英国职业研究与咨询中心“简历”项目（Vitae）与英国高等教育研究院共同合作开发

---

① 王东芳：《培养学科看护者？——博士教育目标的学科差异》，载《复旦教育论坛》2015 年第 2 期。

② Nerad M，The PhD in the US：Criticisms，Facts，and Remedies. *Higher Education Policy*，Vol. 17，No. 2，2004，P. 194.

③ Nyquist J D，Woodford B J，*Re-envisioning the PhD：What Concerns to We Have*? Seattle：University of Washington，2000.

④ APEC Director of Studies & Research-and Cédric Etienne – Senior Manager at Deloitte Consulting Public Sector. Skills and Competencies Needed in the Research Field Objectives 2020. 2010. 7.

了同时适用学术内部和外部就业的研究者发展框架（RDF），提出研究者应具备的能力包括：（1）知识与智力能力（知识基础、认知能力与创造力）；（2）个人效能（个人素质、自我管理和专业与职业发展）；（3）研究治理与组织（专业操守、研究管理和财务、资金与资源）；（4）参与、影响和效果（与他人合作、沟通和传播、参与和影响）。[①] 此外，英国高等教育质量保障署（QAA）、英格兰高等教育基金委员会（HEFCE）和澳大利亚等国针对博士毕业生就业多元化的趋势，要求或建议本国大学在博士课程教学中增加通用性能力的课程训练，发展博士生的多元能力和素质。[②] 其中，英国研究生委员会发布联合申明，指出研究生需要发展的研究能力包括：研究技能和技术、科研环境理解能力、研究管理技能、个人效能、沟通技能、学术网络构建和团队工作能力以及职业管理能力七个方面[③]。澳大利亚研究生职业协会（GCA）开展的研究生科研体验调查中所关注的技能包括：问题解决能力、写作能力、分析能力、工作规划能力和处理陌生领域问题的能力。[④] 可以看出，绝大多数组织或研究者所重视的是博士毕业生个体发展或非学术岗位需要的可迁移技能或通用性能力，这在某种程度上淡化了传统学术职业所注重的科学素养，正如吉尔伯特等人（Gilbert et al.，2004）所担忧的一样，在资源有限的情况下，一边倒地强调非学术能力，势必会威胁博士生的深度学习、自由探索以及其他更重要的目标，这对于开展原创性的学术研究者而言并非一件好事。[⑤]因此，构建一套有别于非学术岗位需求且符合现代学术研究者职业特征的素养与能力就变得不可或缺，这在目前旨在提升博士生科学研究能力和原始创新能力的中国语境下尤为重要。

---

① Viate. Introducing - the - Vitae - Researcher - Development - Framework - RDF - to - employers - 2011. https：//www. vitae. ac. uk/，2011.

②⑤ Gilbert R，Balatti J，Turner P，et al，The Generic Skills Debate in Research Higher Degrees. *Higher Education Research & Development*，Vol. 23，No. 3，2004，pp. 375 - 388.

③ Research Councils UK. Joint Statement of the Research Councils Skills Training Requirements for Research Students. https：//www. vitae. ac. uk/，2011. 3.

④ Graduate Careers Australia. Postgraduate Research Experience 2015，A report on the perceptions of recent higher degree research graduates. http：//www. graduatecareers. com，2016. 11. 12.

二、博士生素养与能力培养研究的取向及问题

（一）博士生创新素养的影响因素研究

在研究者所应具备的众多科学素养中，创新能力与科研能力被认为是最为重要的两种科学品质，二者也常常用来作为反映博士生质量的主要指标[①]。不过，如何准确界定二者的内涵却并非一件容易的事，尤其创新能力是一项非常复杂的科学素养，在一场由诺贝尔奖获得者杨振宁、阿龙·切哈诺沃（Aaron Ciechanover）和生物学家施一公共同参加的关于科学中的挑战精神与创新思维的学术论坛中，杨振宁认为，创造力是专注于解决科学前沿无穷无尽的“小问题”；阿龙指出，创造力其实就是想出或去做新颖而且重要的事，相对于这种成果导向的定义；施一公则更为强调科学家个体所具有的某种品质，指出所谓的创造性思维源于挑战精神或批判性思维。[②] 另一位著名科学家朱清时也认为，创新能力是多种素质的产物，它需要个体具有好奇心和兴趣、直觉或洞察力以及勤奋刻苦和集中注意的能力。[③] 面对如此复杂的问题，简单的一两句话貌似难以完全说清楚，为此，菲利普斯（Phillips）曾给原创性做了 9 种较为具体的定义，包括：（1）开展之前没有做过的经验性研究；（2）进行一项前人没有做过的综合性工作；（3）对已知材料进行全新的解释；（4）国外研究的本土化；（5）把一项特殊的技术应用到新领域；（6）为旧的议题提供新的证据；（7）跨学科或运用不同的方法；（8）寻找学科成员未曾关注过的处女地；（9）以前人未曾有过的方式来增加知识。[④] 不过，如此细致的定义也大大提高了研究测量的难度，故而许多研究者往往选择科学精英作为创新能力的替代指标。

---

① 沈文钦、赵世奎：《博士质量观及其差异性的实证分析——基于全国所有博士培养单位的调查》，载《教育学术月刊》2010 年第 1 期。

② 清华大学新闻中心国际部：《三代学者联结的三代学术情怀——兴趣、理想和批判性思维》，清华大学，2017 年 5 月 24 日。

③ 朱清时：《如何培养学生的创新能力》，载《学位与研究生教育》2002 年第 4 期。

④ ［英］E. M. 菲利普斯：《如何获得博士学位——研究生与导师手册》，余飞译，中国农业出版社 1996 年版。

毫无疑问，个体天赋是创新能力的一个基础，围绕创新性行为与个体特质之间的心理学研究已经不胜枚举，并形成了一些基本的共识。譬如，高创造性个体的智商往往处于不太低也不过高的水平，二者的相关系数大致在0.3。适度的非常规联想能力、相对早期的认知模式、类比和隐喻能力、想象能力以及问题发现能力都与创造力（发散思维）之间有着密切相关。[①] 这些结论在博士生创新能力影响因素的研究中也得到了相应证实，个体的思维以及非认知性的动机和意志都是影响创新能力的重要因素。[②] 但是从现实情况来看，上述个体性的素质很大程度上得益于天赋、家庭以及早期教育的养成。因此，在博士生阶段，创新能力的养成研究更为关注的是课程学习、学术训练[③]、研究机会[④]、导师指导、科研经费以及组织环境，等等[⑤]。阿曼达·保洛维奇（Amanda Paulovich）认为，围绕原创作品的工作坊或研讨班有助于培养学生的创新能力。[⑥] 尹晓东和高岩以某校国家奖学金获得者为分析对象，研究发现除生源素质之外，课程设置、跨学科、导师以及学术氛围都起到了重要作用。[⑦]

在众多外部作用条件下，导师的影响最为显著，受到许多研究者的重视，李安芬格（Lee－Ann Fenge）运用质性研究方法发现，导师团队指导方式有助于促进学生的同辈合作学习能力和创新能力。[⑧] 而在我国全国优秀博士论文获得者群体的案例研究中，研究所得出的几个主要发现包括：

---

① Barron F, Harrington D M, Creativity, Intelligence, and Personality. *Annual Review of Psychology*, Vol. 32, No. 1, 1981, pp. 439－476.

② 金凌志：《理工科博士生创新绩效影响因素研究》，华中科技大学博士论文，2011 年。

③ 朱红、李文利、左祖晶：《我国研究生创新能力的现状及其影响机制》，载《高等教育研究》2011 年第 2 期。

④ 郑路鸿、陈成文：《研究机会对研究生创新能力培养的影响研究——基于湖南长沙五所高校研究生的实证研究》，载《学位与研究生教育》2008 年第 2 期。

⑤ 袁本涛、延建林：《我国研究生创新能力现状及其影响因素分析——基于三次研究生教育质量调查的结果》，载《北京大学教育评论》2009 年第 2 期。

⑥ Paulovich A, Creativity and Graduate Education. *Molecular Biology of the Cell*, Vol. 4, No. 6, 1993, P. 565.

⑦ 尹晓东、高岩：《博士研究生科研创新能力培养主要影响因素的调查分析——以西南大学首届博士研究生国家奖学金获得者为例》，载《西南师范大学学报》（自然科学版）2014 年第 3 期。

⑧ Fenge L A, Enhancing the Doctoral Journey: The Role of Group Supervision in Supporting Collaborative Learning and Creativity. *Studies in Higher Education*, Vol. 37, No. 4, 2012, pp. 401－414.

(1) 在导师年龄特征上，对拔尖创新人才指导效果最为明显的年龄结构呈现出双峰分布的特征，46 岁与 66 岁左右是导师指导效果最佳的两个时期；[①] (2) 在学术造诣上表现为导师学术水平高深、方向明确、学术活跃度强、学术声誉高；[②] (3) 在指导学生方式上，治学严谨敬业、师生关系融洽，能够指引学生形成扎实、合理的知识结构，注重引导学生进入研究前沿，导师依托项目指导学生选题、鼓励学生自主构思、创新思路，强调理论与实际相结合、从实践中提炼科学问题，重视实验研究创新，因材施教、善于引导等。[③] 然而遗憾的是，由于研究对象选取的主要是已成名的青年科学英才，受到研究变量内生性的干扰，我们无法判断博士教育阶段个体创新能力的增值情况以及关键影响因素。研究方法基本采用的是归纳式的案例研究，因此，在师生互动机制以及结论可推广性上还需要做进一步分析。

此外，团队或组织环境在博士生创新能力形成过程中也发挥着刺激性、支持性作用，卓越的学术环境是培养学生创造性思维与品格的关键。[④] 在两者之间关系的研究上，研究者大多采取的是质性访谈研究和案例研究方法，例如，布罗丹（Brodin E M）通过对不同学科学生的质性研究表明，个体批判性和创新性思维的形成，有赖于学生能从院系的学术传统中继承学术遗产、按照学术出版的标准进行学术写作、对新知识发展保持开放心态、在实际科研行动中能够独立自主。[⑤] 谢梦与王顶明则以 L 院士课题组为案例，研究发现，院士科研团队中浓厚的学术氛围、杰出的导师指导水平、高水平的前沿课题、良好合作与和谐竞争的团队激励以及跨

---

① 易勇、戚巍：《科学家培养拔尖创新人才的年龄结构分析——以 1999 ~ 2010 年全国优秀博士学位论文指导教师为例》，载《中国高教研究》2012 年第 7 期。

② 刘莉、青颖：《从 1999 年 ~ 2013 年“全国优秀博士论文”看我国人文社会科学博士生培养》，载《清华大学教育研究》2015 年第 2 期。

③ 刘建树、丁辛、陆嵘等：《行业背景工科博士研究生培养中导师作用的发挥——基于纺织学科获选全国优秀博士学位论文的分析》，载《学位与研究生教育》2011 年第 3 期。

④ 罗英姿、刘勇：《培育优越的学术环境——提高博士生的创新能力》，载《黑龙江高教研究》2007 年第 7 期。

⑤ Brodin E M, Critical and Creative Thinking Nexus: Learning Experiences of Doctoral Students. *Studies in Higher Education*, Vol. 41, No. 6, 2016, pp. 971 – 989.

学科交流等对于拔尖创新博士生培养有着积极作用。[①] 不过严格来讲，上述结论很大程度上属于经验总结，案例研究所形成的研究结论尚没有得到充分的证明，其结果的可靠性仍有待进一步检验。

（二）博士生科研能力的影响因素研究

科研能力是博士生培养的另一个重要概念，不过，在概念界定时也与创新能力一样存在类似的困惑，有的学者将其定义为研究者实际具有或表现出来的能力，如文献查阅、研究设计、数据处理、论文写作以及论文发表等能力；有的学者认为，科研能力是研究者所具有的科研潜质，如逻辑思维能力、语言表达能力等。[②] 还有的研究者则通过层次分析法指出，不同学科研究生所需具备的基本科研能力在优先排序上存在一定的差异，与其他学科不同，对于理科研究者而言，比较重要的五项科研能力是创新能力、逻辑推理能力、问题解决能力、数字运算能力以及资料搜集与处理能力。[③] 总而言之，虽然不同研究者对科研能力具体内涵的认知存在较大分歧，但对于其表现却有着较为一致的观点，出于研究的可测量性，我国大部分学者都将科研发表的数量与级别作为体现博士生科研能力的主要指标，而在西方，研究者通常并不直接指向博士生的科研产出，而是认为较高的学术产出源于较高的学术自我效能（学生认为自己能成功完成任务的程度，如信息收集、数据分析和论文写作等）[④]，因此，习惯将研究自我效能（research self-efficacy）当作研究生科研能力发展的指标。这也导致大部分关于博士生科研能力养成的研究转变为科研产出、绩效或研究自我效能的影响因素分析研究。

首先，与其他科学素养的养成相同，基本的认知品质和素质是科学能力培养的先决条件，因此优秀的生源和科研能力之间存在着密不可分的关

① 谢梦、王顶明：《研究型大学拔尖创新博士生培养激励机制——L院士课题组案例研究》，载《高等工程教育研究》2016 年第 1 期。

② 巩亮、张万红、程会强等：《研究生科研能力的结构与评估》，载《江苏高教》2015 年第 4 期。

③ 孟万金：《研究生科研能力结构要素的调查研究及启示》，载《高等教育研究》2001 年第 6 期。

④ Multon K D, Brown S D, Lent R W, Relation of Self-efficacy Beliefs to Academic Outcomes: A Meta-analytic Investigation. *Journal of Counseling Psychology*, Vol. 38, No. 1, 1991, pp. 30 – 38.

联，不过不同国家在鉴别博士生的潜质时所侧重的方式并不相同，美国的一项研究显示，在学生提交的申请信中，专家的推荐程度与学生在博士生期间的学术产出有着明显的相关性。① 而我国相关研究表明，硕博连读、本科直博等入学方式与培养质量（科研产出）之间存在关联。②

其次，进入正式学术训练阶段后，对科研能力成长影响作用最为显著的是导师，关于二者之间的关系已有大量的实证研究。已有研究表明，导师的学术水平是博士生科研产出的显著影响因素，但导师指导的学生数量却对科研产出有显著负面影响。③ 在导师指导频率与程度上，一项日本的调查表明，导师指导的次数、深度和博士生的论文发表质量之间存在正相关，导师指导的程度越深，博士生的外语写作能力、听说能力以及专业知识和综合素质等科研能力就越高。④ 在导师指导方式上，研究发现，虽然导师鼓励学生自主思考与行动（自主支持）和学生对导师的满意度之间并没有关系，但与研究自我效能之间有着显著正相关关系。高水平的自主性支持和学术支持与高水平的研究自我效能感具有相关关系，但是导师高水平的个人支持与较低程度的自主支持会导致学生较低的研究自我效能。这表明有效的博士生指导应该是鼓励学生自主思考、表达和行动的同时，还应提供对研究问题解决的有效支持。⑤ 另有学者发现，导师对学生进行合作式的指导有利于博士生的科研产出，导师给予学生的心理指导越多越有助于提升学生的自我效能感。⑥ 在师生关系匹配与科研能力发展之间，澳大利亚学者格伦尼斯和格伦罗利（Glenice Ives and Glenn Rowley）的一

---

① Hall J D, O'Connell A B, Cook J G, Predictors of Student Productivity in Biomedical Graduate School Applications. *Plos One*, Vol. 12, No. 1, 2017, pp. 1 - 14.

② 张国栋：《博士生培养模式各要素与培养质量的关系的实证研究——以上海交通大学为例》，载《研究生教育研究》2011 年第 2 期。

③ 李艳、马陆亭：《博士生培养质量与导师相关性的实证研究》，载《国家教育行政学院学报》2015 年第 4 期。

④ 任婷、秦静：《导师指导与博士生培养质量分析》，载《世界教育信息》2012 年第 2 期。

⑤ Overall N C, Deane K L, Peterson E R, Promoting Doctoral Students' Research Self-efficacy: Combining Academic Guidance with Autonomy Support. *Higher Education Research & Development*, Vol. 30, No. 6, 2011, pp. 791 - 805.

⑥ Paglis L L, Green S G, Bauer T N, Does Adviser Mentoring Add Value? A Longitudinal Study of Mentoring and Doctoral Student Outcomes. *Research in Higher Education*, Vol. 47, No. 4, 2006, pp. 451 - 476.

项纵向研究表明，学生研究主题与导师专长匹配度高、师生工作关系较好的师徒匹配模式往往对学生科研发展有积极作用。①

再次，能力的锻炼往往来自能力的应用和实践，学术参与作为一种有效的科研能力训练方式，受到了众多研究者的关注。内特尔斯和米利特（Nettles and Millets）研究表明，除人文学科之外，博士生担任研究助理的经历对发表同行评审文章有着积极作用。② 布鲁尔和道格拉斯等人（Gene A. Brewer and James W. Douglas et al. , 1999）研究发现，除科研高产的教师之外，学生参与、结构化的研究经历以及充分的财政支持是影响博士生研究产出的主要变量，三者的解释率达到 70%。③ 瓦卡罗尼克（Vaccaro, Nicole）研究发现，学生的研究兴趣、参与的学术活动和研究自我效能之间存在正相关。④ 安德森等人（Anderson B, et al. , 2013）指出，博士生的科研产出、学者自我效能感与其学术参与程度有着密切关联，在此，博士生的学术参与主要指师徒之间紧密、高水平的互动交往，以及参加学术共同体交流思想的经历等。⑤

最后，良好的组织氛围与科研环境对于训练和激发博士生的科研能力必不可少，学术素养的养成是个体在特定组织环境中通过长期浸淫和熏陶形成的。蔺玉的研究发现，博士生所在系所的氛围主要是作为情境因素在社会资本与科研绩效之间发挥调节作用。⑥ 菲利普斯与罗素尔（Phillips and Russell）发现，科研产出与研究自我效能之间存在正相关，而研究自

---

① Ives G, Rowley C, Supervisor Selection or Allocation and Continuity of Supervision: PhD Students' Progress and Outcomes. *Studies in Higher Education*, Vol. 30, No. 5, 2005, pp. 535 – 555.

② Larivière V, PhD Students' Excellence Scholarships and Their Relationship with Research Productivity, Scientific Impact, and Degree Completion. *The Canadian Journal of Higher Education*, Vol. 43, No. 2, 2013, P. 27.

③ Brewer G A, Douglas J W, Facer R L, et al. , Determinants of Graduate Research Productivity in Doctoral Programs of Public Administration. *Public Administration Review*, 1999, pp. 373 – 382.

④ Vaccaro N, *The Relationship between Research Self-efficacy, Perceptions of the Research Training Environment and Interest in Research in Counselor Education Doctoral Students: An Ex-post-facto, Cross-sectional Correlational Investigation*. Orlando: University of Central Florida, 2009.

⑤ Anderson B, Cutright M, Anderson S, Academic Involvement in Doctoral Education: Predictive Value of Faculty Mentorship and Intellectual Community on Doctoral Education Outcomes. *International Journal of Doctoral Studies*, No. 8, 2013, pp. 195 – 201.

⑥ 蔺玉:《博士生科研绩效及其影响因素的实证研究》，中国科学技术大学博士论文，2012 年。

我效能与研究训练环境之间存在正相关。① 希图阿比纳（Shittu - Abina）则进一步指出，研究训练情境（修读过的研究课程数量、年均项目参与次数、对研究训练环境的看法）主要通过研究自我效能对研究产出产生影响。② 此外，物质安全也是学生潜心治学的必要条件，经济上的资助在某种程度上发挥了保健与激励作用，能诱发个体好奇、想象、质疑等素养发挥作用。彭安臣对 12 所大学博士生的调查发现，相比其他资助类型，高水平效率主导型的财政资助有助于博士生的教育产出③。文森特拉里维耶尔（Vincent Larivière）对加拿大博士生的研究也发现，获得奖学金的研究生比没有获得者发表的数量更多，但在学术影响力上二者差异并不大。④

从上述研究可以看出，关于博士生科研能力或自我效能的研究已然较为成熟，不过相关研究中最大的缺陷在于，无论是国内的科研能力还是国外的科研自我效能研究都采用了论文发表数或自我报告程度的替代指标，没有直接指向于具体的研究能力要素，这在很大程度上简化了有关博士生具体科研能力养成的复杂性。

（三）博士生学术道德与品质等其他科学素养的形成因素研究

非认知性的学术品质是博士生成为科学家的重要内容，其中，学术品德又是其中最为重要的一种科学素养。关于学术诚信、学术规范以及学术伦理等学术道德通常被看作个体自身的学术品德⑤或学校的教育与管理职

---

① Phillips J C, Russell R K, Research Self-efficacy, the Research Training Environment, and Research Productivity among Graduate Students in Counseling Psychology. *The Counseling Psychologist*, Vol. 22, No. 4, 1994, pp. 628 - 641.

② Shittu - Abina A, The Research Self-efficacy and Training Environment of PhD Nursing Students. Moraga. California: Saint Mary's College of California, 2015.

③ 彭安臣、沈红：《博士生资助与博士生培养质量——基于 12 所大学问卷调查数据的实证分析》，载《学位与研究生教育》2012 年第 7 期。

④ Larivière V, PhD, Students' Excellence Scholarships and Their Relationship with Research Productivity, Scientific Impact, and Degree Completion. *The Canadian Journal of Higher Education*, Vol. 43, No. 2, 2013, P. 27.

⑤ 孙颖、安俐静、怀丽：《博士生学术道德意识建构及学术道德教育的启示》，载《教育科学》2015 年第 1 期。

责[①]，在个体特征方面，研究发现，不同学生在学业作弊上有着很强的人口学变量差异，不同年龄、性别、父母教育程度和学业成绩的学生之间有着显著性差异，相比之下，年龄较小者、男生、父母受教育程度较低者以及学习成绩较差的学生更容易作弊。[②] 在学校管理方面，学校设置的学术规范课程、荣誉制度（honor code）[③]、导师对学术不端的教育[④]以及管理部门制定惩罚政策[⑤]等被认为对培养学生的学术品德非常重要。

除个体特征与学校政策之外，越来越多的研究发现，个体所处情境对其学术品质的形成也具有显著影响，唐纳德等人（Donald L. McCabe et al.）对近十年有关学生学术诚信的一项元分析发现，个体同伴作弊的程度、同伴对作弊的反对以及个体对作弊后果严重性的认知等因素都会影响个体的学术诚信。其中，个体同伴对作弊的反对是最为显著的影响因素。正如唐纳德所言，同伴行为的强力影响意味着学术诚信不仅是对同伴行为的观察学习，而且表明同伴行为对作弊行为形成了一种规范性约束。[⑥] 路易斯等人（Louis K. S et al.）也指出，系所氛围对个体遵守学术道德规范也有着较强的约束作用，如果系所对相关学术伦理行为期望不高，就可能导致个体为自己的不当行为开脱，而且只要系所中曾有学生发生过学术不当行为，其他人就有可能做出其他类型的不当行为。[⑦] 由此可以看出，学术品德的养成，既需要相应的知识性教育和约束性规则监督，也需要优秀的微环境，即团队成员的支持和熏陶。

---

① Whitley Jr B E, Keith - Spiegel P., Academic Integrity as An Institutional Issue. *Ethics & Behavior*, Vol. 11, No. 3, 2001, pp. 325 - 342.

② McCabe D L, Trevino L K, Individual and Contextual Influences on Academic Dishonesty: A Multicampus Investigation. *Research in Higher Education*, Vol. 38, No. 3, 1997, pp. 379 - 396.

③ McCabe D L, Trevino L K, Academic Dishonesty: Honor Codes and other Contextual Influences. *The Journal of Higher Education*, Vol. 64, No. 5, pp. 522 - 538.

④ 马玲：《博士学位论文学术不端行为的实证分析及探索性建议》，载《中国高教研究》2011 年第 12 期。

⑤ 贾宝余、刘红：《研究生学术道德和学术规范教育的趋势与途径》，载《学位与研究生教育》2010 年第 5 期。

⑥ McCabe D L, Treviño L K, Butterfield K D, Cheating in Academic Institutions: A Decade of Research. *Ethics &Behavior*, Vol. 11, No. 3, 2001, pp. 219 - 232.

⑦ Louis K S, Anderson M S, Rosenberg L, Academic Misconduct and Values: The Department's Influence. *The Review of Higher Education*, Vol. 18, No. 4, 1995, pp. 393 - 422.

与学术品德的养成相仿，团队氛围的作用在其他研究者品质的发展上也有着显著作用。博克等人（Bock G. W. et al.）研究发现，公平、友好和创新的组织氛围，以及持有知识共享是互惠关系的认知与态度对促进个体共享知识的意愿作用显著。[①] 路易斯等学者（Louis K. S. et al.）考察了团队规模与组织氛围对个体共享品质塑造的影响，通过对计算机科学、化学工程和生命科学三个学科的1077位研究生进行调查研究，结果发现，科研团队的规模越大虽然与博士生的科研发表量呈正相关，但与个体共享知识的意愿呈负相关，此外，开放性氛围程度高的团队越有助于提高个体的知识共享意愿。[②] 相比之下，安德森等人（MS Anderson et al.）利用1990年的一项针对化学、市政工程、微生物和社会学学科博士研究生的全国性调查数据，分析系所结构、系所氛围和指导经历对学生接受传统科学规范（默顿提出的四种科学规范：普遍主义、公有主义、无私性、有组织的怀疑）或反规范（米特罗夫对应与默顿所提的四种科学规范：特殊主义、吝啬主义、自利性、有组织的教条）的影响，结果发现，师生互动紧密的系所结构、氛围和指导特征有助于个体形成传统科学规范；规模较小的科研团队、团队成员一致的价值观、低水平的剥削（exploitation）、师生合作发表机会以及技术性的指导对促进个体认同传统科学规范有着积极意义；而规模较大的团队，正式的指导以及团队成员间的竞争性则有助于形成科学反规范认同。[③]

由此可以看出，与其他研究能力不同，非认知或技能性科学素养并非主要通过知识性教育或导师指导习得，而是受到同辈群体和微环境结构与氛围的熏陶逐渐养成，换言之，科学态度、规范与品德的形成更多是博士生社会化的结果。

---

① Bock G W, Zmud R W, Kim Y G, et al., Behavioral Intention Formation in Knowledge Sharing: Examining the Roles of Extrinsic Motivators, Social-psychological Forces, and Organizational Climate. *MIS Quarterly*, 2005, pp. 87 – 111.

② Louis K S, Holdsworth J M, Anderson M S, et al., Becoming A Scientist: The Effects of Work-group Size and Organizational Climate. *The Journal of Higher Education*, Vol. 78, No. 3, 2007, pp. 311 – 336.

③ Anderson M S, Louis K S, The Graduate Student Experience and Subscription to the Norms of Science. *Research in Higher Education*, Vol. 35, No. 3, 1994, pp. 273 – 299.

三、博士生专业社会化研究的进路及其在中国的展开

区别于研究者所应具备的具体素质形成分析，博士生专业社会化理论关注的是研究者职业本身，研究的旨趣在于刻画博士生在从一名学生转变为研究者的过程中如何习得职业所需的价值、态度、能力与身份认同等。面对博士生日益攀升的流失率，不断延长的修业年限以及竞争激烈的学术职业环境，20 世纪 90 年代后，博士生专业社会化研究逐渐进入人们的视野，并成为研究者所采用的一个重要理论分析框架。

（一）博士生专业社会化概念的两种理解与内涵

无论博士生的毕业去向变得如何多元化，学术职业仍是博士教育的主要目标。博士教育阶段，关于学术职业的知识、技能、态度、价值以及身份认同的形成过程就是所谓的博士生社会化。20 世纪五六十年代默顿（Merton）与贝克（Becker）等人出版的两部具有开创性的作品，很大程度上奠定了此后学生社会化研究的理论底色与分析视角。其中，1957 年默顿等人出版的《学生——医师：医学教育社会学的入门研究》一书，采用结构功能主义视角，将社会化界定为个体发展专业自我，即获得他们所在的或是寻求进入团体特有的价值、态度、知识和技能，这种社会化将在很大程度上支配着个体在专业领域以及职业范围之外的行为。[①] 默顿对专业社会化的这一定义成为日后众多研究者的基础，如贝斯（Bess）将社会化定义为采纳、接受这些在特定职业情境中指导（和限制）他们行为的价值、规范与社会角色的过程。[②] 布里姆（Brim）、魏德曼（Weidman）等人依据默顿等人的理论，指出社会化是个体获得能使其成为群体成员所需的知识、技能和倾向的过程，[③] 总之，在结构功能主义看来，社会化是一

① Merton R K, Reader G, Kendall P L, The Student - Physician: Introductory Studies in the Sociology of Medical Education. *American Journal of Public Health & the Nations Health*, Vol. 49, No. 1, 1959, P. 287.

② Bess J L, Anticipatory Socialization of Graduate Students. *Research in Higher Education*, Vol. 8, No. 4, 1978, pp. 289 - 317.

③ Weidman, John C. Twale, Darla J. Stein, Elizabeth Leahy, Socialization of Graduate and Professional Students in Higher Education, A Perilous Passage? *ASHE - ERIC Higher Education Report*, Vol. 28, No. 3, 2001, P. 3.

个内化特定群体预期、标准和价值规范的过程，通过这一过程，个体从一个局外人转变为局内人。①

由于在默顿的社会化定义中，个体专业社会化主要表现为单向过程，排除了学生个体的主动性与能动性。因此 1961 年，贝克等人在其著作《白人男孩：医学院的学生文化》中，从符号互动论视角出发，聚焦学生自身的动机、认同和承诺，赋予了学生在专业研究生院行动的优先权。这一视角将社会化看作交互式过程，学生在学习专业规范和价值时往往是有选择性的，会根据特定实践环境的变化而作出情境性适应。② 这种双向式互动的社会化理解后来逐渐被研究者认可，成为当下博士生社会化后现代主义观点的理论来源。如蒂尔尼等人（Tierney et al.）认为，社会化是一个双向的文化过程，是通过人际交互、持续的再造过程，而非对既有文化传统的复制。③ 奥斯汀（Austin A. E.）认为，社会化是一个辩证过程，新手在与其他成员交往互动当中构建他们独特的角色，社会化也是一个双向过程，个体不仅受到组织既有传统的影响，而且通过自身的经验、价值和观念来影响组织。④

鉴于专业社会化过程的复杂性，魏德曼、奥斯汀以及蒂尔尼等人为此进行了系统性总结，指出研究生专业社会化的核心要素包括：（1）知识获得（knowledge acquisition），新手必须获得足够的认知性知识和技能来把握这个角色，同样也需要获得充分的、有影响的知识来理解规范性期望，评价他们在角色中的表现，评估是否其他人对角色有信心，是否能够实现角色要求；（2）投入（investment），包括时间投入和在组织或领域中

---

① Bullis C, Bach B W, Socialization Turning Points: An Examination of Change in Organizational Identification. *Western Journal of Communication (Includes Communication Reports)*, Vol. 53, No. 3, 1989, pp. 273 – 293.

② Miller S E, A Conceptual Framework for the Professional Socialization of Social Workers. *Journal of Human Behavior in the Social Environment*, Vol. 20, No. 7, 2010, pp. 924 – 938.

③ Tierney, W. G., and Rhoads, R. A., Enhancing Promotion, Tenure and Beyond: Faculty Socialization as A Cultural Process. Ashe-eric Higher Education Report, No. 6. Washington, DC: The George Washington University, School of Education and Human Development, 1994, pp. 2 – 6.

④ Austin A E, Preparing the next Generation of Faculty: Graduate School as Socialization to the Academic Career. *The Journal of Higher Education*, Vol. 73, No. 1, 2002, pp. 94 – 122.

的自尊心，以及放弃其他选项；（3）参与（involvement），通过与教师、高年级学生的交往，以及参加不同的专业活动，实现专业角色身份认同的内化。①

此外，魏德曼和施泰因等人（Weidman and Stein et al.）根据范梅南（Van Maanen）的理论区分了研究生社会化过程中的六个维度：（1）集体与个体，其中集体社会化指在一个学术项目中由所有研究生体验的共同经历，个体社会化指的是个体通过一种孤立、单一的方式学习成为新成员。（2）正式与非正式，正式社会化是指新手在一种经特定设计、同质性的架构中得到型塑；非正式社会化是指个体通过与其他成员进行的非正式交往互动。（3）随机和有序，随机社会化指新手经历或参与活动的步骤没有明确规定；有序社会化指活动的顺序有着明确安排。（4）稳定与变动，稳定的社会化意味着从一个角色或阶段转向另一个角色或阶段的时间是固定的；变动的社会化指个体经历的各项活动随具体情况而发生变化。（5）连续和割裂，连续社会化是指个体的社会化是有计划的经历，接受更高级组织成员的指导；而割裂的社会化则是指新手的社会化没有得到经验资深者对角色模型的指导。（6）授予与剥夺，授予是指新手的经历得到认可或接纳；剥夺是指新成员的个体特征并不受组织重视，他们被期望做出改变来适应组织或角色。②

（二）博士生专业社会化的阶段及其转变

博士研究生社会化的独特之处在于，个体不仅要实现博士研究生角色的社会化，而且与此同时进行未来职业的社会化。③ 因此，博士生的学术职业社会化历程，无法避免会受到博士阶段学校硬性制度的影响，这也导致连续性的社会化进程出现了较为明显的具有正式制度痕迹的“阶段”

① Weidman, John C. Twale, Darla J. Stein, Elizabeth Leahy, Socialization of Graduate and Professional Students in Higher Education, a Perilous Passage? *Ashe-eric Higher Education Report*, Vol. 28, No. 3, 2001, pp. 15 – 19.

② Austin A E, McDaniels M, Preparing the Professoriate of the Future: Graduate Student Socialization for Faculty Roles. *Higher Education*, Vol. 21, 2006, pp. 397 – 456.

③ Golde C M, Beginning Graduate School: Explaining First-year Doctoral Attrition. *New Directions for Higher Education*, Vol. 1998, No. 101, 1998, pp. 55 – 64.

分化。廷托（Tinto）在大学生坚持理论（undergraduate student persistence）的基础上，建立了博士生坚持理论（doctoral persistence），该理论认为，博士生社会化需要经历三个阶段：第一阶段是过渡期（transition），对应于博士研究生学习第一年，在该阶段，个体主要通过社会和学术交往，寻求在大学社团内建立成员身份；第二阶段为候选期（candidacy），主要任务为获得博士研究所需的知识和能力，该阶段，个体在很大程度上依靠自身能力、技能以及与教师的互动；第三阶段为博士完成期（doctoral completion），涵盖博士生从获得候选人资格、完成博士研究计划到博士论文答辩的整个过程。在这一阶段，与教师的互动也从多位教师转向以论文导师为主的少数教师。①

同样，洛维茨（Lovitts，B. E.）也根据博士生在研究生院的经历，将博士生社会化划分为四个阶段，阶段 0 称之为进入学位项目的预期社会化；阶段 1 为录取和调节阶段，是学生从制度的局外人到局内人的转变期，前两个阶段同时发生于博士入学第一年；阶段 2 为能力发展期，对应于博士项目的第二年，即在所有课程和考试要求的完成，或是候选人阶段；最后是阶段 3，时间跨度从论文的开始到完成，包括论文主题的确定，组织博士论文指导委员会，完成研究工作，到最后论文的写作与答辩。②

奥斯汀与麦克丹尼尔斯（Austin and McDaniels）在分析博士生对大学教师角色的社会化过程时，借用魏德曼、桑顿等人的专业社会化阶段理论指出，在预期社会化阶段，学生在与教师、高年级学生和同学交往的过程中，通过观察、模仿学习他们所重视的，从事什么活动，同事之间如何互动以及教师扮演什么角色。在正式阶段，博士生所关心的是如何在新环境中形成自己的行事方式，掌握新的知识与信息。通过对教师、高年级学生的互动与观察以及课堂观摩，学习大学教师的工作方式。特别是通过参与

---

① Gardner S K，Barnes B J，Graduate Student Involvement：Socialization for the Professional Role. *Journal of College Student Development*，Vol. 48，No. 4，2007，pp. 369 – 387.

② Gardner，Kristina S.，*If It were Easy*，*Everyone would Have A PhD*：*Doctoral Student Success*：*Socialization and Disciplinary Perspectives.* Washington：Washington University，2005.

教师的研究项目、助教工作，学生开始获得相应的责任与特权。在非正式阶段，学生会习得一些非正式的角色期望，拥有扮演角色的自由度，如同正式阶段一样，学习方式主要是观察、互动以及受同辈群体的影响与支持。最后在个性化阶段，个体内化新的角色规范，在保持原有自我想象的同时，融合形成新的专业认同。学生对于专业态度与价值表现出更高的接受度，而且在参加专业活动，如出席会议、发表论文和参加专业服务等方面日益积极和主动。①

在博士生专业社会化阶段的划分之外，近年来，越来越多的研究者开始关注博士生专业社会化的影响因素。贝克和拉图卡（Baker V. L.，Lattuca L. R.）将社会网络理论应用于博士生社会化的支持主体上，提出了发展网络理论（developmental network theory），贝克认为，博士生的指导关系不仅发生在高级成员与初级成员之间，而且发生在同辈群体之间。博士生拥有的关系星座（relationship constellation）既包括组织情境中的同事、导师，又包括组织之外的朋友与家庭。当然，相比于关系的数量，关系的选择更为重要，事实上寻找能促进自己能力发展的关系资源才更为关键。例如，一项英国博士教育的研究就表明在导师之外，为学生创建的同辈支持团队和构建的学术网络关系对于其职业成功十分重要。发展网络在个体社会化过程中给予的支持除了知识发展、信息分享之外，还有职业指导与心理支持。博士生的学习过程实际上是新手积极参与社团实践的社会化与认知的过程，学生在获取相关学科知识内容的同时，也在追求社团的接受与认同。② 弗伦茨（Frentz K. T.）分析了学科文化对研究生社会化的影响，研究从隔离（sequestration）、范式（paradigm）、学徒（apprenticeship）和认可（sanctioning）四个社会化要素出发来探究不同学科博士生

① Austin A E，McDaniels M.，Preparing the Professoriate of the Future：Graduate Student Socialization for Faculty Roles. *Higher Education*，Vol. 21，2006，pp. 401－403.

② Baker V L，Lattuca L. R.，Developmental Networks and Learning：Toward an Interdisciplinary Perspective on Identity Development during Doctoral Study. *Studies in Higher Education*，Vol. 35，No. 7，2010，pp. 810－812.

在社会化过程与结构上的差异。[①] 玛尔斯等人（Mars M. M. et al.）则指出，博士生社会化环境受到的文化影响更为多样，包括：（1）超越所有大学和学科的研究生教育支配性文化；（2）特定的学科文化与其明确的规范、价值和实践；（3）特定大学的文化与其研究生教育的程序和政策；（4）个别系所的文化；（5）每个博士生的背景、知识和技能。[②]

上述有关博士生社会化阶段与影响因素的研究，虽然在一定程度上为博士生成长与专业研究者提供了有益的线索和指引，但并没有对阶段转变的方式与策略做出说明。凯利和玛格丽特（Kiley and Margaret）将成人仪式的隐喻应用于博士生的专业社会化中，运用特纳（Turner）的阶段转变理论分析博士生社会化阶段的转变，指出博士生从前一个熟悉的阶段分离进入新的阶段中要经历一个阈限状态（liminal state），凯利认为，在阈限状态中，会遭遇困境（being stuck），这种受困经历可能会产生负面效果，甚至对学习者产生自信和自尊的损伤等严重后果，进而丧失继续攻读项目以及及时完成学业的能力。为此，学生需要通过模仿（mimicry）来克服停滞受困的状态，例如，通过模仿其他学生正在做的事情，参加席明纳学习如何问问题，提出适合于他们水平和学科的议题等。[③]

（三）博士生专业社会化研究在中国的展开

相比于博士生社会化议题在国外研究的如火如荼，博士生社会化研究在中国则方兴未艾。除了个别关于国外博士生专业社会化理论[④]与实践策略[⑤]研究的引介，在本土化研究中，从博士生角度出发分析专业社会化历程的文献寥寥无几，更多的主要是从学术职业能力准备和形成的质量视角

① Frentz K T., *Comparison of Graduate Student Socialization in two Selected Disciplines*. Tallahassee: Florida State University, 1992.

② Mars M M, Bresonis K, Szelényi K, Science and Engineering Doctoral Student Socialization, Logics, and the National Economic Agenda: Alignment or Disconnect? *Minerva*, Vol. 52, No. 3, 2014, P. 358.

③ Kiley M, Identifying Threshold Concepts and Proposing Strategies to Support Doctoral Candidates. *Innovations in Education and Teaching International*, Vol. 46, No. 3, 2009, pp. 293－304.

④ 郑觅：《博士生专业社会化理论研究概述》，载《学位与研究生教育》2014 年第 2 期。

⑤ 郭丽君、吴庆华：《试析美国博士生教育为学术职业发展准备的社会化活动》，载《学位与研究生教育》2013 年第 7 期。

审视博士生的社会化过程。

其中，基于我国本土实际情境探究博士生社会化的研究最早见于北京大学边国英博士针对社会科学博士生所进行的专业社会化过程研究，她指出，社会学博士生专业社会化经历包括初步社会化、中期社会化与专业社会化深化三个阶段，研究发现，社会科学博士生的知识活动具有文化性特征与历险性特征，专业社会化过程存在规训与自我教化两种机制，以及安全模式与风险模式两种模式。① 王东芳则以美国研究型大学数学、化学、经济学和英语等学科教师为访谈对象，从学科文化的视角，探究了不同学科范式下师生科研合作、师生关系的差异，指出受制于学科特定文化以及知识生产条件的约束，师生科研合作程度从高到低的顺序依次为化学、经济学、数学和英语。② 化学学科师徒合作更为紧密，互动频率比较频繁，具有较高的结构化特点，而英语专业的师徒关系较为松散，互动次数少。③ 这种差异也导致了不同学科在博士生培养过程中需要采取差别化的策略。不过总体而言，由于在目前阶段我国博士生教育关注的核心议题主要为提升质量，因此，相关的专业社会化研究也大多隐含着提升博士生培养质量意识。

在博士生学术社会化的质量方面，郭建如从博士生培养质量的角度关注博士培养的流程、仪式与阈限转化，指出在一系列过关仪式中，完成学校规定学分、发表高质量文章和学位论文评审答辩是当前我国博士生培养质量控制的最主要抓手，博士生的学术训练是在一定的制度外壳保护下，由博士生指导教师主导“技术内核”的方式来促进个体的学术发展。因此，制度外壳设计的理念唯有与“技术内核”的精神保持一致，才有助于培养高质量的博士生。④ 对应于制度层面的探讨，还有研究者以学术职

① 边国英：《知识历险与身份转换：社会科学博士生专业社会化过程研究》，万方数据知识服务平台网，2017 年 6 月 15 日。

② 王东芳：《博士教育中师生科研合作的学科差异》，载《高等教育研究》2014 年第 2 期。

③ 王东芳：《博士教育中的师生关系：学科文化视角的解读》，载《比较教育研究》2015 年第 6 期。

④ 郭建如：《我国高校博士教育扩散、博士质量分布与质量保障：制度主义视角》，载《北京大学教育评论》2009 年第 2 期。

业的内容与能力要求为基准，进行了经验探究，借以考察博士生学术社会化的水平与方式，其中，赵欣选取了上海某高校博士生为研究对象，从学术社会化的角度考察博士生学术训练状况，结果发现，博士生对未来学术职业中的聘任、考核及职业道德等环节与内容并不熟悉，对学术职业所需的项目申请、组织管理以及团队合作等重要性认识不足，能力提高程度较小。[①] 张英丽的调查中也发现类似的情况，博士生对于未来学术工作所需要的教学、学生指导、参与管理以及学术职业道德等缺乏相应的准备。[②] 肖俊茹通过访谈研究多位优秀博士生获得者，分析优秀博士生成长的特征与方式，认为对于优秀博士生获得者而言，具有主导作用的是个体的学术志趣与努力，导师与环境发挥的更多是助长与共生作用。[③]

以此来看，当前国外博士生社会化理论在中国的应用研究还尚未展开，更遑论本土理论的构建。不同于西方博士社会化研究对博士高损耗、长年限问题的关怀，从我国博士生培养的实际需求而言，如何将博士生专业社会化的理论资源应用于博士生研究者素养的形成是更具现实意义的问题。

四、博士生研究者素养与能力培养研究的视角与议题选择

基于上述研究，对博士生素养与能力形成的研究可以得出如下几点基本判断。

首先，在现有关于博士生研究者素养的界定中，研究者或是从哲学博士学位特征出发阐述博士生的科研素养，或是从非学术职业需求审视博士生的能力与素质，较少有研究系统分析博士生作为未来学术科学家所需具备的科研素养与能力，也较少关注现代知识社会经济条件以及知识生产模式转变为博士生素养与能力带来的新挑战。

其次，大部分关于博士生科研能力的研究，在操作化定义中都将其简

---

① 赵欣：《上海研究型大学博士生学术训练状况研究》，华东师范大学硕士论文，2015 年。

② 张英丽：《我国博士生的学术职业选择与准备》，载《学位与研究生教育》2009 年第 2 期。

③ 肖俊茹：《高层次学术型人才成长经历探索——基于对若干位优秀博士学位论文获得者的个案访谈》，华中师范大学硕士论文，2008 年。

化为科研生产能力或研究自我效能感，忽视了博士生批判性、创新思维、问题发现与解决能力、团队合作以及科研规范等品质形成的分析，这种简约化的处理方式，导致博士生研究者素养与能力养成的关注点从整体素养转为简单的学术发表能力，无助于探究复杂科研素养形成的影响因素与机制。

再次，在关于博士生科研能力形成影响因素的分析中，博士生的先赋性条件、导师指导、学术训练以及科研资源等要素得到格外重视，特别是围绕导师指导风格、方式、师生关系与博士生科研能力之间的相关研究已经达到非常细致的地步。相比之下，许多调查中屡屡提及的团队结构、氛围以及学术共同体环境等变量，在影响哪些科研素质以及如何影响等问题上往往浅尝辄止，一定程度上忽视了学术微环境对博士生学术成长的作用。

最后，在博士生学术素养与能力培养的影响因素中，相对于定量研究者对结构性条件的关注，定性研究者则较为重视博士生成长为独立研究者的养成过程与方式。以博士生学术社会化研究为代表，已有研究对博士生学术社会化的方式、阶段、过程和关键节点，以及导师、同辈、组织氛围与学科文化等影响要素作了广泛研究。不过遗憾的是，博士生专业社会化的理论旨趣主要为学生如何顺利地实现研究者的社会化过程，更多关注的是个体的身份认同与专业规训，至于研究者所需的素养与能力成长的社会化过程则并没有得到充分研究。

在已有国内外相关研究的基础之上，本书试图推进的研究议题在于以下几个方面：

第一，在知识生产方式转变的新形势下，重新思考科学研究者职业素养与能力的变化，通过明确学术科学家素养与能力的内容，为博士生成长为独立研究者提供参考坐标与发展指向，进一步丰富博士生培养质量内涵的认识。

第二，探究博士生学术素养与能力的形成方式。通过考察优秀研究者素养与能力的成长经历，辨析不同学术素养与能力形成的时段、方式以及特点，进而聚焦于博士生教育阶段，从个体行为、导师指导、同辈影响以及组织环境等多个维度，明确研究者核心素养与能力的形成方式。

第三，关注博士生教育阶段，研究者素养与能力的形成过程。研究拟采用定量与定性研究相结合的混合研究法，围绕研究者所应具备的知识、能力、品质以及职业认同等内容，分析博士生如何在学习与科研实践中不断建构的这些能力，这些能力在不同社会化过程与阶段具有何种表现特征，概言之，就是在博士生成长经历中，构建研究者素养与能力形成的社会化过程和阶段。

第四，重新审视当下我国大学理科博士生培养的水准与支持条件，本书将避免使用学术发表能力替代科研能力的常规做法，而是依据研究构建的研究者素养与能力框架以及博士生社会化模式，对博士生具体素养与能力以及相关支持条件展开全面、细致的考察。以此揭示博士生研究者素养与能力培养中存在的问题与不足。

第四节　研究思路、研究架构与研究方法

一、研究思路

如何从博士生成长为研究者是本书的核心关切，研究按照“历史—内涵—逻辑—现实—路径”的思路推进研究的展开。

首先，梳理研究者训练的变迁历史，分析哲学博士培养体制如何因应不同社会、国家需要而发生变化。

其次，结合现代科学研究及其组织环境的变革趋势，构建研究者素养与能力框架，确立博士生学术成长的参照坐标。

再次，以博士生素养与能力框架为基准，从横向与纵向两个维度，探究研究者素养与能力的形成方式和过程。建立理科博士生的学术社会化模型，从个体特征、重要他人和组织条件等维度出发，分析研究者素养与能力形成的影响因素。

最后，全景式考察我国博士生研究者素养与能力的养成及其支持条件

状况，诊断其中存在的问题与不足，从而为理科博士生的专业发展提供相应的参考与建议。研究的整体思路如图 1－1 所示。

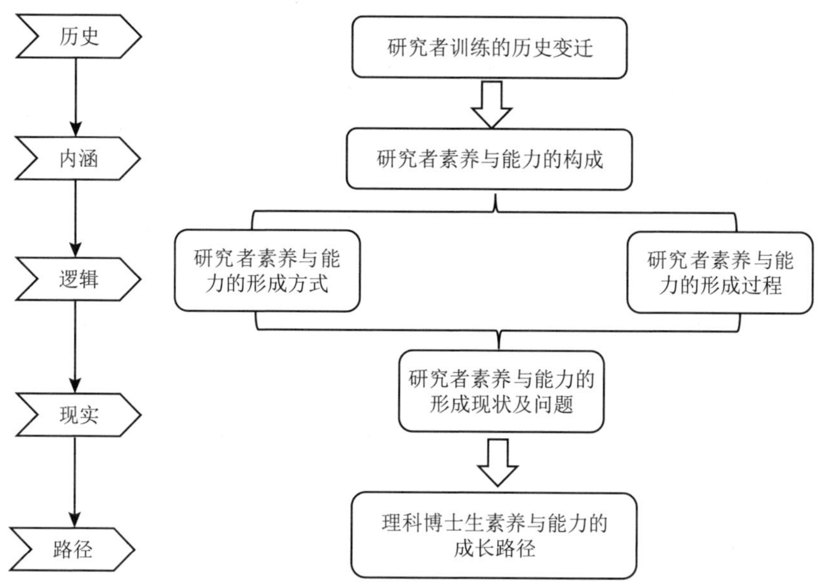

图 1－1　博士生素养与能力形成的研究思路

二、研究架构

第一章为绪论，包括问题的提出、研究意义、学术史回顾、核心概念界定与研究思路和方法。

第二章考察现代意义上的研究者职业是如何形成的，并探究职业科学家产生后，研究者的训练与教育方式在历史进程中的表现形态以及变迁过程。

第三章针对现代科学研究方式和外部社会经济的变化，勾勒研究者素养与能力要求的发展趋势。并在此背景下，通过对当前国外发达国家有关科学家和博士生素养与能力的文本进行系统分析，构建研究者素养与能力指标体系。

第四章选取了 20 世纪 90 年代之后到 2016 年间的诺贝尔物理学与化学奖获得者作为分析样本，探究精英科学家素养与能力形成的特征、时段，重点研究诺贝尔奖获得者在博士生教育阶段如何培养卓越的科研素养和能力。

第五章运用混合研究法，对博士生成长为研究者的养成过程进行细致分析，探究博士生学术社会化过程中经历的主要阶段、关键转折以及影响要素，为理科博士生学术社会化做出本土化的理论解释。

第六章基于前文构建的研究者素养与能力框架和社会化模型，开发博士生素养与能力养成的调查工具，对当前我国理科博士生素养与能力的养成情况进行全面调查，分析博士生素养与能力准备情况以及养成过程中存在的问题。

第七章为结论与建议，具体包括三个方面内容，一是对理科博士生素养与能力的成长特征、逻辑进行归纳提炼；二是反思当前博士生教育改革举措的合理性与有效性，并提出可行性建议；三是指出研究存在的贡献、不足以及进一步探究的议题。

三、研究方法

基于研究问题及设计，本书主要采用的研究方法包括以下四种。

（一）文本内容分析法

20 世纪 80 年代之后，许多国家、专业组织与大学开始根据科学研究方式以及科学职业特征的变化，对博士生或研究者的素养与能力进行了重新规定。为了系统构建现代学术研究者的职业素养与能力，研究将收集西方主要发达国家有关研究者能力说明的制度文本，运用 Nvivo11 软件分析技术，遵循学术研究职业特点进行严格筛选，通过对研究者素养与能力概念的编码和提炼，构建出研究者素养与能力的指标框架。

（二）小群体研究法

为探究优秀研究者素养与能力的形成方式，研究选取 1990 ~ 2016 年诺贝尔物理学奖与化学奖得主作为案例，通过搜集诺贝尔奖获得者个人自传、人物传记和演讲等材料，最终形成包括 113 位诺贝尔奖获得者在内的信息数据库。按照研究者素养与能力框架的主要维度，有针对性地从学术志趣与品德、学科知识与方法技能、科学思维与研究能力、研究合作与管理能力四个方面，分别考察诺贝尔奖获得者养成上述学术素养与能力的方式，从而为博士生的学术成长提供有益借鉴。

（三）混合研究法

现实问题通常是复杂的，单纯应用一种方法往往很难将一个问题论证或解释清楚，本书关注的“博士生如何成长为研究者”就是这样一个议题。针对研究者素养与能力的社会化模型，本书并没有照搬该研究领域习惯采用的定性研究法，而是在收集定性资料的同时，对定量数据进行了采集，并在研究结果的分析与解释环节融合两种研究方法得出的结果，这种方法也被称之为混合研究法中的平行嵌套设计研究。本书所指的平行嵌套设计是指在时间上同步收集定量与定性数据。在方法运用的权重上，优先采用定性研究方法，与此同时，使用定量数据做进一步的验证和补充。分析研究者形成过程中博士生素养与能力的转变特点、机理，以期达到研究结论的三角互证和互补，① 丰富并拓展博士生学术社会化的理论与内涵。

（四）定量研究法

为明确当前我国理科博士生研究者素养与能力的培养状况以及成长环境，本书将基于研究者素养与能力框架，编制开发博士生研究者素养与能力形成的调查问卷，通过对国内 35 所研究生院高校的理科博士生进行抽样调查，全景式考察当前我国理科博士生研究者素养与能力的准备情况。此外，结合博士生素养与能力的形成方式和社会化过程的研究，从导师与实验室成员指导、院系学术氛围、组织条件与环境以及学术共同体参与机会四个方面对博士生学术发展的支持条件展开分析。

① Greene J C, Caracelli V J, Graham W F, Toward A Conceptual Framework for Mixed-method Evaluation Designs. *Educational Evaluation and Policy Analysis*, Vol. 11, No. 3, 1989, P. 258.

第二章
科学研究者的出现及其培养体制的确立

正如刘易斯·科塞所说，凡是有教养的人，没有谁再会把近代科学史上的一系列重大发现看作天才们在孤独之中做出的，现在人们普遍的共识是，科学团体与制度化的背景创造了伟大的科学事业。① 同样，我们可以进一步推断，职业科学家及其训练的形成，不仅是科学家群体自在演进变化的产物，而且受到时代发展、科学与大学系统变革等制度环境因素的影响。

第一节　西方科学学会的产生与早期科学研究者的特征

与大多数人想当然的认知不同，“科学家”这一称谓的出现距今其实不到两百年。和众多今天习以为常的术语一样，如果从历史的缘起来看，科学家概念的提出充满了戏剧性和偶然性。1833 年，威廉·惠威尔（William Whewell）在参加剑桥召开的一次英国科学促进协会会议上，仿照“艺术家”（artist），半开玩笑地用“科学家”（scientist）来称呼出席会议的人。这一称谓虽然在当时的知识界没有得到广泛认可，许多著名的科学

① ［美］刘易斯·科塞：《理念人：一项社会学的考察》，郭方等译，中央编译出版社 2004 年版。

研究者如法拉第等，由于认为“科学家”称谓具有专门、狭窄的意味，因而对此非常厌恶、排斥。[①] 但却反映了一个不争的事实，即在18、19世纪的欧洲社会中涌现了一大批专业的科学研究人士。

一、科学学会产生的背景与起源

事实上，从事现代意义上科学研究的科学人出现时期要更早，进入17世纪之后，欧洲主要地区的社会风尚发生了潜移默化的转变，以英格兰地区为例，受到清教主义、新哲学等的影响，功利主义与现实主义的风气弥漫到社会各个领域中，大众对诗歌戏剧的兴趣出现衰落，与此相反，对注重经验现象描述和解释的散文与科学的兴趣却日益增加。[②] 用曼海姆的术语说，是时代主流精神的作用，不仅促使传统的大学增加有关自然科学方面的教席[③]，而且使得大众对科学的兴趣和投入与日俱增，越来越多的科学爱好者，经常以书信或定期聚会的形式在一起分享、讨论自己通过实验和观察得出的各种结论。正是在这种文化氛围与社会风尚潮流的浸润之下，导致社会中从事散文家、历史学家和科学家等职业的比例出现大幅提升[④]，与此同时，由科学爱好者组成的各种早期学会也在此时应运而生。而科学学会的组织化、制度化，又反过来促使科学爱好者逐渐从业余科学家到专业科学家的转变。因此，对专业研究者或科学家形成的溯源，我们无法绕开近代西方科学学会以及科学共同体的发展历史。

目前，大多数关于科学学会的研究，将英国皇家学会视为历史起点。其实严格而言，第一个有组织的科学学会是佛罗伦萨的西曼托学院（Accademia del Cimento of Florence，1657－1667）。之所以诞生于佛罗伦萨，这与16世纪意大利地区的文艺复兴思潮有着极大关系，作为一种知识人之间的交往载体，学会在当时的欧洲较为盛行，有关艺术、文学、语言和

---

① ［英］W. 拜纳姆、J. 布朗、R. 波特：《科学史词典》，宋子良等译，湖北科学技术出版社1988年版。

②③④ ［美］罗伯特·金·默顿：《十七世纪英格兰的科学、技术与社会》，范岱年等译，商务印书馆2000年版。

历史等主题的各类学会数量不下七百个，而且绝大部分分布在意大利，[①]其中尤以佛罗伦萨为盛。在众多的文人学会（literary societies）当中，自然奥秘学院（Academia Secretorum Naturae 由 Giambattista della Porta 创建于 1560 年）和猞猁学院（Accademia dei Lincei 由 Duke Federigo Cesi 创建于 1601 年）两个学会对西曼托学院的建立产生了直接影响，前者注重探索自然奥秘，后者重视实验，就连学院名称西曼托（Cimento）本身也是试验（experiment）的意思。其中，猞猁学院（Accademia dei Lincei）对西曼托学院的影响更是显著，学院的目标是建立一个科学的、非神职人员的修道院，因而学院并不接纳教士，学院规划成立包括罗马在内的世界四个科学合作区，整个设计犹如但要早于培根构想的所罗门宫殿。到 1609 年，吸引了德拉波塔（Della Porta）、佩雷斯克（Peiresc）、伽利略（Galileo）和法比奥科隆纳（Fabio Colonna）等众多科学研究爱好者，会员规模达到了 32 人。[②] 不过后来随着赞助人的去世以及伽利略因坚持禁止观点而被教会谴责，学院因此也衰落而亡。

然而猞猁学院的衣钵，很大程度上通过西曼托学院“精神之父”伽利略的个人作用得到了传承和发展。新成立的学院主要由伽利略的门徒及其弟子构成，继承了数学、物理学知识和试验技巧。[③] 学院的活动包括召开非正式的会议，分配科研任务，向世界各地科学爱好者展示并讨论实验工具与发现结果，出版科研论文，等等。由于西曼托学院活动的组织与运行主要依靠灵魂人物如利奥波德（Leopold）等人来推动，组织领袖在其中发挥了决定性作用，这也导致后期因利奥波德被任命为红衣主教而中断。但是学会模式和科研成果，借助当时“国际旅行”的风气，通过与之有交往的知识人如法国科学院院士泰弗诺、伦敦皇家学会秘书波义耳、惠更斯秘书奥尔登堡等人传播到了欧洲其他地区，其中学会发表的著作几乎成

① Mcclellan Ⅲ J E, *Science Reorganized: Scientific Societies in the Eighteenth Century*. New York: Columbia University press, 1985, P. 42.

② Ornstein Martha, *The Role of the Scientific Societies in the Seventeenth Century*. Chicago: University of Chicago Press, 1938, pp. 73 – 75.

③ Ornstein Martha, *The Role of the Scientific Societies in the Seventeenth Century*. Chicago: University of Chicago Press, 1938, pp. 76 – 77.

为十八世纪欧洲科学研究者的实验室指南，阿尔多夫模仿西曼托学院在德国还成立了类似的学会。①

从历史发生时间来看，意大利地区的科学学会确实具有领先地位，不过这种学会组织模式主要依赖于特定赞助人和领袖人物的感召，组织较为松散，活动随意性大。加之没有得到官方地位和合法认可，常常由于学会内部重要人物的变故而中断，具有很大的不确定性和偶然性。故而，与后期正式、规范的科学学会相比仍有很大差距。按照西方科学学会研究史专家麦克莱伦（Mcclellan Ⅲ J E.）对科学学会类型的划分，这一模式属于“文艺复兴”学会，该类型学会数量相对较少，只有 25 家。而真正对科学学会发展成熟起到关键重要的是另外两种类型的学会，一种是英国皇家学会（Royal Society）和巴黎皇家科学院（Pairs Academy）之后兴起的官方学院和科学学会，数量在 70 家左右。其特征是学会建立在特定的认可和支持之上，有一定数量的会员，成员大部分精力都奉献于科学，拥有供科学研究的如天文台、图书馆和博物馆等附属机构，此外，还包括发表和奖项，等等；另外一种是私人科学学会，大致有 40 家（与前者的区别主要在于是否得到官方地位和法律承认）。② 因此接下来，研究将重点转向探讨英国皇家学会与法国皇家科学院这两种具有代表性学会的建立和发展，从中分析早期研究者或科学家的特点。

二、英国伦敦皇家学会的产生与早期成员特征

大多数学会史研究在追溯关于英国皇家学会的起源时，都将培根在《新大西洋》中构想的“所罗门宫殿”作为其诞生的思想源泉，但就学会的实际形成过程来看，或许并非想象的那般浪漫。学会最早的参与者约翰·沃利斯（John Wallis）在他的一封信中记录了当时的原委：

“1645 年，我生活在伦敦，由于内战，大学内的学术活动被迫中

① Ornstein Martha. *The Role of the Scientific Societies in the Seventeenth Century*. Chicago：University of Chicago Press，1938，P. 82.

② Seymour L. Chapin，Reviewed Work(s)：Science Reorganized：Scientific Societies in the Eighteenth Century by James E. McClellan，The Journal of Modern History，Vol. 59，No. 4，P. 816.

断……我恰好认识了多位令人尊敬的人，他们对自然哲学和其他人类知识，特别是对所谓的新哲学或实验哲学充满了兴趣。我们约定每周固定的一天在伦敦聚会，一起探讨这方面的事情。”①

就是知识人之间这样一次再正常不过的非正式聚会，用波义尔写给法国友人信中的话说，是“无形学院”开启了皇家学会的发展之路。团体的定期聚会一直持续到1948～1949年，此后一部分成员迁往牛津，在1651年成立了牛津哲学学会，并制定了一系列规则②，其他人则继续在位于伦敦的格雷沙姆学院（Gresham College）举行聚会。1960年，随着王政复辟，国王查理二世返回伦敦，期间中断两年的伦敦学会也再次恢复聚会，牛津学会的许多成员也加入进来，他们在格雷沙姆学院的每周三和周四的雷恩医生和马洛克先生（Dr. Wren and Mr. Rrook）的讲座活动中聚会。③ 在1960年11月末的一次聚会中，与会的12名成员决定将学会规模扩大到40人，并组建正式的哲学家学会（Society of Philosophers），为此学会成员罗伯特·默雷（Robert Moray）（政治家、外交官）主动接近并与国王取得联系，而国王也对学会的设计和活动表示认同和鼓励，并于1662年、1663年两次授予学会特许状，至此标志着皇家学会（全称为“伦敦皇家自然知识促进学会”）正式成立。④在皇家学会的组织化、正式化过程中，具有讽刺意味的是，虽然在伦敦学会早期的核心成员中，有多名大学教授参与，并经常在格雷沙姆学院中聚会（见表2－1）。

表2－1　学会早期（1645～1648）主要成员的职业与兴趣

成员	职业	科学兴趣
约翰·沃利斯（John wallis，1616－1703）	牛津教授	数学、几何、医学

①④　University of St Andrews. The Royal Society. http：//. st-andrews. ac. uk，2004. 8.

②　Miss R. H. Syfret，The Origins of the Royal Society. Notes and Records of the Royal Society of London，Vol. 5，No. 2，1948，P. 79.

③　Sprat T. *The History of the Royal-society of London*：*for the Improving of Natural Knowledge*. Boston：Adamant Media Corporation，2001，P. 57.

续表

成员	职业	科学兴趣
约翰·威尔金斯（John wilkins，1614－1672）	牛津大学瓦德汉学院院长（warden）	数学和天文学
塞缪尔·福斯特（Samuel foster）	格雷沙姆学院教授	天文学
戈达德（Dr. Goddard，1617－1674）	格雷沙姆学院教授	医学
乔治恩特（Dr. George Ent）	医生	生理学
格里森（Dr. Glisson）	医生	解剖学
梅雷特（Dr. Merret）	医生	植物学
哈克（Haak）	定居伦敦的德国人，职业不详	未知

资料来源：Ornstein Martha. The Role of the Scientific Societies in the Seventeenth Century. University of Chicago Press，1938，pp. 94－95.

然而令人惋惜的是，现代科学建制的确立纵然与大学有着千丝万缕的联系，甚至诞生于大学的场所和氛围之中，但严格来讲，现代学术制度并非是大学的产物，大学成员只是以个体身份参与其中，并没有证据表明大学对其产生了直接影响。[①] 1660 年，威廉·戈兰威尔（William Glanvill）的一首诗，含义隽永地刻画了 17 世纪古典大学、新型大学和现代科学之间的微妙关系。

“就在格雷沙姆学院中，
一项充满学识、无与伦比的构想诞生了。
它是为了将自身团结为一个共同体，
它是为了以求证之方式来知晓万物。
他们并非凡夫俗子，
他们视名声与金钱如粪土。
从此后，格雷沙姆学院将成为全世界的大学，
牛津和剑桥沦为笑柄，
他们只会卖弄迂腐学问，

① Miss R. H. Syfret，The Origins of the Royal Society. *Notes and Records of the Royal Society of London*，Vol. 5，No. 2，1948，pp. 84－85.

新学究们让我们更加确信，

在伊壁鸠鲁面前，亚里士多德就是一头笨驴。”①

从中可以看出，以牛津、剑桥为代表的17世纪大学中，大部分学者依然固守经院哲学，对“新哲学”、新学问充耳不闻。相反，是在新成立的大学中，为实验科学的孕育与发展提供了宽松的文化氛围。“新构想”的参与者对实验、求证的新哲学充满好奇，因此与传统的社会声誉和大学保持一定的距离。皇家学会在1662年成立时，学会成员的职业构成清楚地表明了这一特征，根据皇家学会的记录显示，当时的会员当中有14名是贵族、男爵和骑士；18人是绅士；18人是内科医生；5名神学博士；2名主教以及38名其他成员。② 因此，参与皇家学会的主要是对实验、自然科学探究充满好奇的业余科学家，具有大学教师、学者背景的专业人士其实并不多。

另外，根据皇家学会早期会员，也是最早研究皇家学会历史的斯普拉特主教（Bishop Sprat）的研究，我们同样可以看到，早期的皇家学会对入会成员的资格要求非常宽松。首先，学会对不同宗教教派的人士都持开放态度，无论是信仰天主教、英国国教抑或新教，只要对科学探究有兴趣都可加入，极大程度上保障了成员的宗教自由；其次，学会的抱负不仅仅局限于英格兰，而是要建立一个跨越所有国家的智力共同体，将皇家学会打造成为全世界知识的“通用银行”（general bank）和“自由港”（free port）。因此，学会对成员的国籍并没有限制，反而欢迎来自荷兰、法国、苏格兰和英格兰等不同国家的科学家加入；最后，学会吸纳不同职业的人群，不过主要是绅士，绅士的参加，一方面，防止了学会成员过分注重现实利益的知识；另一方面，也避免了过多的传统大学教师或学者身份人员加入。③

---

① Ornstein Martha, *The Role of the Scientific Societies in the Seventeenth Century*. Chicago: University of Chicago Press, 1938, P. 102.

② Ornstein Martha, *The Role of the Scientific Societies in the Seventeenth Century*. Chicago: University of Chicago Press, 1938, P. 110.

③ Sprat T, *The History of the Royal-society of London: for the Improving of Natural Knowledge*. Boston: Adamant Media Corporation, 2001, pp. 62 – 67.

故而，早期皇家学会的产生和形成，主要得益于对实验、科学探究有共同兴趣的科学爱好者，而学会的低门槛又极大程度上吸引了尽可能多的业余科学爱好人士。此外，在“新哲学”共同的实验话语之下，科学家与业余爱好人士的交流、讨论与分享，有力地提升了自然科学研究范式与标准在知识阶层的合法化和社会地位，从而为吸引更多天才科学家的加入，以及自然科学话语在社会和知识领域的建立起到了加速作用。①

三、法国巴黎皇家科学院的建立与成员特征

颇为巧合的是，几乎在西曼托学院、皇家学会成立的同一时期，欧洲文化的中心地带——法国巴黎也出现了科学爱好者自发形成的科学团体。这再次表明，17 世纪西方社会现实主义、科学文化的兴起与泛滥，使得科学学会这种组织在不同地区开花结果。由于当时欧洲社会存在国际旅行的传统，知识人之间的书信往来和人际交往十分频繁，不同国家的文化群体之间相互影响，因此，我们很难单从科学学会成立的时间节点来推断学会之间的因果关系。

关于几者之间错综复杂的纠葛，在此我们不做深究，但毋庸置疑的是，相比于西曼托学院，法国皇家科学院的组织模式与英国皇家学会更为相似。17 世纪三四十年代，由于马兰·梅森（Marin Mersenne，1588—1648）个人的卡里斯玛魅力，在他周围聚集了一批当时欧洲和法国的科学界精英，如法国最重要的数学家保罗费马（Paul Fermat）、画法几何科学的建立者德卡尔格（Descargues）、法兰西学院数学教授罗伯瓦（Roberval）、数学和物理学家帕斯卡尔（Blaise Pascal）以及伽桑狄（Gassendi），等等。因而他的住所成为众多对数学和实验科学有兴趣者共同交流研究想法与相似工作的聚集之地。② 在梅森沙龙之后，这类科学聚会还先后在帕斯卡尔、蒙特莫特（Hubert de Montmort）和泰弗诺（Melchisedec Thevenot）

---

① ［美］刘易斯·科塞：《理念人：一项社会学的考察》，郭方等译，中央编译出版社 2004 年版。

② Ornstein Martha，*The Role of the Scientific Societies in the Seventeenth Century*. Chicago：University of Chicago Press，1938，P. 141.

等人的府邸定期举行。这些自发组织的科学沙龙为后来法国皇家科学院的建立提供了组织原型。

不过不同于伦敦学会成员主动提出建立正式学会而得到国王认可的模式，法国皇家科学院的成立更多受到政府意志的影响。随着泰弗诺科学沙龙影响的扩大，活动受到法国财政大臣科尔伯特（Colbert）的重视，正是在科尔伯特的提议下，为了推动法国科学的发展，路易十四世决定授予其官方地位，并给予大量的财政资助，不仅免除了科学家的后顾之忧，而且在实验室、仪器等方面投入巨资，确保科学家全职投入科学院工作。[①] 此外，在成员选拔上（由官方机构来组织），科学院在建立之初就体现了较高的专业性，入选成员无一不是各个领域内对科学有兴趣的杰出精英，譬如第一届的科学院成员中包括 3 名天文学家、3 名解剖学家、1 名植物学家、2 名化学家、7 名几何学者、1 名技师、3 名医生和 1 名无法归类的成员，[②] 可以看出，绝大部分为专业科学研究人士。由于受到官方的财政支持和开明管理，法国皇家科学院一度超越英国皇家学会，成为 17、18 世纪最重要的科学和科学人的集聚中心，吸引了当时大量欧洲科学精英的加入，例如，皇家科学院首任院长惠更斯（荷兰）、天文学家卡西尼（意大利）和数学家莱布尼兹（德意志），等等。故而，得益于法国皇家科学院完善的组织制度和经费保障，这种“学在官府”的模式不仅促进了早期科学人的组织化和专业化，而且极大提高了科学家的社会地位和声誉，对专业科学家或研究者兴起的作用功不可没。

整体而言，除意大利的西曼托学院中途夭折，没有得到继承与发展之外，英国皇家学会和法国皇家科学院一直延续至今，二者开创的学会模式影响了欧美众多国家的科学学会的建立。从英、法早期学会的发生轨迹来看，基本上都经历了从科学爱好者自发组织到官方认可的过程，因此在得到官方认可前，学会更多是一个业余科学爱好者团体，而非学者或专业科

---

① Ornstein Martha, *The Role of the Scientific Societies in the Seventeenth Century*. Chicago: University of Chicago Press, 1938, pp. 147 – 148.

② Ornstein Martha, *The Role of the Scientific Societies in the Seventeenth Century*. Chicago: University of Chicago Press, 1938, P. 146.

学家团体，即使在得到皇家的特许状后，英国皇家学会在很长时间内仍是由业余科学家组成的一个松散联合体。个体求知兴趣导向、业余科学研究和多重身份参与构成了这一时期西方科学学会成员的主要特征，而专业科学家身份的真正形成，则要等到科学学会建立正式的学术规训制度之后。

第二节　科学学会的制度化及其对科学人的规训

在英国皇家学会和法国皇家科学院建立之后，科学学会运动在 18 世纪得到了加速发展，仅在 18 世纪上半叶，柏林、圣彼得堡、斯德哥尔摩、博洛尼亚以及法国的蒙彼利埃和第戎等欧洲主要城市都纷纷成立了科学学会或科学院。截至法国大革命前夜，科学学会已经逐步扩散到欧洲大陆的地方省市和美洲大陆。[①] 与此同时，科学学会内部的管理与制度也趋向完备，学会对成员准入资格、职业发展、活动内容以及行为规范等的控制日益增强，科学研究与其他活动、业余科学家和专业科学家的界线逐渐清晰。总而言之，在科学家专业化过程中，18 世纪属于一个转变期，科学学会的制度化，对早期科学家的行为和价值观念的型塑发挥了重要作用，为科学研究在 19 世纪成为一种专门职业的最终形成创造了必要条件。

一、科学家群体的身份区隔

伴随着科学学会的迅速发展，科学家与外行或业余科学家的区隔也日益清晰。众多科学学会实施会员制度，制定了较为严格的成员遴选标准，学会通过准入资格的垄断来对成员施加影响，进一步提高了科学家的地位和专业水准。具体而言：

第一，在成员身份上，科学院或学会更多的是一个贵族有闲人士玩的游戏，虽然没有明文规定，但由于入会通常需要推荐，交际圈的同质化使

---

① Mcclellan Ⅲ J E，*Science Reorganized*：*Scientific Societies in the Eighteenth Century*. New York：Columbia University Press，1985，P. 68.

得成员主要局限于上层阶层。如英国皇家学会并不向所有人开放，入会者除对科学和自然哲学感兴趣之外，还需要每年向学会缴纳两镑十二便士的会费，无形中将底层阶级排除在外。[①] 同样，巴黎科学院在成员准入上，也规定普通教会人员不能获得全额养老金（full pensions），[②] 社会上层阶级的主导，使得科学家群体在形成之初就有着较高的社会声望和职业吸引力。

第二，在专业能力要求上，学会通常要求申请者提供一份研究报告或是已经做出的学术成就证明，以此来判断个体的科学能力。如英国皇家学会在 1765 年的一次学会会议中规定，外籍申请者需要拥有一些引发学术界关注的发表或发明，否则不予考虑。而至于学校教育经历，由于 18 世纪的大学教育与自然科学研究关联较小，学会在吸收新成员时，并不要求个体具有正式的学校教育经历和大学学位。

第三，在会员选拔程序上，院士申请、审查和批准的程序逐步规范化。以英国皇家学会和法国皇家科学院为例，汉·斯隆（Hans Sloane）继任伦敦皇家学会会长后，对选举制度进行了改革，院士的选拔需要得到推荐，而且选举每年只进行一次。外籍院士纳新人数每年也不得超过 2 名，规模控制到 80 人以下。而法国皇家科学院在 1753 年也出台了新的制度，规定外籍人士在向学会提出申请之后，至少需要等待 1 个月，接受委员会对其候选资格的审查，并在得到全体人数的 2/3 同意后才能通过，此外，通讯院士必须保证每三年至少与学会联络一次，否则将被撤销资格。[③]

类似的规定也出现在其他欧洲大陆学会中，这些不同学会提高院士资格的共同行动所产生的一个重要后果是，在整体上提升了当时国际学术共同体和科学家职业的准入门槛。并且表明科学研究作为一种职业，已经部分具备博尔兰特（Berlant，1975）所谓的垄断化能力，即以垄断的方式实

---

① Mcclellan Ⅲ J E, *Science Reorganized: Scientific Societies in the Eighteenth Century*. New York: Columbia University Press, 1985, P. 32.

② Hahn R. Scientific Research as an Occupation in Eighteenth – Century Paris. *Minerva*, Vol. 13, No. 4, 1975, P. 504.

③ Mcclellan Ⅲ J E, *Science Reorganized: Scientific Societies in the Eighteenth Century*. New York: Columbia University Press, 1985, pp. 243 – 245.

施会员制度的能力、以限制性方式控制会员规模的能力。①

二、科学家职业精神与意识的孕育

受科学共同体内部制度规训与交往的影响，科学人之间的共享价值与共同体成员意识得到增强。区别于欧洲传统大学中关于自然的经院哲学解释，17 世纪，意、英、法等国兴起的科学学会所信奉的是另外一种哲学观，他们主张自然科学知识需要通过实验、观察和经验归纳的方法来进行生产和评价，这也被称之为新哲学或培根哲学。这种新兴的哲学观在欧洲社会国际旅行和通信传统的影响下，借助科学学会组织化与制度化机制，在 17、18 世纪的科学人中得到广泛传播，吸纳了大批的科学信徒。

首先，表现为关于自然科学知识的相互讨论与公开发表，以英国皇家学会为例，在学会秘书奥尔格登的推动下，科学通讯交流已经成为学会的一项重要活动。在常规的学会会议上，学会成员共同讨论来自英国各地和其他国家科学人的来信，对他们所做出的科学发现或知识进行备案、评判和回复，并在其中摘出合适的科学成果在《哲学通讯》上刊出发表。② 而这些经过筛选的科学文章，为所有的科学读者提供了一种科学探究的规范样本，起到宣传教育的作用，加上各大科学学会之间的相互交换期刊，又进一步扩大了新哲学对科学人的影响。正如科塞所说："科学期刊的发行不但促进了一个关系网络的发展，并且像皇家学会本身一样，也为一种特殊科学精神的逐渐产生奠定了基础。③"

其次，学术共同体内部会员之间的相互交流也非常频繁，在科学学会的发展过程中，一直有一批知识分子穿梭于各个科学沙龙或学会中间，传递科学信息，交流思想观念，例如，梅森（Mersenne）、佩雷斯克（Peiresc）、柯林斯（Collins）、沃里斯（Wallis）惠更斯（Huygens）和波义耳

① 刘思达：《职业自主性与国家干预——西方职业社会学研究述评》，载《社会学研究》2006 年第 1 期。

② Rusnock A, Correspondence Networks and the Royal Society, 1700 – 1750. *British Journal for the History of Science*, Vol. 32, No. 2, 1999, pp. 155 – 169.

③ ［美］刘易斯·科塞：《理念人：一项社会学的考察》，郭方等译，中央编译出版社 2004 年版。

(Bolye)，等等。[①] 这些成员之间的相互交往，致使许多科学人成为多家学会的共同会员，学会史专家麦克莱所做的一项调查显示，1699～1793 年，有 174 名会员同时属于巴黎科学院和伦敦皇家学会，其中皇家学会的 29 名院士被选举为巴黎科学院院士，巴黎科学院的 63 名院士被选为皇家学会院士。[②] 而罗齐耶（Rozier）制作的一份巴黎科学院院士简历则更能说明这一现象，在此，仅以德拉朗德院士（de la Lande）的介绍为例。

德拉朗德先生，伦敦皇家学会的院士、数学审稿人和审查员，彼得堡帝国科学院院士，博洛尼亚学院院士，瑞典皇家科学院院士，哥廷根皇家学会院士，罗马、佛罗伦萨、科尔托纳、曼图亚和哈勒姆等学会的院士，英格兰人文学院院士，和皇家海军科学院院士。[③]

从中可以看出，德拉朗德一人同时是 12 家科学学会的院士，按照当时学会对院士和通讯院士的一般要求，这些共同会员必须与学会保持一定联系，参加相关活动。因而可以想见，这些共同院士，对于在不同的科学学会之间传播最新实验方法、科学发现和哲学理念发挥着重要作用。

最后，随着 18 世纪分散于欧洲各地的科学学会走向联合，科学共同体内部甚至发起了世界性的科学探究计划，代表当时顶级学会的科学家们通过计划、分工、行动与共享，相互合作开展科学研究活动。例如，为了观测 1761 年金星凌日，测量太阳系的大小，巴黎科学院在法国政府的赞助下，通过与圣彼得堡科学院、瑞典科学院、伦敦皇家学会、博洛尼亚科学院、蒙彼利埃学会和丹麦科学院等合作，在全球 60 个不同地方的 120 个观测点展开科学活动。[④] 这些共同的努力不同推动了科学知识的进步，而且极大促进了科学人之间的交流与信任，增强了科学共同体的成员意识和认同感。

---

① Ornstein Martha, *The Role of the Scientific Societies in the Seventeenth Century*. Chicago: University of Chicago Press, 1938, pp. 198－199.

② Mcclellan Ⅲ J E, *Science Reorganized: Scientific Societies in the Eighteenth Century*. New York: Columbia University Press, 1985, P. 180.

③ Mcclellan Ⅲ J E, *Science Reorganized: Scientific Societies in the Eighteenth Century*. New York: Columbia University Press, 1985, P. 249.

④ Mcclellan Ⅲ J E, *Science Reorganized: Scientific Societies in the Eighteenth Century*. New York: Columbia University Press, 1985, pp. 208－211.

三、科学家职业规范与道德的发展

由于科学学会在发展过程中通过常规科学报告讨论、期刊发表审核等制度对会员行为进行了引导与约束，因此科学人行为的规范与禁忌也逐步形成。其中期刊发表制度的作为尤为明显，在法国皇家科学院萨罗（Denis de Sallo）创办的《学人杂志》（Journal des sçavans）和英国皇家学会秘书奥尔格登创办的《哲学通讯》期刊之后，欧洲其他国家也纷纷跟进，如德国的《自然奥秘杂记》和丹麦的《医学哲学杂志》，等等。[①] 在此背景下，围绕研究者科学成果发表过程中的署名、审查和呈现方式等一系列规定应运而生，例如，在作者姓名之后标明所属学会或科学院名称的惯例，以院士名义发表科学成果需要得到学会的审查和批准，学会成员受聘为其他学会期刊的审稿人以及科学发现优先权的保护等。而对于学术界而言，更为重要的一件大事是期刊发表委员会的成立，1700 年，法国皇家科学院为《历史备忘录》期刊成立了出版委员会（Comite de Librairie），1752 年，英国皇家学会也成立了论文委员会（Committee on Papers）管理发表事宜。至此，学术成果的审查与评判（examine and judge）特权从私人手中转移到学会正式的出版委员会中，作为科学探究的守门人，发表委员会不仅有权决定录用什么样的成果，而且可以对科学成果的内容做出审查、评价和建议。[②] 这意味着学术共同体具有了对科学家知识生产过程、科学标准和呈现结果的控制权，而这对科学人知识生产取向、内容、方法与形式的规范作用是史无前例的，许多在今天看来是不言自明的基本常识与规定都形成于这一时期，例如，学术论文的体例格式、对已有研究的引用、知识原创性、一稿一投和同行评审，等等。[③]

另外，由于学术期刊的发行，使个体的科学成果第一次走出地方性学

---

① Ornstein Martha, *The Role of the Scientific Societies in the Seventeenth Century*. Chicago: University of Chicago Press, 1938, P. 203.

② McClellan J E, *Specialist Control*: *The Publications Committee of the Académie Royale Des Sciences* (*Paris*), 1700 – 1793. Philadelphia: American Philosophical Society, 2003, pp. 1 – 15.

③ McClellan J E, *Specialist Control*: *The Publications Committee of the Académie Royale Des Sciences* (*Paris*), 1700 – 1793. Philadelphia: American Philosophical Society, 2003, pp. 29 – 35.

会，面向更大范围的听众与同行学会，从而致使学者和学会荣誉、利益与发表形成密切关联。因此许多学会就会员使用学会的院士头衔进行发表等做出明文规定，例如，法国第戎科学院要求在学会对相关问题没有批准的情况下，包括通讯院士在内的所有会员不得以学会院士的名义发表。而对于违背学术共同体所公认的专业规范的人，学会则会通过一系列惩罚举措来以儆效尤，达到规训学术共同体成员行为的目的。1761 年，法国蒙彼利埃（Montpellier）科学学会发生的一桩案件就极具代表性，充分体现了当时学会惩戒会员的影响能力。

1761 年 8 月 20 日，因佩尔先生（Peyre）在某药物运营商主办的海报出版物上署以皇家科学学会副化学家的称谓，学会决定在下次会议上进行讨论。会议主席将在会公布他所犯的错误，即在不合适的情景中使用副化学家的头衔，而非其实际的化学家助理称谓。同时，他还会受到警告，如果在将来行为不有所改变的话，他将会被强制从院士名目中撤销。

1761 年 8 月 27 日，根据上次会议的审议结果，学会副会长布鲁恩先生（Brunn）对佩尔做出警告，并向他阐明院士头衔出现在一个由江湖郎中所创办的市级海报上的严重性。佩尔表示对头衔并不知情，对此感到非常不满。但布鲁恩指出，即便如此，为江湖医生所提供的化学合成物背书是不可原谅的，要求佩尔维护学会的尊严，珍惜作为学会成员的荣耀，谨记学会对他提出的要求。最后，佩尔承诺将来行事时会更谨慎、更体面。此外，学会还表示会行使审查与惩戒权利，要求每一名成员不得以任何方式，卷入由江湖骗子所生产或宣传的药物活动中，并保留对违反这一审议的判决权利。①（注：下划线为笔者所加。）

从学会对佩尔事件的处理中可以看出，学会在向违规成员施加影响时，主要借助于学会作为正式组织所具有的法理性权威和上层贵族对荣誉的责任感。正是在组织自律和集体荣誉的双重感召下，学会不仅十分重视组织内部成员的学术位阶，要求成员之间等级分明，不容僭越。而且对于院士行为所引发的社会后果也格外谨慎，学会禁止成员做出有违学术规范

① Mcclellan Ⅲ J E, *Science Reorganized: Scientific Societies in the Eighteenth Century*. New York: Columbia University Press, 1985, P. 241.

的不当行为，更不允许他们以专业知识和共同体的名义服务于私人或商业利益。

四、科学研究者职业认同的增强

科学研究作为一种职业的社会认同不断发展。这一职业认同既包括科学人自身对科学职业的定位，又表现为外部社会对科学行业的认可程度。首先从当时知识分子群体对科学职业的追求来看，虽然在18世纪的科学学会中，许多学会成员身兼多职，仅将科学院院士作为一项副业或荣誉头衔，但在由政府财政大力赞助的一些科学院、顶级科学学会以及其他普通学会的领导人中，却有一部分科学人士可以开展全职科研活动，成为专职科学家。其中，包括伦敦皇家学会的核心成员，布兰德利（Bradley）、哈雷（Halley）、斯隆（Sloane）和麦哲龙（Magellan），等等。这在法国皇家科学院院士中更为明显，由于政府为不同学科领域、等级的院士建立了明确的职业发展晋升通道与评价机制，提供了薪酬和相对稳定的工作环境，院士们可以在国王提供的专门场所内进行科学讨论、实验、观察、写作和汇报，[①] 这使得科学研究活动成为一项给予报酬、需要科学院院士全职投入的工作。正是科学探究内在的魅力和有保障的组织条件，吸引了许多有天赋的人加入科学研究轨道，[②] 一些科学人在自身的职业生涯抉择中，优先选择科学研究作为自身的职业。以著名科学家欧拉（Leonard Euler）和拉格朗日（J. L. Lagrange）为例，二人的职业生涯都是在科学院体制内完成的，在其职业发展道路中，也都得到大学教授职位的邀请。1763年，荷兰大学为欧拉提供了年薪5000弗罗林的教职，同样，1787年，拉格朗日的母校都灵大学也为其提供了年薪5000里拉的教授职位，但他们都不约而同地选择放弃大学教职，其中，拉格朗日的一段自述很好地解释了个中缘由："许多人是由于想要教学而喜欢数学，但对于我来说，对数

① Ornstein Martha, *The Role of the Scientific Societies in the Seventeenth Century*. University of Chicago Press, 1938, P. 148.

② Hahn R, Scientific Research as an Occupation in Eighteenth - Century Paris. *Minerva*, Vol. 13, No. 4, 1975, P. 502.

学知识的促进才是真正的快乐所在，所以都灵大学为我提供的教职并不能满足我的这一愿望……而作为欧洲科学最高象征的巴黎科学院，却让我心向往之。"[①] 由此可以看出，以知识发现和进步为首要目的的科学职业在18世纪已经得到一批科学人的青睐，在与相类似的大学教授职业竞争中，科学职业显示出自身独特的优势与价值。

另外，从外部社会对科学职业的认可来看，随着科学学会的迅速发展，学会所设置的院士职位或头衔也日益增多，为从事科学活动的人提供了大量职业机会。许多其他行业的人士也加入到科学活动中，以18世纪法国科学院院士的职业构成来看，来自政府、教育和医学等部门的院士占比分别达到9.5%、27.9%和28.2%，在军队和皇家科学技术专业部门工作的院士也占到6.4%、16.4%。而且从院士职业构成的演变趋势来看，技术专家和就职于军队、商业或金融等领域的院士数量和占比增长迅速，[②] 如表2-2所示。

表2-2　18世纪法国科学院院士的职业构成

行业或职业	人数	比例（%）
中央政府	58	7.95
地方政府	12	1.64
教育	204	27.95
医学	206	28.22
军队	47	6.44
商业和金融	11	1.51
法律	23	3.15
技术专家	120	16.44
其他	49	6.70

资料来源：McClellan Ⅲ J E, The Académie Royale des Sciences, 1699 – 1793: A Statistical Portrait. *Isis*, Vol. 72, No. 4, 1981, P. 563.

① Mcclellan Ⅲ J E, *Science Reorganized: Scientific Societies in the Eighteenth Century*. New York: Columbia University Press, 1985, pp. 238 – 239.

② McClellan Ⅲ J E, The Académie Royale des Sciences, 1699 – 1793: A Statistical Portrait. *Isis*, Vol. 72, No. 4, 1981, pp. 562 – 567.

此外，得益于专职院士——科学家数量的增多以及频繁参与政府的各项计划，以杰出科学家为代表的院士群体所展现出的科学成就与社会价值，促使院士在社会身份层级体系中的位置不断提高，其社会声望仅在贵族之下。1772 年，布鲁塞尔科学院的特许状内容为此做了很好的注脚："对那些非生为或尚未成为贵族的获得者而言，院士头衔所表明的是个体的美德、特质与特权已经达到了人格的高贵水平。"[①] 这意味着学会院士也逐渐成为一个具有较高社会荣誉的群体。到 18 世纪后期以及 19 世纪初，在柏林、瑞典以及圣彼得堡等主要欧洲地区的科学学会中，"院士—科学家"的角色关联已经日益被社会所认可，早期科学家在科学院或学会等组织中找到栖身之地，获得了自身身份的合法性。

总而言之，科学研究虽然在 18 世纪并没有作为一门专门职业出现，但是科学学会的制度化对早期科学人的规训发挥了显著作用，专业意义上，科学职业的诸多要素正是在这一时期酝酿形成，如成员准入资格、专业自治、期刊发表制度、道德规范、共同价值观和身份意识，等等。这些行为规范和科学制度的确立，为随后 19 世纪科学职业的正式出现奠定了基础。

第三节　现代科学研究者的出现

进入 19 世纪以后，推动科学家群体发展的内外环境发生了巨大变化，一方面，从宏观环境来看，帝国主义的扩张、工业革命的兴起以及欧洲社会中风靡的唯科学主义运动，极大地推动了外部社会对科学研究的兴趣与介入；另一方面，从微观条件来看，科学研究的分化和科学学会的专业化发展，促使科学研究队伍的规模迅速壮大。然而，值得注意的一个问题是，政府和工业界对科学的需要并不意味着科学研究的社会基础自然形成，更不意味着职业科学研究者诞生于此间。事实上，前者的作用更多是

---

① Mcclellan Ⅲ J E, *Science Reorganized: Scientific Societies in the Eighteenth Century*. New York: Columbia University Press, 1985, P. 235.

为科学研究的发展创造了条件与机会，而科学研究真正的职业化则是酝酿于科学学会和大学的互动中，正是现代大学的改革为科学学会模式下的科学研究者打开了机会之窗，学者（研究者）和教师在大学组织内的制度性结合，促成了科学研究的职业化以及研究者培养的制度化。

一、帝国主义、工业革命对科学的兴趣

如同以色列历史学家尤瓦尔·赫拉利在其著作《人类简史》中所说，区别于古代自然哲学，现代科学的一个独特性是愿意承认自己的无知。与此相对，近代新大陆的发现，极大地诱发了帝国主义征服未知世界的兴致。科学研究与帝国主义在探索未知共同好奇心的驱使下，一拍即合，历史上与许多重大科学进步如影相随的是帝国主义扩张的身影。例如，1769年，在英国皇家学会出资参与的金星凌日观测活动中，天文学家查尔斯·格林（Charles Green）以及其他八位学科的科学家所乘坐轮船的船长正是大名鼎鼎的英国皇家海军军官詹姆斯·库克，澳大利亚的发现者和征服者；1798 年，拿破仑在征服埃及的同时，随军带了 165 名学者，极大地推动了语言学、植物学的发展，而且由此创立了一门新学科——埃及学；1831 年，英国皇家海军为在战前勘测绘制南美、马尔维纳斯群岛和加拉巴哥群岛的海岸图，派出了“小猎犬号”，作为业余科学家的船长罗伯特·费茨罗伊（Robert Fitz Roy）邀请地质学家达尔文随行对沿途的地质构造做研究，正是在此次海上航行中，他通过收集资料提出了著名的进化论。①

无一例外，从这些活动中我们可以发现一个共同点，帝国主义的远征活动，与其说是要利用科学的成果，不如说是对科学研究本身的兴趣与偏好，二者之间并没有直接的因果关联。国王和军队之所以对自然科学研究如此青睐，更多是源于 17 世纪在欧洲社会兴起的唯科学主义运动（scientific movement），该运动认为，新哲学和实验科学可以应用于人类和社会问题，所以政府和大众对现代科学的信仰为自然科学的发展营造了一种积

① ［以色列］尤瓦尔·赫拉利：《人类简史：从动物到上帝》，林俊宏译，中信出版社 2014 年版。

极的氛围，但是外界对科学的功利化企求与科学共同体自身演化的逻辑却并不一致，事实上常常相互抵牾，许多专业科学家对政府或军方提出的要求并不情愿，如1831年小猎犬号的船长费茨罗伊，是在邀请多位专业地质学家遭拒之后，才找到刚毕业的剑桥学生达尔文。此外，关于18世纪后期科学人工作活动的描述也证实了这一点，即使是在巴黎科学院内，院士们也常常要求参与各类政府咨询活动而无法从事纯粹的科学研究，① 尤其是经历法国大革命之后，受到唯科学主义运动的影响，许多旧制度中的科学家被提拔到新政府中担任各种行政职务，例如，化学家贝托莱（Berthollet），动物学家和地质学家居维叶（Cuvier）以及物理学家拉普拉斯（Laplace），等等。② 这种与科学研究专业化、职业化背道而驰的做法，对科学功用价值的过分强调，往往适得其反，南辕北辙，19世纪30年代后，法国科学断崖式的衰落某种程度上正暴露了这一缺陷。

在欧洲近代史上，与帝国主义扩张相伴随的是另一股巨大的社会变革力量，即工业革命。不过在科学的发展过程中，早期工业革命的作用似乎并没有想象的那么明显。由于在第一次工业革命中，科学知识在蒸汽机、避雷针等的发明中发挥了重要作用，到18世纪后期，工业制造业对科学产生了浓厚兴趣，工业革命的蓬勃发展让衰落中的英国科学再次得以复生，但是重新振兴科学的力量既不是从17世纪延续下来的科学学会，又不是英国的传统大学。正如贝尔纳所言，英国科学的再次崛起，并不是起源于牛津、剑桥和伦敦，而是来自工业重镇伯明翰、曼彻斯特、利兹和格拉斯哥。不是发端于英国皇家学会，而是来自伯明翰和黑烟区（black country）的“月社”，工业领域的工程师、制造家和科学家们，如威尔金森、威奇伍德、埃奇沃思、瓦特和马修·博尔顿等常在月圆之夜的会员家庭内相聚讨论相关的科学议题。③ 这种非正式的聚会最后发展为在工业区内建设正式的研究院，如在英国制造业地区出现的机械师研究院和图书

① Hahn R. Scientific Research as an Occupation in Eighteenth – Century Paris. *Minerva*, Vol. 13, No. 4, 1975, P. 511.

② ［美］约瑟夫·本—戴维：《科学家在社会中的角色》，赵佳苓译，四川人民出版社1988年版。

③ ［英］贝尔纳：《历史上的科学》，伍况甫译，科学出版社1959年版。

馆，美国富兰克林设立的费城研究院。为了适应工业经济发展对科学所提出的需求，朗福德伯爵甚至在伦敦还创立了皇家科学普及协会，旨在介绍和推广新发明和新知识，不过这一机构后来的性质发生转变，更为关注当时社会所关切的重大科学问题，[①] 科学研究功能的进一步增强，致使其背离了协会原来对科学知识应用的初衷。

由此来看，如果从逻辑关系上讲，早期工业革命没有直接导致科学学会中自然科学研究的增长，反之，即使工业革命对科学有需求，科学学会也并没有直接介入到工业领域的研究当中，为其提供有针对性的科学支持。在某种程度上，科学学会仍沿着自身的知识演进轨迹发展，而工业革命的科学需求则通过重新设立应用性的研究机构来满足，并没有寄望于保守的科学学会和传统大学。故而科学学会内所从事的科学研究也没有得到工业行业的支持，以法拉第为例，即使在其发现电感应原理三年之后，仍为向皇家科学普及协会筹措几百英镑的款项而犯愁。[②] 二者分离情形甚至一直延续到十九世纪中期，科学共同体中对纯粹知识研究的偏好，导致其始终对外部功利性诉求予以排斥，即使科学研究在大学制度化之后，德国工业应用研究也无法被大学接受，导致政府不得不新建高等技术学校。因此，严格来说，工业革命引发的科学热，为科学的发展和职业科学研究者的形成创造了有利的时代环境和舆论氛围，但并没有直接促进科学的增长以及科学研究的职业化。

二、科学学会的蜕变与科学研究的专业化

正如前文所说，即使在政府与工业革命的影响之下，科学学会的发展仍秉持着自身的节奏与轨迹，19 世纪上半叶的科学学会并没有走向应用化，而是在经历数量与规模的大发展之后，出现了专业化与专门化的趋势。由于传统的一般欧洲科学学会（General Scientific Society）到 19 世纪时，已经逐步退化为地方性科学团体和荣誉性科学机构，或是沦为强有力的科学官僚控制机构，其成员资格的资格更多是表示学会对杰出科学家科

---

①② ［英］贝尔纳：《科学的社会功能》，陈体芳译，商务印书馆 1982 年版。

学生涯行将结束时的奖励，学会变得日益保守和僵化，对科学探究的促进作用有限。在此情况下，在既有的学会类型之外，一批新型的科学协会（Scientific Association）逐步出现。

具体而言，一种是促进科学发展与推广的一般性科学协会。其中最为值得关注的是英美科学促进协会的建立。1831 年，在英国伦敦成立了旨在取代英国皇家学会的英国科学促进协会，该协会仿照德国自然科学家和医师协会（Gesellschaft Deutscher Naturforscher und Arzte），其目标在于为科学探究事业提供强劲的动力和系统的指导，促进大英帝国各地区科学培育者（those who cultivate science）之间以及与外国哲学家的相互交流，让科学目标得到更广泛的认同，并消除有可能阻碍其进步的不利条件。[①] 新协会成立后，积极推动和组织各类科学会议和研究活动，如以托马斯·亨利·赫胥黎和主教塞缪尔·威尔伯福斯为代表的进化论科学大论战，建造皇家天文台，确立现代电学标准，举办科学节、科学周和科学交流年会，等等。[②] 同样，在美国，从 19 世纪 30 年代开始，原来由私人赞助开展科学研究的模式逐渐转变为受地方政府支持学院教师进行科学活动。1836 年，纽约州议会雇佣了一批地质学家开始地质调查工作，调查所形成的科学知识面向所有公众不再专属于有闲阶层，这标志着科学开始服务于政治和公共社会。在各地政府的介入与支持下，地质调查活动不断扩大，1840 年，一批地质学家为了更好地解决地质勘查中遇到的技术问题自发地在费城聚会，并商讨在未来成立美国地质学家协会。而这也吸引了与地质学家相关的博物学家、化学家的注意，最后导致了美国科学促进协会的诞生。协会成立伊始就有着明确目标，即促进美国不同领域科学从业者之间的交流、系统推进科学的深度研究和纯粹的理论化。这在很大程度上提高了科

---

① Withers C W J, Finnegan D, Higgitt R. Geography's other Histories? Geography and Science in the British Association for the Advancement of Science, 1831 – c. 1933. *Transactions of the Institute of British Geographers*, Vol. 31, No. 4, 2006, pp. 433 – 451.

② British_Science_Association: About the British_Science_Association, https://www.british-scienceassociation.org/Pages/Category/about, 2017.

学的专业化进程。[①] 科学学会的转型、以科学探究活动本身为目的观念的兴起，使得 19 世纪的科学界呈现出一番全新气象，学会成员更多关心的是纯粹的知识，他们宣称自己的职责是研究客观世界，而非参与实际行动。正如贝尔纳所言，一种纯科学的概念在 19 世纪的科学共同体中开始出现。[②] 以英国科学促进协会（BAAS）和美国科学促进协会（AAAS）为代表的新型学会，不仅重新激发了科学界知识探究的活力，而且在很大程度上也催生和推动了专业性科学协会的发展。

与综合型科学学会同时产生的另一种新型机构是专业性科学学会，由于科学事业的不断发展，科学内部的知识分化现象越来越突出，科学领域和专业之间的边界日益清晰，随着这些科学领域内部成员对其独有范式的信仰，使得原本是少数研究者感兴趣的团体逐渐转变成为一个个专业或是学科。[③] 反映到科学的组织模式上，表现为 17、18 世纪包括各个知识门类的一般性科学学会已经无法很好地满足日益专业化的科学研究者的交流需要，一种建立在特定学科之上的专业性科学协会正式出现。例如，1807 年成立的伦敦地质学会、1841 年成立的伦敦化学学会以及其他分门别类的学会。

与此相应，科学家的研究行为与身份也发生了众多变化。最直接的是科学人的科学研究工作出现分化趋势，科学期刊类型、科学成果以及科学家的变化都体现了这种发展形势。以 18 世纪到 19 世纪中叶德国科学文献及其作者的一项统计为例[④]，从表 2－3 中可以看出，首先，研究人员的比例及科研成果进入 19 世纪后出现急剧增长，一定程度上反映出科学研究已经变得日益专业化，唯有专职科学家才能投入更多的时间与精力，做出更多的科学发现；其次，在科学成果表现形式上，期刊发表取代书籍与专著，成为主要的科学发现载体，通过书籍与专著发表科研成果的比例在

---

① Lucier P. The Professional and the Scientist in Nineteenth-century America. *Isis*, Vol. 100, No. 4, 2009, pp. 706－708.

② ［英］贝尔纳：《科学的社会功能》，陈体芳译，商务印书馆 1982 年版。

③ 库恩：《科学革命的结构》，金吾伦译，北京大学出版社 2003 年版。

④ Turner R S. The Great Transition and the Social Patterns of German Science. *Minerva*, Vol. 25, No. 1, 1987, P. 72.

18 世纪前半叶还保持 85%，但到 19 世纪 30 年代时仅剩 32%；最后，非常值得注意的一点，科学研究成果的类型已经出现高度分化，越来越多的科学家选择在专业科学期刊或专业科学学会会刊上发表自己的成果，这一比例在整个 18 世纪都不超过 17%，但在 1810～1839 年的 30 年间已经猛增到 55%。

表 2－3　　1700～1859 年德国精确科学文献的贡献者

类别	1700～1769 年	1770～1809 年	1810～1839 年	1840～1859 年
样本中个体的数量	39	59	56	52
文献条目（bibliographical entries）数量	139	222	471	736
人均条目数量	3. 56	3. 76	8. 4	14. 2
研究人员（research workers）比例（%）	5	2	14	29
书籍、专著（%）	85	59	32	20
专业科学学会会刊（%）	0	0	7	3
一般科学学会会刊（%）	14	6	3	8
专业科学期刊（%）	0	17	55	67
一般科学期刊（%）	0	10	2	1
一般期刊（%）	1	8	1	1
总计（%）	100	100	100	100

资料来源：Turner R S. The Great Transition and the Social Patterns of German Science. *Minerva*, Vol. 25, No. 1, 1987, P. 72.

此外，在科学人的价值观念上也发生着悄然转变，一种微型的、更为专业化的科学共同体雏形结晶成形。鲁思巴顿（Ruth Barton）对英国维多利亚时代科学共同体专业化的一项研究证实了这一点，他发现，专业协会中会员的语言以及身份认同出现显著变化，到 19 世纪中期时，科学人常常通过所在的学科来区分彼此，在表彰成员对增进特定学科知识的贡献时，更多是使用化学哲学家（chemical philosopher）、化学培育者（cultivator of chemical）和地质学工作者（working geologist）等称谓，而非宽泛意义上的科学人称呼。以皇家学会的两段记录为例：

“尊敬的汉森教授，我们将授予你杰出的天文学家科普利奖章（Copley Medal）……我们失去了一位杰出的化学哲学家约瑟夫·路易·盖吕萨克。”（1850 年）

“曼特尔（Mantell）在有机化石研究上付出了大量的时间和艰辛的劳动……作为一个勤奋工作的地质学家、发现者和收藏家，他的成就得到了最好的展现。”（1852 年）①

从对科学家的称谓中可以看出，起码在科学共同体内部，基于学科类别的职业分类或专业工作已经被广泛认可，作为一种共同的名词或标签而得到使用。科学共同体内出现的这些新变化，很大程度上表明，19 世纪的科学研究已经出现分化，基于学科的科学协会组织和科学探究活动日益普遍。专业化的科学研究不仅推动了科学事业的迅猛发展，而且对科学家的职业化与专业训练提出了新的要求，其中德国和美国大学的改革，最终为职业化的科学研究与训练提供了组织和制度机遇。

三、现代大学改革与科学研究的职业化

事实上，19 世纪早期欧洲大学的改革，其压力与动力主要来自唯科学主义运动的影响和国家之间的竞争，并没有证据表明大学为了适应科学研究的专业化与职业化而主动进行变革。法国在大革命前后，政府对高等教育进行了大幅改革，成立了许多高等专科学校，如巴黎综合工艺学校、巴黎高等师范学校、巴黎医学院和巴黎桥堤工程学校，等等，其目的都是提高科学应用于社会的水平，培养高水平的工程师、教师和医生等高级专业人士。此外，德国政府早期对大学的改革也主要是仿照法国设立高等专科学校。只是由于耶拿战役失败的缘故，导致德国知识界和舆论氛围发生转向，才开始强调民族主义特色和德意志精神的优越性。因此科学研究在大学内的组织化以及科学家训练的制度化，与其说是大学有意为之，不如说是无心插柳。

---

① Barton R. ‘Men of Science’: Language, Identity and Professionalization in the Mid - Victorian Scientific Community. *History of Science*, Vol. 41, No. 1, 2003, pp. 100 - 101.

如果我们重新审视这段历史，会发现现代科学研究及其科学家训练在大学内的制度化之所以在当时较为落后的德国大学落地生根，有其特殊的历史条件和逻辑必然性。

首先，受到1806年德国战败的刺激，统治阶级决定通过发展精神文化来弥补物质的失败，柏林大学创立的目的就是要建成德国科学与学术的中心，因此柏林大学在创立之初，就开宗明义地指出尊重自由的科学研究是其最主要的目标，与18世纪哈勒和哥廷根大学对教授从事科学研究的提倡不同，在柏林大学，科学研究是被作为教授最主要的工作要求而正式提出，授课仅是其次要要求。① 这是大学发展史上首次提出将科学研究作为大学及其教师的主要职责，虽然在当时德国所谓的科学（wissenschaft）主要是指思辨哲学以及用哲学方法研究的人文学科，现代经验科学（science）仅是其中的三等公民，但是大学科学研究功能和职责的确立，却为自然科学家在大学内正式从事科学研究活动提供了合法性。

其次，不同于英法两国哲学家对政治和经济事物的热衷，19世纪早期的普鲁士社会缺乏强有力的工业和资产阶级，德国知识分子的智识兴趣主要集中于思想领域，对理想主义、浪漫主义哲学的推崇，使得新人文主义思潮在大学中异常流行。以人本身为目的，充分发展人的个性，而非社会或功用价值，成为新成立柏林大学的主要目标。在人才培养理念上，这种对功利、实用与职业倾向的排斥做法，使得柏林大学所提倡的“修养”观念很大程度上与科学学会运动中兴起的纯科学观念存在某种相似性与亲近性，二者都以自身的发展为目的，科学研究的过程客观上具有学生修养完善的作用。② 这促使柏林大学抛弃传统大学所采用的知识传授法，转而提出“通过科学达致修养”（bildung durch wissenschaft）的新思路，要求教师与学生在科学研究活动中完成教学职责，换言之，科学研究就是教学，两种职责的融合，不仅实现了大学与科学家角色的结合，而且极大释放了教师从事科研所需的时间、精力以及认同感，从而为科学家将科学研

① ［德］鲍尔生·弗：《德国教育史》，滕大春、滕大生译，人民教育出版社1986年版。

② 李永刚：《高校教学与科研结合的人才培养方式构建——以研究型大学为例》，华东师范大学硕士论文，2014年。

究作为一项全职职业创造了现实可能性。

最后，德国大学创建的大学授课资格（habilitation）和编外讲师（privatdozent）制度在科学职业的兴起过程中发挥了关键作用，大学通过对学术任命标准的控制，为研究者的发展建立了明确的职业发展路径。随着德国新型大学的建立，在 19 世纪，对于一名有志于成为科学家的青年而言，他首先要接受大学教育，完成学业并获得博士学位；然后要为获得大学授课资格做准备，其中包括提供具有创造性贡献的学术成果和举行公开的学术报告，证明自己具备从事科学研究与教学工作的能力；在获得大学授课资格后，他才可以成为编外讲师；不过严格意义上讲，编外讲师属于大学的非正式职位，他们有权利在大学授课，但是无法获得大学的薪金，其职业收入主要依靠上课学生的听课费，因此也被称为无薪讲师或收费讲师。作为被认可的科学家，虽然学校没有为其配备相应的科研设施和经费，只是提供了教学和习明纳场所，但他仍需要在教学之余开展科学研究，以便提升自己在众多编外讲师中的科研竞争力，以便脱颖而出获得正式的大学教授或科学家职位。① 从博士学位到大学教授资格，从编外讲师到教授职位，德国大学教授职业的严苛要求至此型塑了研究者的职业发展路径，到 19 世纪末叶时，德国科学家几乎无一不是大学的教授或研究者②，“教授—科学家”取代了 18 世纪“院士—科学家”的角色关联，现代大学成功地替代科学学会并实现了科学研究者的职业化过程，科学研究作为一项依托组织，得到大学认可与要求的全职专业由此正式出现。

与德国科学的职业化路径略有不同的是，19 世纪后期的美国，在地方政府以及科学促进协会的推动下，科学职业化得到了快速发展，吸引了大量科学人加入到科学活动中来，然而随着科学队伍的壮大，带来了一个新的突出问题。不同于医生、律师等以专业服务而谋生的专业性职业，早期的科学人大多是贵族、政府闲职人员或是有产者赞助的知识分子，受到

---

① Ben - David J. The Profession of Science and its Powers. *Minerva*, Vol. 10, No. 3, 1972, pp. 369 - 370.

② ［美］约瑟夫·本·戴维：《科学家在社会中的角色》，赵佳苓译，四川人民出版社 1988 年版。

科学学会中追求纯粹知识观念的影响，这些人不需要也不齿于去追求经济利益。但对于其他阶层出身的科学人来说，无功利的纯科学观念与严峻的生计压力形成了一对现实矛盾。因此 19 世纪中叶之后，受美国实用主义文化的影响，许多科学协会的成员、大学教师利用自身的学术头衔参与到社会实务、商业活动中去，例如，通过专业讲座、出版著作、编辑评审、参与商业咨询以及参加公司业务等活动来赚取经济收入，而这也引发了一系列的弊端。欺骗、伪造、捏造和矫饰等科学欺诈现象的发生，严重损害了科学研究的精神与专业伦理，造成公众对科学人的不信任。面对这种困局，美国科学促进协会试图有所作为，但大多无果而终，直到现代研究型大学的出现才解决了这一困境。①

进入美国所谓的镀金时代后（特指美国内战后的 28 年间，1870 ~ 1898 年），以亨利·A. 罗兰（Henry A. Rowland）为代表的科学家严厉指责科学人的盈利性职业活动（通过参与商业、经济活动谋取利益），在他看来，真正的科学家应是以追求纯科学为主要目标，能够为这类科学家提供适宜环境在当时只有少数几所一流大学，如霍普金斯大学。而科学研究的职业化与这些受德国影响成立的研究型大学有直接关联，在这些得到巨额赞助的私立研究型大学中，教师可以不必受外部商业、金钱的侵蚀，全身心地投入到促进科学知识进步的活动中。他们的首要职责是研究，其次才是教学，由于学校中有许多侧重教学的教师和科研助手的支持，所以较好地保障了一小批科学家全职开展纯科学研究。② 故而，总体来看，19 世纪，德国和美国现代大学的建立对科学研究的职业化起到了至关重要的作用，科学研究者在大学内的组织化不仅为科学人提供了稳定的组织环境，而且使科学人因从事纯粹科研活动而获得报酬，实现了科学家职业的专业化，真正的职业科学家（professional scientist）正是在这一时期成型。

①② Lucier P. The Professional and the Scientist in Nineteenth Century America. *Isis*, Vol. 100, No. 4, 2009, pp. 712 – 728.

第四节　科学研究者培养体制的建立与发展

1910年由洪堡创建的柏林大学，首次将培养未来的学者、研究者作为大学的主要目标，对研究者培养的制度化追求，最终催生了现代哲学博士教育体制的建立。因此严格意义上来说，专业化的现代研究者训练出现于20世纪早期的柏林大学，而非中世纪大学的博士生教育，故而本书将历史溯源的起点放置于20世纪的德国。

一、德国“学徒式”博士培养模式的形成

现代研究型学者的出现与新兴的学科专业化气质密不可分，其中18世纪由海涅（Heyne）、沃尔夫（F. A. Wolf）创建并发展的新型研修班发挥了重要作用。在新的教学组织中，学员被希望以导师为角色榜样，在讲座教授的指导与点评中，发展其独立性、创造性以及迥异于他人的个性。① 某种程度上可以说，这种以培养独创性为组织取向的行动孕育了现代哲学博士的原创性本义。

然而与更适合人文社科学者培养的研讨班组织模式相比，19世纪德国大学的另一项创新——大学教学科研实验室在现代自然科学研究者的训练中作用更为显著。1824年，李比希从法国化学家盖吕萨克的私人研究实验室回到德国，担任吉森大学的化学教授，并创建了一座供教学使用的公共化学实验室。区别于18世纪已经出现的私人化学研究实验室以及英法德等国其他大学的化学教学实验室②，李比希化学实验室的创新之处在于，一方面，引入大学之外的实验科学研究方式，将学生实验室和教授的

---

① ［美］威廉·克拉克：《象牙塔的变迁：学术卡里斯玛与研究性大学的起源》，徐震宇译，商务印书馆2013年版。

② Morrell J B，The Chemist Breeders：the Research Schools of Liebig and Thomas Thomson. *Ambix*，Vol. 19，No. 1，1972，pp. 1－46.

研究实验室相结合，科学实验研究从个别科学家的特权变为所有学生和教师的一般性权利；另一方面，一改传统化学教学过程中的自然哲学讲授方法，教学的重点从普遍知识的传授转向专业知识学习、科学实验技术与研究方法的训练，指导学生进行常规的科学操作实验，并支持其开展更高水平的科学研究。李比希在吉森大学创建的这种新型实验室，很快在德国其他大学中传播开来，例如柏林大学的米勒、哥廷根大学的维勒和海德堡大学的本生等人都模仿创建了自己的化学实验室，而且进一步扩散到物理、生理和解剖等其他学科当中。德国大学纷纷建立起了自己设备优良、齐全的实验室，其中许多实验室发展成为学科领域内世界级的研究中心，并培养出了一大批具有重要影响的科学家。

19 世纪，德国出现的新型研修班与实验室，不仅有效组织教授、讲师和学生一起开展科学研究，而且在学生科研与青年科学家训练中发挥着显著作用，并由此建立了以学徒模式为核心的研究者训练制度。随着实验室在大学内的建制化，科学实验室逐步发展成为自然科学教师与学生的学术生活中心，承担起组织科学研究以及设计课程教学等任务。[①] 这种集科学研究、教学与科学家训练为一体的组织模式，在实验科学领域内真正实现了科学研究的组织化与研究者训练的制度化，培养未来科学研究接班人的目标有了组织载体，相关的研究者培养制度也在其中衍生或发展，包括组织管理、申请选拔、导师制和哲学博士学位制度等。

首先，研究者培养所依托的新型研讨班和实验室不仅是一种教学组织，而且是具有独立法律地位的拨款单位和法人机构。研讨班或研究所的设立、讲授任命以及拨款都与政府部门直接相关，准确而言，它是在法律和财政上对州负责的国家机构。[②] 政府绕过了大学、学部等传统机构对基层学术活动进行直接监督和控制，由于政府秉持开明专制、提倡保护学术

① Simões A, Diogo M P, Gavroglu K, *Sciences in the Universities of Europe, Nineteenth and Twentieth Centuries*. Berlin: Springer Netherlands, 2015, pp. 216 – 217.

② McClelland C E, *State, Society, and University in Germany*, 1700 – 1914. Cambridge: Cambridge University Press, 1980, pp. 141 – 151.

自由原则，因此这种规模较小、高度自治和自给自主的基层学术生产单位[①]，在组织运作、学术生产和研究者训练上具有非常高的灵活性和效率，为教学、科研和学习的统一提供了组织与财力基础。

其次，研讨班和实验室也是教授挑选博士候选人的主要场所。在德国早期大学中，并没有非常严格的博士招生和注册制度，通行的方式是，想继续从事学术研究的学生在课程即将结束时，选择研究所内科研项目的一部分作为自己文凭论文研究的主题，与以就业为目标而选择国家考试（面向选择中学教师职业）的学生不同，他们还会学习一些与教授研究课题相近的课程，参加相关的小组辅导和实习，掌握相关的实验技术。而未来博士候选人的名额基本上就是在这些文凭生中产生，教授通过对高年级学生或毕业生进行一段时间的考察与了解之后，在研究所内部挑选有抱负、有潜力的学生继续攻读博士学位，而大学只负责审查申请者的资格以及导师与学生研究方向是否一致，这也是大部分德国大学招收博士生候选人的典型方式。[②]

再次，正如德语中博士生导师的原意"博士之父"一样，博士生作为教授的学徒，是以成为未来科学接班人为目标。得到教授认可的学生进入实验室或研究所之后，其身份不仅是受教育者，而且在很大程度上是被作为研究者来看待。大多数博士生通过与培养机构订立合同，以科研助理的身份受聘于导师，二者之间的关系是一种典型的"师徒关系"。因此在博士学位攻读期间，师徒之间不仅是一种学术指导关系，而且是一种情感关系。作为学术指导者，第一，导师会根据学生的科研兴趣与特长，指导其选择感兴趣和擅长的研究议题作为博士生的论文选题；第二，在科研与论文写作过程中，导师会提供有关研究方法方面的指导，如研究方法、研究数据的收集、论文体例、理论分析以及论文写作技巧等；第三，在博士论文评审环节，导师通常作为第一评阅人，其评阅意见直接决定博士生能否

① Clark, Burton R., ed, *The Academic Profession: National, Disciplinary, and Institutional Settings.* Oakland, California: Univ of California Press, 1987, pp. 60 - 90.

② ［美］伯顿·克拉克著：《研究生教育的科学研究基础》，王承绪译，浙江教育出版社 2001 年版。

参加答辩和毕业。而在情感关系的层面上，学生则会潜移默化地传承导师的治学态度、科学精神乃至学术风格。①

最后，几乎在新型研讨班和实验室产生的同时，现代意义上的哲学博士学位也开始在德语地区逐渐成形。从学位制度的历史源起来看，在艺文学科领域中，中世纪大学只颁发艺文硕士学位，博士学位只授予更高级的神学、医学和法学学科，起初二者本无差别，更多是一种称呼惯例。直到 1500 年之后，艺文硕士学位的地位开始下降，面对硕士学位的式微，许多艺文领域的学者试图借用哲学博士的头衔来提高自己的身价，但这种做法受到了法学家和保守势力的抵制。大约从 17 世纪的后 30 年起，博士候选人的身份逐渐从道德与法律主体过渡到精神和权威性的著述者，也就是说，想要获得博士学位的候选人需要通过发表著作来证明自己的能力，对于个体社会地位或资历的看重开始让步于其作品体现的思想和精神水平，这为艺文学科获取博士学位提供了契机。因此到 18 世纪末期时，德语地区的奥地利、普鲁士等邦国开始颁布条令承认哲学博士学位。其中普鲁士的哲学博士走向研究性，要求候选人除了进行辩论性质的口试之外，还要提供一篇学位论文。而关于学位论文的写作内容、方法和风格，则受到研究性研讨班的规训影响，越来越强调研究者的个性和原创性。② 柏林大学成立之后颁布的章程中更是将这一要求制度化，并明确区分艺文硕士和哲学博士两个学位的规格。指出与硕士学位强调复述、组织既有知识的能力不同，博士学位授予的对象则是在处理学术知识的过程中能够体现出自身的个性、特殊性、原创性和创造力。③

总而言之，从现代研究者培养体制的形成来看，以学徒式为核心的新型研讨班、教学——科研型实验室在其中起到了非常关键的作用，正是在实验室中，一套系统的训练程序得以开发和实施，赋予其专家资格的合法

① 李盛兵：《研究生教育模式嬗变》，教育科学出版社 1997 年版。

②③ 威廉·克拉克：《象牙塔的变迁：学术卡里斯玛与研究性大学的起源》，徐震宇译，商务印书馆 2013 年版。

性机制正式建立。[①] 新型研讨班与实验室在研究者的形成过程中，不仅仅只是一个教育意义上的规训场所或组织，而且衍生出教学与科研相结合的研究所制、候选人选拔模式、导师制度和注重原创性的哲学博士学位规格要求。这些新的要素构成了现代哲学博士的培养模式，并通过历史性扩散或地理性扩散的方式渐次在英国、法国、美国、日本等多个国家落地生根[②]，而这些国家也根据自身的独特传统和国情创造了不同的哲学博士培养模式。如法国议会在1896年颁布的高等教育法中，借鉴德国经验，加强大学的科学研究职能，设置了与哲学博士学位相似的两种高级博士学位，即大学博士学位和国家博士学位。[③] 英国则秉持其渐进保守的传统，在博士生培养模式上依旧沿用古老的师徒方式，在学位攻读方面则开始引入论文要求和学习时间规定，19世纪80年代后，以伦敦大学为先导，剑桥大学、牛津大学先后设立要求提交独创性研究论文的科学博士学位；20世纪初期设置哲学博士学位，并要求学位获得者在大学或研究院研究脱产学习两年以上。[④]

二、美国“结构化”博士培养制度的建立

在众多受德国博士教育模式影响的国家中，创造性发展最多也最为成功的是美国。从19世纪初期，以“哈佛帮”为先驱的美国学人就开启了长达一个世纪的留德浪潮，归国的留德学子带着德式的学术自由、科学研究、讲座制和席明纳等理念急切地想对美国大学进行改造。[⑤] 其中以丹尼尔·科伊特·吉尔曼（Daniel Coit Gilman）为代表，他借鉴德国模式先后在耶鲁大学建立谢菲尔德科理学院，制订美国第一个博士学位计划，颁发首批哲学博士学位。并以德国大学为摹本，创办了具有里程碑意义的约

① ［美］伯顿·克拉克著：《探究的场所：现代大学的科学研究和研究生教育》，王承绪译，浙江教育出版社2001年版。

② 冯增俊：《现代研究生教育研究》，广东高等教育出版社1993年版。

③④ 陈学飞：《西方怎样培养博士：法、英、德、美的模式与经验》，教育科学出版社2002年版。

⑤ 梁丽：《美国学人留德浪潮及其对美国高等教育的影响（1815～1917）》，河北大学博士论文，2015年。

翰·霍普金斯大学。[①] 不过区别于德国大学对纯科学研究的追求，美国社会流行的实用主义文化，更为强调大学对社会经济的服务作用。因此美国大学在引入、改造德国博士生培养模式时，根据自身情形与需求做了大幅创新，从而推动个性化、非正规化的学徒式研究者训练模式向制度化、结构化的现代博士生培养体制转变。

首先，在组织体制上，美国大学借鉴德国大学的讲座、研究所，创立研究生院制。但新成立的研究生院并非脱离本科生院，而是嫁接在既有的英式学院或美国专业学院之上，使得传统的系所转变为“立式系所”，包括本科生与研究生两个层次。这不仅较好地实现了本科教学与科研相统一，强化了研究生的教学，而且创设了一个专门管理研究生教育和科研训练的行政机构，一改由个别教授控制的学徒式研究生教育管理模式，新成立的研究生院统一负责学生的录取、课程、奖学金、考试与学位申请等事宜。[②]

其次，在培养环节上实现制度化，区别于德国大学博士生培养中由教授主导录取、课程学习、研究进度和论文申请等环节，而造成的个别化、非正规化现象，美国大学博士生教育形成了一套严密、规范的培养流程。例如，在博士生录取环节，申请者需要提交研究生入学标准化考试（GRE）成绩、大学期间学习与活动证明、教授推荐信等，以此作为评价学生认知能力、兴趣特长以及科研水平等的依据。[③] 在专业学习过程中，与德国学徒制下的博士生不同，美国研究生院要求学生必需攻读一定量的必修与选修课程，完成相应的学分要求，参加研讨会、讲座、科学研究项目等学术活动，通过一般性课程考试、淘汰性综合考试和博士论文答辩等诸多正式环节。[④]这种由学系教授和研究生院集体控制培养流程的方式较好地保障了博士生训练的质量与效率。

再次，在师生关系上，德国大学中带有中世纪行会遗风的师徒关系，

---

① Goodchild L F, Miller M M. The American Doctorate and Dissertation: Six Developmental Stages. *New Directions for Higher Education*, Vol. 1997, No. 99, 1997, pp. 20 – 22.

②④ 李盛兵:《研究生教育模式嬗变》，教育科学出版社 1997 年版。

③ 冯增俊:《现代研究生教育研究》，广东高等教育出版社 1993 年版。

被美国大学具有现代工业化精神的正式师生关系所取代。如同李盛兵所言，美国专业式研究生教育中的师生关系比德国学徒式关系更为复杂，其差异体现在两方面：第一，学徒式中的师生关系为一对一，专业式中的师生关系为一对多，美国博士生面对的是以导师为主的博士生指导委员会集体；第二，学徒式中的导师只负责指导科研，专业式指导中的导师指导学生的教学和科研。① 这种专业式的指导关系不仅具有德国师傅带徒弟式的优点，而且发挥了教师指导集体的团队优势。主要指导教师和指导委员会分工合作，不仅承担着指导博士生科研、论文研究和评审的职责，而且负责为学生制订学习和科研计划、安排课程教学与提供就业等方面的建议。② 学生与导师之间的关系更像是正式契约而非人身依附，如果遇到特殊情况，博士生可以申请更换导师或指导委员会成员。

最后，建立严格的资格考试与分流淘汰制度。与德国学徒式的研究者成长路径不同，在美国，博士研究生在成长为研究者的过程中面临着诸多关卡和障碍，从入学前的申请到常规课程学习考察，从博士候选人的选拔再到博士论文答辩，都设置了严格的考试环节。因此与德国博士生安全无虞的学习过程相比，美国学生的研究者之旅则充满挑战和危险，特别是在博士教育中段设置的博士生候选人考试制度，为了选拔具有扎实基础知识、较好科研素质、学习能力和学术潜力的学生，学院通常会组织 3 ~ 5 名专家成立考试委员会，以笔试、口试或科研论文等方式对申请者进行考核，其平均淘汰率在5%左右，有的甚至高达30%。③ 由于2 ~ 3 年的学习时间投入成本加上分流退出的危险，导致学生在前期专业学习阶段和科研训练中面临高度的压力和激烈的竞争，而这也成为确保美国博士生教育卓越的一项重要制度设计。

总言之，在博士培养模式的国际扩散中，水平差距往往蕴藏着革新的动力，作为老牌高等教育和科技发达国家的英国和法国，在吸收和改进德国博士培养模式时步履迟缓、显得较为被动。相反，作为后发国家的美

---

① 李盛兵：《研究生教育模式嬗变》，教育科学出版社 1997 年版。
② 刘献君：《发达国家博士生教育中的创新人才培养》，华中科技大学出版社 2010 年版。
③ 孙希：《美国博士研究生培养模式探析及启示》，载《高校教育管理》2007 年第 2 期。

国，不仅积极吸收了德国博士培养模式中的精髓要义，而且在此基础上对学徒式培养模式做了进一步的发挥和极致化，形成了更为组织化、制度化和结构化的美国哲学博士培养模式。而这种新型的博士培养体制也随着美国经济科技力量的崛起再次影响了英国、日本以及德法等众多国家，如英国引入美国博士生培养制度，注重博士生课程的教学，加强研究生教学与科研的统一。日本于1949年颁布了《研究生院标准》，仿照美国对学位层次、学生入学资质以及博士课程都做了明文规定，建立起新型研究生院制度。而德国和法国也开始加强博士生培养体制的改革，建立兼具培养和管理性质的研究生院。①

三、现代“合作型”博士培养方式的发展

20世纪90年代后，随着世界两大政治阵营对立的瓦解，东西方各国都将注意力与重心转移到发展经济、科技与教育之上，为促进经济的发展、增强国际竞争力，政府、工业与大学等部门之间的联结日益加强，形成了知识经济时代所谓的三螺旋模型。② 其中，研究生尤其是博士生作为经济发展、科学创新以及其他领域的核心智力资源备受重视，在服务知识经济目标的驱动下，欧美主要发达国家的哲学博士生教育迎来了快速扩张的机遇期，但与此同时也面临着应用性研究向大学科研弥散引发的知识生产模式转变、博士生教育规模供过于求以及适应工业科研工作要求等挑战。针对上述博士生教育需求端出现的众多变化，许多国家开始重新审视传统哲学博士培养模式，并再次开启对博士培养项目或制度的改革。

区别于前两轮由特定国家发起并扩散的线性传播模式，在新一轮的哲学博士培养模式改革中，受到科研与高等教育交流合作的国际化以及发达的现代通讯交流技术的影响，新型的哲学博士培养模式在欧美等不同国家中同时出现。20世纪90年代起，美国、英国、德国和法国等诸多国家不

① 李盛兵：《研究生教育模式嬗变》，教育科学出版社1997年版。

② Etzkowitz H, Leydesdorff L. The Dynamics of Innovation: from National Systems and "Mode 2" to a Triple Helix of University-industry-government Relations. *Research Policy*, Vol. 29, No. 2, 2000, pp. 109–123.

约而同地打破传统结构化的博士生培养体制，都开始重视与其他学科、部门、机构以及国家开展跨界合作，通过建立一种更富灵活、弹性的博士生培养模式来增强哲学博士的适应性。

首先，在培养目标上，鉴于知识经济时代，知识创新与高技能人才需求的日益增长，学术职业不再是博士生的唯一选择，特别是受到博士教育供给快速增长的影响，越来越多的博士生进入了工业、政府和其他部门，因此传统的哲学博士逐渐从与大学教师、学者或研究者的耦合中解脱出来，科学研究者（scientific researcher）的身份开始向更具包容性的知识工作者（knowledge worker）角色转变。[①] 那么，与此相应，为了适应非学术部门工作以及毕业生多元化职业选择的需要，传统哲学博士的培养目标也发生了调整。如国家科学基金会（NSF）设立的“研究生教育与科研训练整合计划（IGERT）”，其目标是培养能够有效处理单一学科或研究者无法解决的大规模工业社会问题的未来学者。[②] 欧洲大学协会——博士生教育分会（EUA - CDE）在 2005 年发布博士生教育改革的萨尔斯堡原则 1（Salzburg Principles Ⅰ），指出博士训练的核心要素通过从事原创性研究促进知识，与此同时也必须满足非学术就业市场的需求。在此基础上，2010 年在柏林又发布了萨尔斯堡原则 2（Salzburg Principles Ⅱ），进一步指出博士教育的目标是培育一种研究心智，通过一项原创性的、具体的研究项目来培养思维、创造性和智识自主的灵活性。[③] 由此可以看出，当前博士生培养的目标已经发生变化，逐渐从原来的培养研究者开始转向知识工作者，在强调研究原创性的同时，更加关注其他通用性能力的发展。

其次，在组织形态上，出现了如下两种跨界合作型博士培养项目：第一，由大学与政府、工业共同设立的旨在促进大学与工业合作的博士生项目。具体形式不一，包括分别由大学主导、企业主导、政府主导以及共同

---

① Hancock S, Walsh E. Beyond Knowledge and Skills: Rethinking the Development of Professional Identity during the STEM Doctorate. *Studies in Higher Education*, Vol. 41, No. 1, 2016, pp. 37 - 50.

② Nerad M, The PhD in the US: Criticisms, Facts, and Remedies. *Higher Education Policy*, Vol. 17, No. 2, 2004, P. 194.

③ European University Association, Salzburg Ⅱ Recommendations - European Universities' Achievements since 2005 in Implementing the Salzburg Principles. Brussels: EUA, 2010.

合作主导设立的跨部门合作博士培养项目，如法国的校企联合培养博士生（CIFRE）项目，瑞典的工业研究生院，挪威和丹麦的工业 PhD 项目以及英国政府为科学和工程学科参加校企合作的博士生提供合作奖学金。① 第二，旨在解决重大前沿科技、社会或环境问题而组建的跨学科协作博士培养项目，其中一种是欧洲博士生院模式，德国、法国、英国、芬兰和挪威等欧洲国家纷纷成立具有跨学科特征的研究生院或博士生院，这种博士生院通常是围绕由来自不同大学或研究机构合作成立的跨学科项目而展开，研究生院或博士生院的设立需要向主管部门申请，具有很大的灵活性，根据研究项目主题的差异，研究生院会负责招聘研究方向与项目一致的申请者，设置相应的专业课程、研讨班和科研项目，培养跨学科研究人才。② 另一种是拓展传统哲学博士项目的知识宽度，或是在大学内建立跨学科研究中心和博士项目。例如，美国国家科学基金会（NSF）推出“研究生教育与科研训练整合计划（IGERT）”，在科学与工程学科领域，设立跨学科博士项目，资助博士生开展问题导向、基于特定主题的研究项目。③

最后，在培养过程上，跨界合作培养的特征体现为教育资源的组合与博士生的流动学习两方面。在教育资源的组合上，为了拓展学生的知识宽度，许多博士项目增加了跨学科选修课程，鼓励学生选修其他专业的课程，并规定跨学科课程选修比例；在研讨班（seminar）中吸引不同学科的学生参加；在博士生指导委员会中引入其他学科的教师；支持学生进行跨学科论文研究；注重博士论文评审教授的多学科化。④ 此外，为了让学生适应未来学术、工业部门工作的需要，许多欧美高校不仅开设了核心研究技能训练的选修课程，如研究方法与技术、研究管理、分析与解释、问题解决、科研写作与发表、学术英语写作以及科研伦理和知识产权方面的

---

① Thune T，The Training of “Triple Helix Workers”？Doctoral Students in University – Industry – Government Collaborations. *Minerva*，Vol. 48，No. 4，2010，P. 467.

② European University Association，Doctoral Programmes for the European Knowledge Society：report on the EUA Doctoral Programmes Project，2004 – 2005. European University Association（EUA），2005，pp. 13 – 15.

③ Nerad M，The PhD in the US：Criticisms，Facts，and Remedies. *Higher Education Policy*，Vol. 17，No. 2，2004，P. 194.

④ 刘献君：《发达国家博士生教育中的创新人才培养》，华中科技大学出版社 2010 年版。

课程；而且以讲座、课程、研讨班、工作坊或暑期学校的方式提供可迁移技能和职业技能方面的训练，例如，写作与沟通技能、关系构建和团队合作、人力资源和财务管理、领导技能、时间管理以及职业管理方面的课程。[①] 在博士生流动学习上，表现为博士生攻读学位期间，到与其有合作的其他科研机构、工业部门或国家学习一段时间。这一点在欧盟国家尤为重视，作为博隆尼亚进程的一部分，欧洲大学协会发布的具有博士生教育改革指导纲领的两次萨尔斯堡原则，都强调博士项目要增强人员和研究跨区域、跨学科、跨部门以及国际间的流动性，通过共同研究项目、合作研究计划或共同学位的方式，加强大学与其他机构之间的合作[②]，以此提高学生跨学科、应用研究、团队合作以及职业能力。

第五节　小　　结

现代意义上科学研究者成批量地出现，很大程度上是受科学学会的规训与影响，早期科学研究者主要为业余式科学家，伴随着近代科学学会的组织化与专业化，研究者群体的专业身份、职业精神、科学规范与学术认同逐渐增加。19 世纪后，虽然在唯科学主义运动的影响下，帝国主义和工业革命两股力量为科学研究的发展提供了良好的氛围，一般性科学学会和专业性科学学会逐渐取代传统科学学会，专业化的科学研究得到快速发展。但是现代意义上的职业研究者诞生，主要得益于德国大学在耶拿战役后积极的自我革命，作为肩负民族精神振兴重责的柏林大学，不同于其他欧洲传统大学，明确将科学研究界定为大学教师的主要职责。如果说传统大学在选择教师时主要关心的是教师能否履行教学职责，那么德国大学优先考虑的是教师的科学研究能力，科研能力与资质成为大学教授职业的必

① European University Association，Doctoral Programmes for the European Knowledge Society：Report on the EUA Doctoral Programmes Project，2004 – 2005. European University Association（EUA），2005，P. 15.

② European University Association，Salzburg Ⅱ Recommendations – European Universities' Achievements since 2005 in Implementing the Salzburg Principles. Brussels：EUA，2010.

备条件。洪堡设立的收费讲师岗位，客观上为科研研究者建立了“收费讲师——教授”的职业发展路径。从大学实验室、席明纳和研究所训练出来的学生，到获得大学授课资格的编外讲师，再到大学正式聘任的教授，完整的职业通道为科学研究的职业化提供了明确路径。研究者作为一门专业意义上的职业开始正式登上历史舞台。

与此同时，德国大学的改革也促成了现代研究者训练体制的诞生，以师徒模式为核心，以研讨班或实验室等为组织载体的哲学博士培养制度成为20世纪世界各国争相效仿的理想模型。在学徒式博士培养模式的扩散中，作为后发国家的美国，积极吸收并再造了德式研究者训练体制，从而创造出具有美国实用主义特色的，以结构化、组织化和制度化为标志的现代哲学博士培养制度。标准化的申请入学考试、导师与指导委员会相结合的团队式指导制度、结构化的课程设计以及严苛的分流淘汰体制，有力地保障了博士生培养质量，并成为哲学博士培养制度的金标准。到20世纪90年代后，随着全球化加速、知识经济发展以及知识生产模式转变等新情况的出现，博士生教育卷入以工业为代表的非学术部门的程度日益加深，为适应外部利益相关主体以及博士生就业多元化的需求，一种以跨界合作为特征的博士生培养模式正在欧美国家形成，通过跨学科、跨部门和跨国合作来促进教育资源的重新整合，提高博士生的知识宽度、跨学科和问题导向的研究能力以及学术内外工作所需的职业必备技能。

第三章

当代理科博士生的研究者素养与能力

为了给博士生素养与能力的发展提供一个参照框架，本章将遵循“现代科学工作—科学研究者—理科博士生”的分析逻辑，通过梳理 20 世纪后科学工作方式与特征的变化，从中考察现代学术科学家能力素质的发展趋势，进而构建未来理科博士生所应具备的素养与能力框架。

第一节　科学工作变迁对研究者能力的挑战

科学研究者实质上是以知识探索为业的一群人，内部知识生产方式的转变和外部组织机构、资助体制和管理制度等的改变，都会对科学家的职责、能力和素质等产生影响。从科学认识论层面来看，自 17 世纪现代科学诞生以来，虽然经历了以牛顿经典力学、达尔文进化论、道尔顿化学原子理论、麦克斯韦电磁学以及爱因斯坦相对论和量子力学等代表的三次科学革命,[①] 对研究者的科学世界观、理论以及知识体系进行了重塑[②]，但研究者日常所依赖的观察、实验和逻辑等方法与工具则并没有发生大的变化。而从科学组织与环境层面来看，随着科学研究与大学、国防、工业、

① ［英］W. C. 丹皮尔:《科学史及其与哲学和宗教的关系》，李珩译，商务印书馆 2009 年版。

② ［美］托马斯·库恩:《科学革命的结构》，金吾伦、胡新和译，北京大学出版社 2012 年版。

政府和社会关系的加深，外部资助与诉求的介入，一方面，为科学发展提供了机遇和资源；另一方面，也迫使学术科学家适应新的组织环境与要求，如科学研究的组织化、团队化、国际化以及应用化等，而正是后者的改变对研究者的素养与能力提出了新的挑战。因此，本节无意从科学发展内在演变来探究不同时期科学家知识体系与研究主题的变化，而是更多着眼于科学研究外部条件的改变，来分析科学研究者在新的组织与制度环境中所需要的知识、能力和素养。

一、科学研究的体制化与官僚化

现代德国大学改革的巨大成功，引发了世界各国的争先效仿，伴随着德国模式的扩散，对科学研究者而言最重要的一个影响就是身份转变，大量波西米亚式的科学家进入本国大学系统内转变成为学院派专业研究者。科学家在大学中的组织化、职业化虽然换来了稳定的薪酬与职业安全保障，但与此同时也付出了无法逆转的代价。

19 世纪，德国大学创新与改革的成功，一度使大学被视作追求理想学问，唯一能找到的现实庇护所，是知识事业之所以不断进步的立足之地。[①] 不过从科学家进入大学之日起，历经两个世纪，这个曾经为科学家带来安全保障、宽容自由的容身之所，现在却变得日益严苛和教条。如同所有的正式组织一样，伴随着大学组织规模的不断扩大，无论是大学管理还是院系组织都开始出现官僚化趋势。传统学术机构中由教授自治或共治的理想模式，面对不断增加的科研人员、学生、经费和日益复杂的内外部关系，显得反应迟缓、效率低下。在此情形下，一套由招生委员会、教务长、会计师以及科研管理员等行政管理人员在内的官僚体系开始形成，教授和研究员们不得不在越来越繁杂、细琐的文牍条例中开展日常工作。然而，以追求统一、效率为目标的官僚化管理，与学者们所珍视和习惯的自由放任的生存方式不断冲突、相互抵牾。20 世纪 50 年代，凡勃伦在《美国的高级文化》中所描述的学者与行政人员的对立现象[②]，时至今日依然

---

① Thorstein Veblen, *The Higher Learning in American.* New York: Sagamore Press, 1957, P. 27.

② Thorstein Veblen, *The Higher Learning in American.* New York: Sagamore Press, 1957, P. 63.

存在，而且有增无减。特别是20世纪70年代后，政府基于质量保障和提升效率对大学日益增强的问责，更是给大学教师带来了不小的压力。

不过对学者的知识探究事业来说，相比于大学规章制度、繁文缛节对个体行动的约束，影响更为深远的是科学研究工作本身的官僚化。促使这一改变发生的标志性事件是第二次世界大战期间，为了攻克单人无法解决的大型、复杂性问题，学院中独立开展业余研究的科学家们被组织起来在政府大型的科研资助下共同工作，从而导致了个体研究向集体研究模式的转变。第二次世界大战中间兴起的“大科学”改变了科学研究的组织形态，高投资、大团队、高昂科研设备、大型研究设施以及精密科研计划的出现，要求有与之相配套的正式组织和管理制度为其服务，某种程度上，科研体量的扩张带来了研究工作的官僚化。由于在战争期间，科学在帮助同盟国赢得胜利过程中发挥了重要作用，因此，在万尼瓦尔·布什（Vannevar Bush）《科学·无止境的前沿》报告的提议下，这种战时“大科学”组织模式在战后国家科学基金委（NSF）的支持下延续到现在。

随着学院科学被纳入美国的国家研发系统当中，政府成为学院科学家的最大金主，大型科研计划和组织也得以开展。在新的科研形态中，学术研究者一方面由于需要不断向政府科研基金申请项目经费，不可避免地卷入政府官僚机构当中，科研计划与申请书的专业评审、烦琐的申报与项目管理、专业的财政会计程序等耗费了研究者大量时间。[①] 另一方面，也需要学会组织管理科研团队，尤其是领衔科学家不仅要带领团队成员向着集体科研目标而努力，而且要与外部科研赞助方、大学管理机构展开沟通协调，处理科研过程中出现的各种事务。这对研究者的沟通协调能力、组织能力以及领导与管理能力等都提出了越来越高的要求。

20世纪60年代后，在新公共管理运动以及产学研合作浪潮的影响下，学院科学的组织与运作方式开始发生了一些变化。随着学院科学和学术科学家越来越多地卷入工业、市场当中，传统的政府科研赞助机制中浸入了市场概念或学术资本主义逻辑，以项目经费竞争、消费者——承包人

① ［英］约翰·齐曼：《真科学：它是什么，它指什么》，曾国屏译，上海科技教育出版社2002年版。

关系为基础的政府科研资助模式出现。与此同时，在解决技术应用、社会需求问题的过程中，知识生产模式2开始形成，研究的组织形式变得更富灵活性、临时性和组合性，从而替代了传统官僚机构的管理职责和职业稳定性。这些新的科研组织方式的出现，导致一系列商业术语，譬如管理、合同、规章、责任和雇佣等开始进入学术科学家的话语体系之中，学院科学开始转向后学院科学时代。[①] 在新的科研组织形态中，学术科学家看似具有更强的自主性和个人主义，但实际上不仅没有避免不必要的文书、组织条例限制，而且面临新的挑战，要求个体具备更强的企业家精神、项目竞争能力以及与商业、政府和其他科研机构等相关利益方的沟通协调能力。

二、科研合作的团队化与国际化

詹姆斯·科南特（James Conant）曾对科学家日常工作形态的转变做了形象的描绘，“在科学探究的古典时期，研究者只需要拥有一间阁楼以及少量资金，再加上想象力、坚强的意志以及坚韧不拔的毅力就可以开始科学研究工作，然而时至当下，早已今非昔比……实验室研究团队替代了形单影只、孤军奋战的发明家，科技的进步需要不同特长的研究者相互合作……单枪匹马的发明家或研究者如同美国水牛一般稀少罕见了。”[②] 这种形态的转变反映出科学研究者之间的合作在20世纪已经逐渐成为一种研究常态或是必要形式。

事实上，早在17世纪，伴随着第一次科学革命的发生，经验科学的兴起，在早期书籍和出版物中就已经出现科学人之间合作的记录，不过由于这些合作行为或是属于个人实验探究的展示（英国皇家学会），或是属于带有强制性的组织探究行为（法国、意大利学会），故而，与现代意义上的科学合作研究还相去甚远。比弗（Beaver）的研究发现，最早的科学合作论文发表于1665年，是由胡克、奥尔登堡、卡西尼和波义耳四人共

① ［英］约翰·齐曼：《真科学：它是什么，它指什么》，曾国屏译，上海科技教育出版社2002年版。

② James B C, *Science and Common Sense*. New Haven: Yale University Press, 1951, pp. 303 - 305.

同完成（Hooke，Oldenburg，Cassini，Boyle）。[①] 而作为正式组织的科学合作研究则是在18世纪末的法国化学研究领域出现。19世纪30年代后，随着其他国家科学研究专业化程度的提高，科学家之间的合作形式陆续弥散到英国和德国。不过整体而言，在20世纪之前，单从论文合作发表来看，合作研究的数量与比例都相对较低，据比弗教授（Beaver DB）统计，在1900年，在所有的发表论文中，合作研究只占6%。[②] 直到两次世界大战加速了研究合作的发展，科学界的合作研究现象从所谓的泊松分布特征发展为负二项分布特征，两两合作的经典科研合作模式（科学家或实验室）发展成熟。

第二次世界大战之后，即从小科学进入所谓的大科学，科学研究日益成为一种需要集合众多人力、物力与财力的集体行为。尖端前沿科研的增加促使合作研究呈现出倍数级的增长，科学家之间的合作形式也发生了转变，大型的团队合作（teamwork）成为两两合作模式之外新的一种科研合作方式，合作规模大多在5人以上，并且呈现出幂律分布的特征，以高能物理学（HEP）为代表的团队合作研究模式逐渐向分子生物学、生物医学领域以及其他学科扩散，最为典型的案例就是人类基因组计划（HUGO）的合作研究。[③] 在科研团队的合作规模上，以粒子物理学为例，20世纪60年代中期，在欧洲核子研究委员会（CERN）下属的气泡室中有15名相互合作的物理学家，仅仅十年之后，合作人员就达到50人；而在1985年特尔斐合作项目中，其下属的大型正负电子对撞机涉及来自17个国家37个科研组织超过350名高能物理学家。[④] 同样，在合作论文发表方面，普赖斯、希克斯等人以化学文摘合作发表论文为研究对象，发现在20世纪初期到中期，单人独自发表的论文数量从80%下降到30%，而两人合作、

---

① Beaver D, Rosen R, Studies in Scientific Collaboration: Part Ⅰ. The Professional Origins of Scientific Co-authorship. *Scientometrics*, Vol. 1, No. 1, 1978, pp. 72 – 73.

②③ Beaver D B, The Many Faces of Collaboration and Teamwork in Scientific Research: Updated Reflections on Scientific Collaboration. *Collnet Journal of Scientometrics and Information Management*, Vol. 7, No. 1, 2013, P. 48.

④ Warnow – Blewett J, Weart S R, AIP Study of Multi-institutional Collaborations: Phase 1, High-energy Physics. American Inst. of Physics, New York, NY (United States). Center for History of Physics, 1992.

三人合作以及四人以上合作的论文数量则出现快速上升。① 如图 3－1 所示。

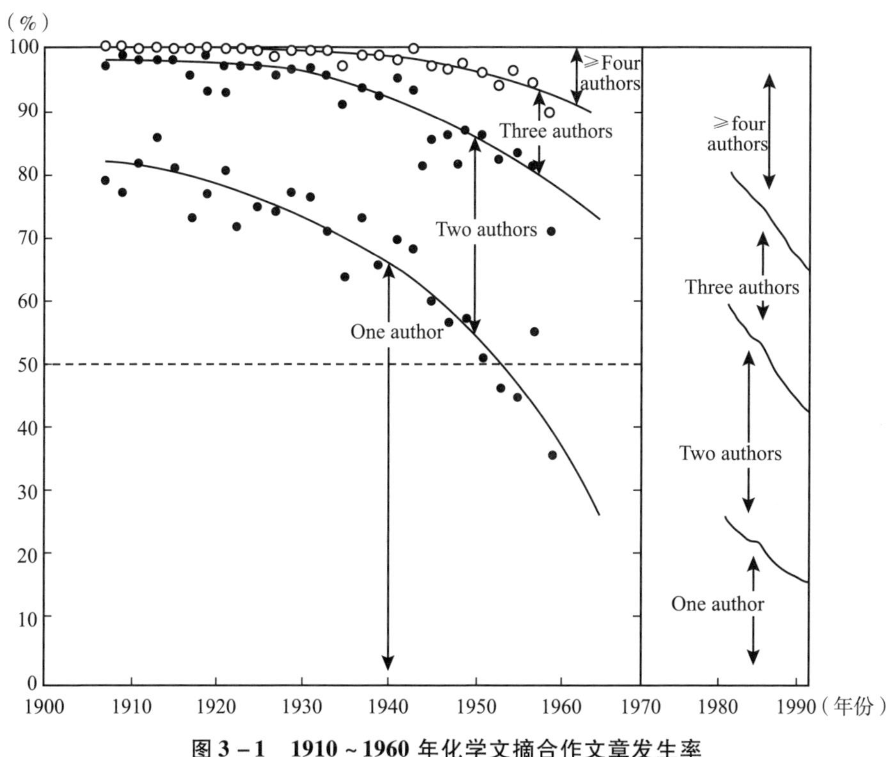

图 3－1　1910～1960 年化学文摘合作文章发生率

到 20 世纪 90 年代中期时，在所有科研发表论文中合作比例已经达到了 90%，在顶尖以及核心期刊上，这一比例甚至更高，达到了 95%～99%。② 在国际研究合作方面，随着冷战结束，在全球化浪潮的推动下，科学国际共同体内部的合作快速增加，马尔滕·里肯（Maarten Rikken）研究发现，2011～2016 年 5 年之间，国际研究团队发表的论文占到了总

① Hicks D M，Katz J S，Where Is Science Going? *Science*，*Technology & Human Values*，Vol. 21，No. 4，1996，P. 392.

② Beaver D B，The Many Faces of Collaboration and Teamwork in Scientific Research：Updated Reflections on Scientific Collaboration. *Collnet Journal of Scientometrics and Information Management*，Vol. 7，No. 1，2013，P. 48.

数的43%，从20世纪90年代以来，国际研究合作发展迅速，科学已经逐渐演变成为国际事业，特别是新加坡、奥地利、英国、加拿大、法国和德国等国最近五年的国际合作论文发表已经超过了50%，如图3－2所示。[①]故而，与他人开展合作、分工协商在当下自然科学的研究中已经变得十分普遍。

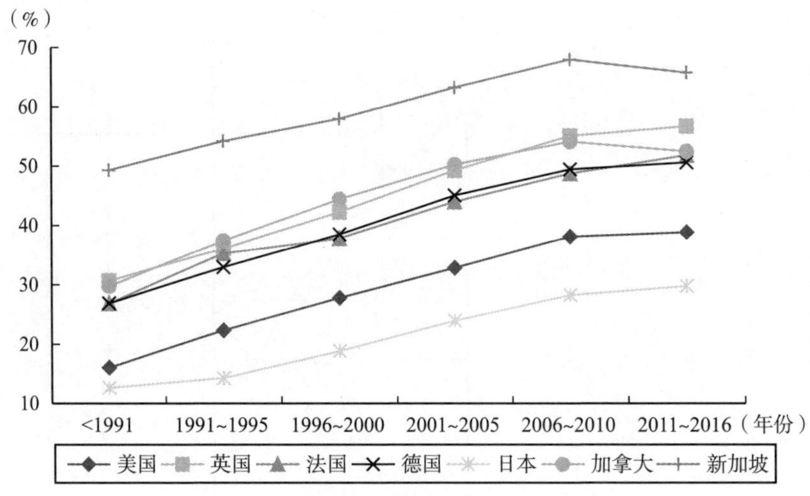

图3－2　世界主要国家国际合作论文发表比例

正如亨利·埃茨科威茨（Etzkowitz H.）所言，从个体研究转向团队研究已经成为20世纪科学的显著特征[②]，伴随着科学家之间两两合作或团队合作的研究形式取代个体小作坊式探究，以项目负责人（PI）、博士后和研究生（或本科生）相互合作，或以资深教授、助理教授或副教授、博士后和研究生（或本科生）相合作的团队科研合作模式不仅成为现代大学自然科学领域典型的组织结构，[③] 而且是不同研究团队、系所、机

① Maarten Rikken. Insights into international research collaboration. https://www.researchgate.net, 2016.10.13.

② Etzkowitz H., Individual Investigators and Their Research Groups. *Minerva*, Vol. 30, No. 1, 1992, P. 28.

③ Beaver D. D. B., Reflections on Scientific Collaboration (and its Study): Past, Present, and Future. *Scientometrics*, Vol. 52, No. 3, 2001, P. 369.

构、部门、区域或国家之间相互合作研究的最基本组织模式。[①] 在这种科研工作情境中，无论作为学生、同事还是项目负责人的研究员，除了需要掌握必备的专业知识和研究技能之外，还需要具备在不同科研组织环境中与不同个性、地位和身份的研究者共同工作、相互合作的能力。

宾夕法尼亚大学的伊万·乔帕洛弗教授（Ivan Chompalov）等人在美国物理学会的资助下，从 1989 年开始对物理学家的团队合作开展了为期 10 年的跨时研究，访谈对象达到 600 余名，学科包括空间科学、地球物理学、海洋学、天文、材料科学、重离子与核物理和医学物理学等学科，结果发现，第一，在科研团队当中，研究成员之间的协调、调解以及积极协同行为十分重要；第二，信任虽然被视为是理想的科研合作形式，但在特定情况下，成员之间的分歧，甚至是冲突，发挥着智力刺激和压力的作用；第三，技术与行政官僚组织是研究者之间成功、持续合作的重要保障。[②] 从中可以看出，在现代科学研究中，为了推进知识事业的进步，研究不仅是一项个体的智力探索，而且是一种团队合作行为，它需要研究人员在与他人的合作过程中，共同协作、相互信任、管理冲突。对于研究主持人以及打算成为高级研究员的初级研究人员而言，他们还需要具备或习得科研经费申请、项目管理、工作分配、人员协调以及团队领导和管理等种种技能。正是在这种意义上，现代科学研究已经越来越强调科学家个体的交往沟通、国际交流、人际协调、组织管理以及领导艺术等能力。

三、跨学科研究的兴起

现代意义上的学科是从 19 世纪起开始逐渐结晶、成型，到 20 世纪初经过多次裂变、分化与整合，已经基本形成当前呈现出来的学科样态。不过正当现代学科建制日臻成熟、学科边界不断固化之际，跨学科研究也开始显现端倪，到 20 世纪 90 年代时，已经发展成为知识生长最富活力的科

① Katz J. S. , Martin B. R. , What Is Research Collaboration? *Research Policy*, Vol. 26, No. 1, 1997, pp. 9 – 10.

② Chompalov I, *Lessons Learned from the Study of Multi-organizational Collaborations in Science and Implications for the Role of the University in the 21st Century*. Berlin: Springer Netherlands, 2014, pp. 170 – 171.

学地带，许多重要的知识发现均来自跨学科研究，因而，跨学科被视作美国高等教育中流行领域的新时尚，有人因此认为跨学科研究时代的到来。[①]

所谓跨学科研究（interdisciplinary research），是指由团队或个体开展的一种研究模式，他们整合了两个或更多学科、专业的知识、信息、数据、技术、工具、视角或理论，目的在于促进超越单个学科或研究领域的基础理解或问题解决。[②] 推进人类认知的基本理解和解决问题是跨学科研究的主要目标，布鲁斯等人曾将推进基础理解作为模式1跨学科，将解决问题作为模式2跨学科，也被卡莱茵分别称之为内生性的跨学科、外生性的跨学科。[③] 欧洲研究型大学联盟的万恩利等人则将前者视作“自下而上”的跨学科研究，特点是学术导向的基础研究；而将后者看作“自上而下”的跨学科研究，目标是更好地理解紧要的社会问题。[④]

在现代学科建制形成之前，跨学科研究在某种程度上可以说是一种内生性的，在科学界是十分自然的现象，许多科学家出于个体的兴趣或好奇心，常常跨越不同学科领域进行学术探究活动，如牛顿、胡克、波义耳以及巴斯德等。[⑤] 但当学科边界日益清晰、明确之后，知识分化、专门化等因素加深了专业之间的壁垒，分门别类的专业研究成为现代学术共同体构建荣誉、奖励和认可的基本依据，加之在学科形成后的早期，知识探究的综合化要求还不是很强烈，这使得科学共同体内部缺乏跨学科知识探究的动力，科学家开展跨学科研究的现象并不多见。

当然，真正意义上的现代跨学科研究是在进入20世纪后才开始显现，这一时期的跨学科研究活动虽然也有科学家个体开展的“自下而上”的

---

① ［美］朱丽·汤普森·克莱恩：《跨越边界——知识、学科、学科互涉》，姜智芹译，南京大学出版社2005年版。

② National Academy of Sciences, *Facilitating Interdisciplinary Research*. Washington, D. C.: National Academies Press, 2005, P. 26.

③ Hadorn G H, Pohl C, Bammer G., Solving Problems through Transdisciplinary Research. The Oxford Handbook of Interdisciplinarity. United Kingdom: Oxford University Press, 2010, pp. 433 - 436.

④ D Wernli, F Darbellay. Interdisciplinarity and the 21st century research-intensive university. https://www.leru.org, 2016. 11. 20.

⑤ National Academy of Sciences, *Facilitating Interdisciplinary Research*. Washington, D. C.: National Academies Press, 2005, P. 17.

研究，但其驱动力主要来自外部技术与社会问题解决的迫切需求，正是问题解决的需要促成了跨学科研究的蓬勃发展，外生性的跨学科研究在相当长时间内占据了主导地位。早在20世纪初期，美国联邦政府农业部与其他机构就通过研究资助的方式，支持大学物理学家、化学家、气象学家以及工程学家参与解决工业和农业中的实际问题。到第二次世界大战时，协约国与同盟国为了研发尖端武器，集合了来自不同学科领域的科学家展开攻坚，其中，以曼哈顿计划最具代表意义，战争的需要促使科学界开启大规模、有组织的跨学科协同作业，例如，为了破译德国密码成立的X小组，促使了密码学的诞生；为提高反潜飞机对潜艇攻击效率的跨学科研究，导致运筹学的产生；博纳尔为诺曼底登陆开展的人工港口研究促成海滩形成物理学。[①] 由于战争期间的出色表现，战后由美国国防部门资助设立的跨学科、集体性研究计划继续开展工作，众多以国家安全和社会经济发展需求为旨向的跨学科项目得到美国国防部（DOD）、原子能委员会（AEC）和国家航空航天局（NASA）等机构的支持，在大学内，纷纷成立了如核科学、材料科学、化学物理学、生物物理学以及航海物理学在内的一系列跨学科性质的研究所。[②]

20世纪70年代后，出于增强技术创新、经济发展和国际竞争能力的原因，在联邦政府的积极推动下，美国国家科学基金委员会开始资助具有跨学科性质的材料研究科学和工程中心（Materials Research Science and Engineering Center）、科学和技术中心（Science and Technology Centers），工业、企业也开始加入到学术研发经费投入的阵营中，加强了对工业发展问题的跨学科研究。冷战结束后，随之而来的全球化进程，引发的科技竞争、环境问题，再次加速了自然科学内部以及与社会、环境、伦理等领域之间的交叉融合，特别是进入21世纪后，通用新兴技术（NBIC，即纳米技术、生物技术、信息技术和认知科学）之间相互融合的加速[③]，跨学科

---

① 水超、孙智信：《跨学科组织的历史与科学概念》，载《科技管理研究》2010年第19期。

② ［美］朱丽·汤普森·克莱恩：《跨越边界——知识、学科、学科互涉》，姜智芹译，南京大学出版社2005年版。

③ Etzkowitz H，Viale R. Polyvalent Knowledge and the Entrepreneurial University：A Third Academic Revolution? *Critical Sociology*，Vol. 36，No. 4，2010，P. 598.

研究几乎成为所有重大科学进展的发生地，也是知识创新的主要来源地。

面对跨学科研究的飞速发展，许多组织与机构试图推动跨学科研究，然而，组织层面“撮合”的结果很多都以失败告终，大多来自外部力量推动的跨学科研究实质上属于有合作无协作（multidisciplinarity），或是有协作无整合的多学科（pluridisciplinarity），以及由单一学科主导的交叉学科（crossdisciplinarity）研究，不同学科的立场、视角、理论与方法之间不仅各自独立，而且在个体研究者上并没有得到真正的融合。这种跨学科研究，严格意义上更多属于前文提到的来自不同学科研究者之间的合作，事实上正如埃里克·詹奇（Erich Jantsch）所言，跨学科研究的产生，只有建立在共同理论基础之上，具有统一认识论的，在规范与目的上相互融合，即学科间（interdisciplinarity）或跨学科（transdisciplinarity），如图 3－3 所示。①

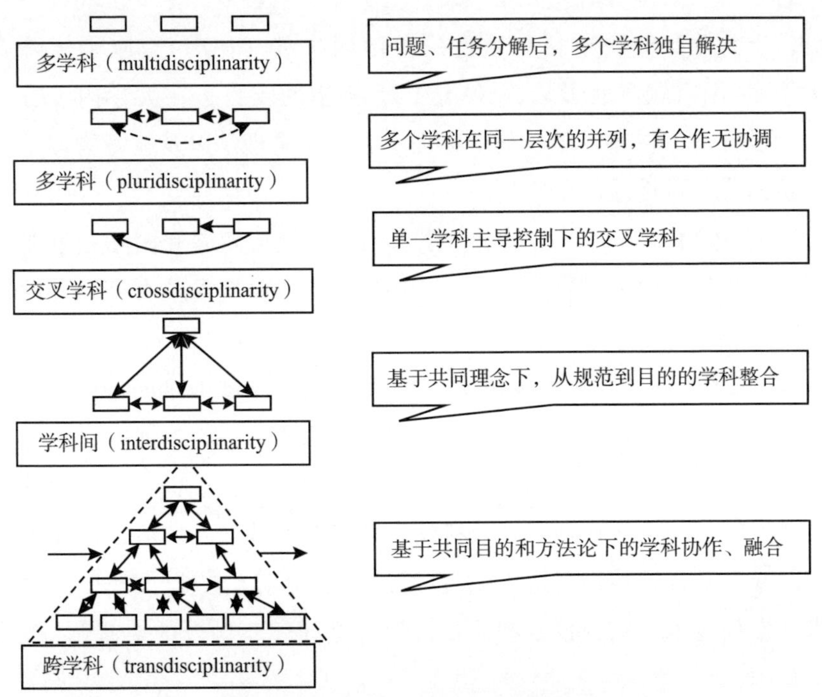

图 3－3　不同学科之间关系的内涵

① Jantsch E.，Inter-and Transdisciplinary University：A Systems Approach to Education and Innovation. *Policy Sciences*，Vol. 1，No. 1，1970，pp. 410－411.

换言之，跨学科研究的实现很难在组织意义上发生，更为现实的一种途径是个体超越特定学科的理论视野、知识体系和方法技术，根据问题解决需要形成一种新的研究范式，以美国前加州理工学院、华盛达大学教授莱诺伊·胡德（Leroy Hood）为例，他综合生命科学、信息学科等学科的知识和方法创立了系统生物学、生物信息学等新学科，被视作 21 世纪医学和生物学的核心驱动力。因此，在认知与问题解决驱动下的跨学科发展，给科学研究者带来很大的挑战和机遇，要求研究者在发展原有学科知识的基础上，对其他学科保持开放和学习的态度，培养多元认识论，宽广的知识结构，掌握多学科的方法和技术，具有与其他学科研究者交往的能力和习惯等。①

四、科学研究重心的偏移与多样化

在界定现代大学内科学家的研究工作时，人们总是习以为常地提到基础研究。事实上，基础研究与学术科学家关联的建立经历了漫长的过程，人们在不同时段对基础研究内容界定的变化，很大程度上反映了学术科学家工作内涵以及精神的变化。从其历史渊源来看，研究本是古希腊有闲阶级消磨时间、满足闲情逸致与好奇心的自发行为，后来发展为德国唯心主义哲学家的一种理想概念，基础研究被视作一种与实际目的无关的纯粹知识研究活动。② 早期科学研究者的贵族身份加上纯研究所具有的认识论上的崇高地位，使得学术科学家所从事的纯研究取得极高的声誉并被普遍认可，借助于德国大学和研究模式的巨大成功，到 19 世纪末期时，纯科学（pure science）与应用科学（applied science）的区分已经被学术共同体广泛接受。然而，由于纯科学在实际使用中对纯粹动机内涵的强调胜于纯粹主题（抽象科学或理论科学），这种具有鲜明认识论修饰的概念，到 20 世纪 30 年代受到越来越多的工业科学研究者的反感和不

① Brown R R, Deletic A, Wong T H., Interdisciplinarity: How to Catalyse Collaboration. *Nature*, Vol. 525, No. 7569, 2015, pp. 315 – 317.

② Calvert J., What's Special about Basic Research?. *Science, Technology & Human Values*, Vol. 31, No. 2, 2006, P. 202.

悦，故而促使基础研究（fundamental or basic）的概念逐渐取代纯研究成为新的术语。[①]

不过纯科学或纯研究概念的式微，与其说是概念本身所指的局限，不如说是纯科学自身地位的动摇。伴随着工业革命、两次世界大战以及20世纪二三十年代社会主义苏联社会经济蓬勃发展的影响，西方世界对纯科学的信仰受到了挑战，在外部的公共舆论中，传统科学为知识而知识，不考虑社会福利的纯研究主张已经名誉扫地，变得不合时宜；在科学领域内部则出现了加强科学功用和社会指导的倾向。1938年，英国科学促进学会成立了科学社会与国际关系部就反映了这种趋势，该部以有目的地对科学进步施以社会指导为目标，甚至在1945年组织讨论科学的规划（planning of science）。[②] 面对传统纯粹科学价值的衰落，以博兰尼为代表的主张科学自治、自由的传统派与以贝尔纳为代表的推崇规划科学派展开了持久的论战，两派之间的争论一直持续到第二次世界大战后，直到1945年，美国范内瓦尔·布什发表了《科学：无止境的边疆》，布什报告在某种程度上回应并明确了基础研究（basic research）与应用研究（applied research）之间的地位和关系。

在范内瓦尔·布什的界定中，基础研究是不以实际用途为目的，旨在生产普遍性知识，理解自然与其法则的一种研究活动，而应用研究则是运用普遍性知识解决大量重要实际问题的研究。在“基础研究—应用研究—开发—生产经营”的整个谱系中，基础研究与应用研究是一种上下游的关系。不过值得玩味的是，虽然布什强调基础研究应保护探究的自由、好奇心与非功用性，不必考虑直接和现实应用的压力。但是，在论证基础研究的合法性时，其逻辑基础却不仅仅是认识论意义上的为了知识而知识，推进科学知识前沿的疆域，而是为了“促进知识的应用，提升国家的健康、安全、繁荣与富裕”等一系列的现实问题。[③] 因此，从其根本而言，在第

① Kline R., Construing “Technology” as “Applied Science”: Public Rhetoric of Scientists and Engineers in the United States, 1880 - 1945. *Isis*, Vol. 86, No. 2, 1995, P. 196.

② ［英］迈克尔·博兰尼：《自由的逻辑》，吉林人民出版社2002年版。

③ Bush V., Science: The Endless Frontier. *Transactions of the Kansas Academy of Science* (1903 -), Vol. 48, No. 3, 1945, pp. 240 - 241.

二次世界大战之后科学研究的话语体系中，基础研究是被纳入布鲁贝克所谓的政治论中考量的，是科学研究认识论与政治论相结合的一种产物。与此同时，20世纪50年代发生的另一件重要的事是基础研究的制度化，1950年，美国政府采纳范内瓦尔·布什的建议成立了国家科学基金委员会（NSF），专门资助大学、学院和研究机构的科学家开展基础研究工作，这种由政府资助、科学家自治、兴趣导向、自由竞争的基础研究新模式很大程度上塑造了现代学术科学家的工作风格和取向，默顿所谓的科学规范"CUDOS"得到了制度化的体现与规训。如同理查德·惠特利（Richard Whitley）所言，不同于传统科学家开展的个体性自由探究，现代科学是一些受到联合控制的知识生产系统，衡量科学家知识贡献大小的标准是其对集体目标的重要性以及对同行的有用性。[①]美国新成立的国家科学基金委员会要求所有科学家的申请方案中必须单独陈述研究将会产生的"广泛影响"（broader impacts），国家科学基金委重视科学研究所产生的知识和活动对社会产生有益影响，譬如加强学术与工业之间的合作、提升国家安全、增强美国经济竞争力等。[②] 加之科学项目的评审人主要由学术界的老人或科学精英把持，因此，为了有更多机会获得科学共同体的资助、认可和声誉，学术科学家们在选择研究问题时不得不考虑自己研究与同行研究的关系，以及研究所具有的理论意义和现实应用价值。总而言之，布什理念下的基础研究虽然在20世纪五六十年代得到了快速发展，但科学研究的政治论考量也为此后应用研究的兴起埋下了伏笔。

冷战结束后，美国社会与大学科学家在实践中形成的基础研究契约在内容上进一步扩大，一方面，联邦政府对大学研究的支持扩展到国际竞争和重大国家挑战领域，如人类基因组计划、制造计划、高性能计算机和通讯项目等；[③] 另一方面，政府开始重视大学与工业的联系，强调科学家研

① ［英］理查德·惠特利：《科学的智力组织和社会组织》，赵万里、陈玉林、薛晓斌译，北京大学出版社2011年版。

② NSF. Proposal & Award Policies & Procedures Guide（PAPPG）. https：//www. nsf. gov. 2017.

③ Denning P J. A New Social Contract for Research. *Communications of the ACM*, Vol. 40, No. 2, 1997, pp. 132 – 134.

究成果的社会转化与运用，以此提升国家工业的创新能力与竞争能力。自1980年始，联邦政府颁布了一系列科研资助和科技政策，例如，《贝多法案》《专利和商标法案》以及《经济复兴税收法案》等，极大地刺激了政府、大学与企业参与应用研究项目的积极性，外部力量通过经费项目、研究中心、合同协议、专利转让以及教授席位等方式渗透、浸入传统学术科学家工作内容当中。1994年，卡内基梅隆组织的一项调查发现，截至1990年，在美国的大学——工业研究中心达到1056个，学术研发经费（R&D）在持续增长，1990年时达到29亿美元，是当年美国国家科学基金委员会学术研发投入的两倍之多，是美国政府在科学与工程所有开支的1/5，在这些经费投入中，工业基金在整个学术研发经费中的比例从1970年的2.6%上升到1990年的6.9%。超过12000名大学教师、22300名博士层次的研究者以及16800名研究生参与其中。[①]就连以支持基础研究著称的美国国家科学基金委也开始在20世纪80年代开始提供种子基金支持大学——企业联合研究中心。总而言之，从20世纪50年代起一直到现在，美国对基础研究的资助历史反映了从对自主追求真理研究向服务社会经济目标的扩展。[②] 这些新情况的出现，引发了关于学术科学家从基础研究向应用研究的“偏移”问题（skewing problem）的争论。

与此同时，布什所提出的从基础研究到应用研究转化的线性模式也受到了质疑和挑战，在新的科研范式中，基础研究被纳入创新话语体系之内，不再被视为技术创新的唯一源泉。1985年，斯蒂芬·克莱恩（Stephen Kline）提出的链环模型（chain-linked model）中，将线性模型下游的众多主体与环节提升到与基础研究的同等地位。[③] 1996年，唐纳德·斯托

---

① Florida R, Cohen W., Engine or Infrastructure? The University Role in Economic Development. L. Branscomb, F. Kodama, & R. Florida (Ed.) Industrializing Knowledge. (589 - 610). 1999, pp. 6 - 10.

② Calvert J, Martin B R., Changing Conceptions of Basic Research//Brighton, England: Background Document for the Workshop on Policy Relevance and Measurement of Basic Research, Oslo. 2001, P. 2.

③ Kline S J., Innovation is not A Linear Process. *Research Management*, Vol. 28, No. 4, 1985, pp. 36 - 45.

克斯（Donald E. Stokes）提出的巴斯德象限，即由应用引起的基础研究，[①]实质是在布什的基础研究与应用研究之间加入了一种新的研究类型，更加侧重对工业应用问题的研究。不过，20 世纪 80 年代后，在西方主要发达国家兴起的这场强调基础研究与工业、商业和市场联系的浩荡声势，在随后不少英[②]、美[③]等国学者的调查研究中却没有得到完全证实，研究发现，尽管大学和研究机构中应用研究的比例出现上升，但并没有足够证据表明学术科学家的研究出现实质意义上的应用化转向，而且所谓的研究应用化主要发生在医学、材料科学、生物科技等学科领域。

然而无论如何，基础研究作为学术科学家最主要的工作内容虽然没有发生根本性改变，但是，与历史上任何时期相比，科学家开始从事更多的应用研究活动却是不争的事实。如果我们不能就此断言科学家的研究性质转变为应用化，那么科学家工作属性的多元化，基础研究与应用研究界限的模糊化则是毋庸置疑的。故而，在一个日益强调知识应用和创新驱动的科学氛围中，真正给科学家带来挑战的，特别是对于接近市场的学科领域的研究者而言，是适应不同科研组织体制下的研究方式以及随之产生的研究伦理问题。换言之，研究者既需要熟悉基础研究模式下的研究工作方式，又需要掌握应用研究或工业研究所需的知识、技能和责任伦理，如科研经费申请能力、大型团队管理能力、沟通与协作能力、技术转让和知识产权知识以及学术伦理与责任等。

概言之，进入 20 世纪后，由于外部组织环境变迁和科学研究方式的变化，传统科学研究者的素养与能力要求也相应发生了改变。如果我们对近代以来科学工作重要变迁的时间进行比较，则会发现一个十分有趣的现象，当下科学研究工作的形态，几乎都不约而同地形成于两个特定时期，即第二次世界大战以及 20 世纪 70 年代。其中，第二次世界大战的爆发促

① ［美］斯托克斯：《基础科学与技术创新：巴斯德象限》，周春彦、谷春立译，科学出版社 1999 年版。

② Hicks D M, Katz J. S. , Where is Science Going? *Science*, *Technology & Human Values*, Vol. 21, No. 4, 1996, pp. 383 – 386.

③ Florida R, Cohen W. Engine or Infrastructure? The University Role in Economic Development. L. Branscomb, F. Kodama, & R. Florida (Ed.) Industrializing Knowledge. (589 – 610),1999. 11.

成了科学与国家的“联姻”，科学研究服务于国家战略和社会需求的传统就显现于这一时期，政府投入的巨额资金、科研设备和大型研究项目，使得科学家工作形态出现了组织化、团队化和合作化。而20世纪70年代西方发达国家发生的石油危机以及90年代后全球化的兴起，迫使政府重视科研对技术创新、增强经济竞争力以及解决社会问题的作用，在政府的推动下，科学研究开始与工业和政府结成新的联盟，市场潘多拉魔盒的开启，使得身处大学校园中的科学家开始从事日益增多的应用性研究，以问题解决为导向的跨学科也得以蓬勃发展，知识生产模式2正是在此背景下粉墨登场。与此同时，在全球化与现代通信技术迅猛发展的推动下，科学研究的跨国、跨部门合作也日益频繁。科学研究领域发生的这些变化对现代学术研究者的科研伦理、知识、技能与素质提出一系列的挑战。并随着20世纪90年代后西方发达国家学术劳动力市场的改变而传导至博士生教育改革当中，一场关于博士生研究能力的重塑运动开始出现。

第二节　理科博士生素养与能力框架的构建

对应于科学研究工作发生的新变化，从20世纪90年代开始，博士生培养的目标与方式相继在美国、英国、法国和德国等主要西方发达国家和地区中出现了相应的改革，关于博士生科研素养与能力要求的新话语开始显现，一些国家和机构甚至提出了新型博士生或研究者能力的发展框架。不过在这场声势浩荡的博士生内涵重塑运动中，虽然不同国家或地区的改革出发点不同，但俱以提高博士生服务社会经济需求的能力为旨向，即增强学术博士在工业、商业、政府以及非营利机构工作的能力。这在一定程度上忽视了科学研究领域自身变化对博士生素养与能力提出的挑战，故而本书主要以学术科学家为对象，探究当前以学术机构为职业取向的博士生所应具备的素养与能力。

一、当代博士生素养与能力的新要求

正如前文所说，现代博士生诞生的初衷在于培养未来的科学家、学者或研究者，博士学位与学术职业的这种耦合经过一百多年的沉淀已经被人们视作一件理所当然的事。作为科学家的后备军，博士生需要在研究实践共同体中，在导师的指导之下，通过学习特定的学科知识、掌握研究技能、习得科学规范并形成职业认同，从一名新手逐渐成长为专家、优秀科学家。其中，衡量博士研究生成为一名合格研究者的最主要标准在于，能否“生产一份可以改变人类知识进程的作品”①。因此，学科知识、原创性研究能力和科学规范是博士生作为成熟研究者需要具备的基本素质与能力。② 不过随着科学研究组织与知识生产方式的变化，关于博士生研究者的能力内涵也在逐渐发生改变，约翰·彼得·迪金森曾对此做了细致地描述，他认为，博士生要成为一名合格的研究者，除了要具备创造力、想象力、独立探索、基础学科知识、智力技能（批判性思维、反思精神）和实验技能（熟悉材料、设备，设计科学实验）等品质与技能之外，还需要具有和科学团队成员相互协作的能力，要有与学术共同体内外的研究者和大众交流的能力。③ 拉契科夫也指出，随着“大科学”的出现，科学集体主义精神日益重要，研究者应该具备与实验室、研究团队以及其他科研组织成员联系合作的能力。④

20 世纪 90 年代后，随着知识生产属性的改变，跨学科研究成为科学研究领域当中的一种新趋势，许多机构与大学增加跨学科教育，并将跨学科视野、思维与知识纳入博士生培养目标当中。如美国国家科学基金委员会在 1998 年开始设立研究生教育研究与训练综合项目（IGERT），旨在提

---

① Park C. New variant PhD，The Changing Nature of the Doctorate in the UK. *Journal of Higher Education Policy and Management*，Vol. 27，No. 2，2005，P. 190.

② Hancock S，Walsh E.，Beyond Knowledge and Skills：Rethinking the Development of Professional Identity during the STEM Doctorate. *Studies in Higher Education*，Vol. 41，No. 1，2016，P. 40.

③ ［美］约翰·彼得·迪金森：《现代社会的科学与科学研究者》，张绍宗译，农村读物出版社 1988 年版。

④ ［苏联］拉契科夫：《科学学：问题·结构·基本原理》，陈益升译，科学出版社 1984 年版。

高博士生的知识深度与宽度以及跨学科研究领域的领导力。① 欧洲研究型大学联盟通过采取国际化、跨部门和跨学科的方式来培养博士生的创造性、批判性和自主性智力冒险等素质。并从2007年起，连续发布四项重要的政策文件，引导欧洲研究型大学从结构、项目、活动和计划等方面支持博士研究生的跨学科训练，② 发展博士生多元认识论、异见包容性和跨学科研究技能。进入21世纪后，在全球化浪潮、知识经济等力量的推动下，许多国家和国际组织开始重视培养博士生的国际视野与社会服务责任，例如，英国研究生院理事会、欧洲大学联盟、加拿大研究生协会、澳大利亚研究生院长和主管协会以及中国研究生院院长联席会在2007年联合发布了“班芙原则”（Banff Principles），提出要着力发展研究生的全球职业能力和意识。③ 欧洲大学协会发布研究报告，建议成员将国际化作为博士生发展的核心要素，培养学生的国际化视野。④ 美国则注重培养博士生作为研究者的公民意识，尤其是在科学研究越来越多地卷入社会与经济事务的形势下，更为重视博士生研究的责任感与伦理和道德感。

上述研究者能力的变化在法国高管就业协会和德勤咨询（APEC/Deloitte Consulting）公司的合作调查中得到了验证，2010年，法国高管就业协会和德勤咨询公司通过对芬兰、法国、德国、日本、荷兰、瑞士、英国和美国8个国家的80名来自公共和私立机构的高级研究者和研究管理者展开一次国际合作调查。结果发现，来自不同国家的受访者都指出研究活动的组织与研究形态正在发生改变，受到结构性因素（研究预算增加、研究活动重组、公共—私人研究的结合、研究体量与合作的扩大）、文化性因素（研究者和研究管理者预期提高、日益强化的应用取向、高等教育重要性凸显、研究者能力多元化、研究活动的国际化）以及研究方式（跨

---

① NSF. IGERT introduce. http：//www. igert. org，2016.

② D Wernli，F Darbellay. Interdisciplinarity and the 21st century research-intensive university. https://www. leru. org，2016. 11. 20.

③ EU Commission. Report of Mapping Exercise on Doctoral Training in Europe ‘Towards a Common Approach’. https：//ec. europa. eu/，2011. 6. 27.

④ 杜海坤、陈攻：《欧洲大学协会提出高水平博士生教育新标准》，载《世界教育信息》2016年第1期。

学科趋势、知识产权和研究伦理的重视、技术的影响）等条件的影响，发展合作网络能力、商业文化与管理技能、跨学科环境中工作的能力、分析能力（包括掌握复杂 IT 工具能力）、语言技能、研究相关性以及对环境影响的意识六项关键能力在未来科学研究中将变得格外重要。[①]

面对科研领域内部发生的新动向，正如美国研究生院理事会主席黛布拉·斯图尔特（Debra Steward）所言，博士生教育正在发生一场静悄悄的革命。在这场无声革命中，除了关注越来越多的博士生流向工业领域之外，许多研究者和组织也开始重新反思学术性博士教育的本质，扩展博士生素养与能力的内涵，构建系统的博士生研究者素质与能力的发展框架。卡耐基博士生教育创新计划（CID）指出，博士生教育的目的是培养“学科管家”，这样的人能够秉承所在领域的精神和品质，并对整个领域有着全面的掌握。学科管家的首要角色是学者，他们将创造性地生产新知识，批判性地保存有价值和有用的观点，负责任地通过写作、教学和运用的方式转换所理解到的知识。[②] 奈奎斯特（Jody D. Nyquist）指出，21 世纪学术博士需要具备的核心能力除了传统的学科知识和新知识发现的创新与冒险精神、对职业的献身与承诺和教学能力之外，还需要具有以下几个方面：（1）对现在与未来学生和工作场所多样性的理解；（2）领导力；（3）跨学科、跨机构和跨领域交往和联系的能力；（4）全球化视野；（5）作为学者——公民（scholar-citizen）服务社会需求的意识与能力；（6）团队工作与沟通的能力，向公众和政策制定者解释研究成果的能力；（7）理解作为研究者、教师和专业人员应该具有的道德操守以及知识产权知识等。[③] 澳大利亚研究者莫布雷和哈尔斯（Mowbray and Halse）、法国学者巴特勒密和玛丽娜等（Barthélémy Durette and Marina Fournier et al.）则分别访谈调查了 20 名高年级博士生、问卷调查了 2794 名毕业博士生，基于学生的

① Ulrich W, Dash D P. , Research Skills for the Future: Summary and Critique of A Comparative Study in Eight Countries. *Journal of Research Practice*, Vol. 9, No. 1, 2013, pp. 1 – 8.

② ［美］克里斯·戈尔德、乔治·沃克：《重塑博士生教育的未来》，刘俭译，上海交通大学出版社 2015 年版。

③ Nyquist J D. The PhD: A Tapestry of Change for the 21st Century. *Change the Magazine of Higher Learning*, Vol. 34, No. 6, 2010, P. 19.

立场和视角对博士生核心素养与能力展开建构。其中，莫布雷和哈尔斯则通过扎根研究方法构建出博士生在就读期间所应形成的个人智慧、认知、研究与其他技能三类智力品质。[①] 巴特勒密则将111项能力指标归为六大类，具体是知识与专业技术技能、可形成的迁移能力、无法形成的迁移能力、性格、行为和元能力。[②]

除了相关学者的研究，一些第三方组织所开发的博士生素养与能力框架也产生了较大的影响力。2010年，法国高管就业协会和德勤咨询公司联合发布了《研究领域所需的技能与能力：目标2020》，研究能力分为经验型研究者和青年型研究者两个版本，其中青年型研究者所需具备的能力共包括三个方面：（1）科学能力包括科学知识、制定研究问题的能力、分析和掌握复杂IT工具的能力；（2）项目和团队管理技能包括团队工作能力、沟通技能、语言技能、商业文化和管理技能、研究相关性以及对环境影响的意识；（3）个人素质或人际交往技能包括创造性、思想开放、动机或卷入、适应能力。[③] 一年之后，英国职业研究与咨询中心“简历”项目（Vitae）与英国高等教育研究会合作，在英国研究理事会和英国大学的支持下，也开发了适用于学术内部或外部就业的《研究者发展框架（RDF）》，研究者发展框架共有4个一级指标，12个二级指标，64个三级指标。其中主要指标包括：（1）知识与智力能力（知识基础、认知能力与创造力）；（2）个人效能（个人素质、自我管理和专业与职业发展）；（3）研究治理与组织（专业操守、研究管理和财务、资金与资源）；（4）参与、影响和效果（与他人合作、沟通和传播、参与和影响）。[④] 该框架公布后得到了英国众多资助机构、研究理事会以及各大学的采用和参考，并在澳大利亚、新西兰等国家产生广泛影响。与此同时，

---

① Mowbray S, Halse C., The Purpose of the PhD, Theorising the Skills Acquired by Students. *Higher Education Research & Development*, Vol. 29, No. 6, 2010, pp. 653 – 661.

② Durette B, Fournier M, Lafon M., The Core Competencies of PhDs. *Studies in Higher Education*, Vol. 41, No. 8, 2016, pp. 1355 – 1358.

③ PEC Director of Studies & Research-and Cédric Etienne – Senior Manager at DELOITTE Consulting Public Sector. Skills and Competenceies Needed in The Rresearch Fileld Objectives 2020. 2010. 7.

④ Vitae. Introducing – the – Vitae – Researcher – Development – Framework – RDF – to – employers – 2011. https://www. vitae. ac. uk, 2011.

爱尔兰大学协会在2014年也制定了《爱尔兰大学博士生技能要求》，指出博士生应该具备以下能力：（1）研究技能与意识；（2）伦理与社会的理解；（3）沟通技能；（4）个人效能或发展；（5）团队合作与领导能力；（6）职业生涯管理；（7）创新与企业家精神。[①] 此外，美国国家博士后协会发布成功科学家的核心能力[②]，澳大利亚还构建了研究生素质概念框架[③]，加拿大研究生理事会提出研究生就业能力指标[④]。

从相关国家机构与专业协会制定的博士生素养与能力指标中可以看出，进入21世纪之后，面对科研、工业与政府之间日益紧密的联系，知识生产属性、方式与环境的悄然转变，作为学术队伍储备的博士研究生的要求已经发生变化。不过众多的博士研究生能力说明，往往是学术与工业部门要求的糅合，这种对PhD素养与能力的新界定虽然有可能增强学术博士研究生的适应性，但也存在着弱化以原创性研究为取向的博士生培养质量的嫌疑。因而，如何构建一个区别于工业科学研究，而又适应于纯学术科学研究特征与发展趋势的博士生素养与能力框架就显得尤为重要。

二、博士生素养与能力框架的构建

（一）研究方法与材料来源

为了构建自然科学领域中博士生所应具备的研究者素质框架，研究选取了经验材料较为成熟的官方文件或正式文本，这些制度文本具有较强的结构性。笔者采用了Nvivo11进行“自下而上”的归纳分析方法，对文本资料进行开放性编码。编码过程采用持续比较分析的策略，严格甄别并删除非学术研究能力指标，不断优化、修正既有概念所指。进而确定能力要

---

① Irish Universities Association. Irish Universities' PhD Graduate Skills Statement. http：//www.iua.ie，2015.

② National Postdoctoral Association. Core Competencies of a Successful Scientist. https：//www.fredhutch.org，2017.

③ Barrie S.，Hughes C.，Smith C.，The National Graduate Attributes Report：Integration and Assessment of Graduate Attributes in Curriculum（Research Report）. Australian Learning & Teaching Council，2009.

④ Polziehn R. Skills Expected from Graduate Students in Search of Employment in Academic and Non-academic Settings. Faculty of Graduate Studies and Research，University of Alberta，2011.1.

素之间的关系，构建博士生的研究者素养与能力框架。

通过对欧美博士生教育发达国家的政府机构、专业协会以及精英大学的制度文本进行全面检索，研究发现：（1）在政府层面上，仅有爱尔兰、澳大利亚两国发布了针对博士生素质与能力的国家标准，英国研究理事会参与并采用了第三方机构制定的研究者能力框架；（2）由第三方专业组织开发的研究者素质与能力在当下的欧洲具有较大影响，如法国高管就业协会和德勤咨询公司、英国职业研究与咨询中心“简历”项目（Vitae）和爱尔兰大学协会；（3）许多传统精英大学并没有在整体上对博士生的能力与素质作出规定，如哈佛、耶鲁等美国知名研究型高校中只有公共健康学院做出了申明，而瑞士联邦理工学院、德国慕尼黑工业大学等欧洲名校则注重可迁移技能的说明与课程教学。

因此，笔者对搜集到的102份文本作了进一步筛选，通过控制只关注可迁移技能（transferable skill）、通用技能（generic skill）或就业能力的机构和高校，排除人文社科、医学等学科的研究者素养与能力样本，最后共获得66个案例。其中，政府机构发布的政策文本共6份，分别来自英国、澳大利亚与爱尔兰3个国家；第三方机构发布的文本共12份，来自英国、法国、美国、爱尔兰和加拿大等5个国家；大学制定的研究者能力说明共44份，主要来自英国、美国、澳大利亚和荷兰等6个国家；此外，还有来自会议论坛、实验室手册和知名教授博客等4份文本，如表3－1所示。

表3－1　样本资料来源信息说明

组织类型	国家	案例
政府机构	英国	英国研究理事会（RC）、科学与技术设施委员会（STFC）
	澳大利亚	澳大利亚学习与教学委员会（ALTC）、国家研究生素质工程（NGAP）
	爱尔兰	爱尔兰高等教育署（HEA）和素质与资历评审机构（QQI）联合制定的《博士教育国家框架》

续表

组织类型	国家	案例
第三方机构	英国	英国职业研究与咨询中心“简历”项目（Vitae）、世界大学排行榜、西雅图邮报、高等教育学院（HEA）、QAA 学位授予标准和指南
	法国	高管就业协会和德勤咨询（APEC/Deloitte Consulting）：《研究领域所需的技能与能力：目标 2020》
	美国	研究生院理事会（CGS）、美国国家博士后协会、美国原住民和墨西哥裔科学促进协会、国立卫生研究院（NIH）研究生合作项目
	爱尔兰	爱尔兰大学协会《Ph. D 研究生技能申明》
	加拿大	加拿大研究生协会（CAGS）
大学	英国	帝国理工学院、玛丽女王大学、曼彻斯特大学、爱丁堡大学、约克大学、威尔顿大学、谢菲尔德大学、谢菲尔德哈勒姆大学、阿尔斯特大学、布拉德福德大学、巴斯大学、卡迪夫大学、萨塞克斯大学
	美国	密苏里大学、明尼苏达大学、匹兹堡大学、阿拉巴马大学、爱荷华州立大学、北卡罗来纳大学教堂山分校、佛罗里达大学、华盛顿州立大学、康涅狄格大学、马塞诸萨大学波士顿分校、塔城大学、塔夫斯大学
	澳大利亚	悉尼大学、悉尼科技大学、新英格兰大学、阿德莱德大学、福林德斯大学、邦德大学、昆士兰大学、凯佩拉大学、莫纳什大学、南澳大利亚大学
	荷兰	鲁汶大学、莱顿大学、瓦赫宁根大学
	加拿大	多伦多大学
	爱尔兰	爱尔兰大学、都柏林大学
其他	会议、个体	澳大利亚教学论坛、台湾清华大学彭明辉教授研究生手册、加拿大多伦多大学教授博客等

注：部分政府机构和大学发表多份文件。

筛选后的案例中有关博士生或研究者的能力说明，基本上都是经过大学教授、科学家以及相关管理者等专家的研讨而形成，因此具有较高的可信度。样本覆盖美国、英国、法国、澳大利亚、爱尔兰、荷兰和加拿大 7 个博士生教育和科研实力较为发达的国家，一定程度上代表了当前国际上较高水准的博士生教育和研究水平以及未来的发展方向。此外，为保持原始术语的准确性，笔者在初次与二次编码过程中，都是基于英文原始材料，编码所形成的上位节点，同样采用英文概念。

（二）范畴提炼与框架构建

1. 开放式编码。

所谓开放式编码是在无理论预设的情况下，先对文本材料中的原始话语贴概念标签，再予以范畴化。为了最大限度地避免原始文本信息的失真，研究在开放式编码与主轴编码过程中都采用英文材料中的原始概念。通过对案例文本的通读以及逐词逐句鉴别，获得 855 条原始语句，并在此基础上，通过反复分类、整合与比较，提炼形成 79 个初始概念，考虑到编码形成概念的解释力，笔者剔除了参考点少于 4 次的初始概念，最终共获得 67 个初始概念。

在对文本初始编码进行严格比对与删减之后，研究共获得具有学术科学研究特征的 52 项指标。为了直观呈现初始编码的分布特征，研究按照开放编码参考点数的多寡进行了降序排列，从表 3 －2 中可以清晰地看出，出现频次最高的前 10 位初始编码依次是创新能力、批判性思维、研究伦理、项目管理、面向同行的表达（同行交流）、团队合作、撰写研究论文、发展学术网络、问题解决能力和研究领导力，其中，初始编码所参考的次数均超过了 25 次。值得注意的是，在这 10 项初始编码概念中，参考次数高于 45 次的前三项全部集中于个体的智力品质与学术品德上，这充分表明，对于科学家而言，科学研究首先是一项智力探究事业，是帕森斯所指的认知理性主导的探究活动①，创新能力、批判性思维以及研究伦理是作为一个优秀科学家所需具备的最为核心的素质。而在其余的七项指标中，除撰写研究论文和问题解决能力之外，全部属于人际交互能力，这与前文研究中所发现的科研工作发展趋势非常吻合，说明现代科学研究是一项集体性活动，科学家的成功离不开广义上的学术同行支持，以及高效的研究管理和领导能力。

① Light D. , Introduction：The Structure of the Academic Professions. *Sociology of Education*, Vol. 47, No. 1, 1974, P. 6.

表 3－2　　初始编码及参考点数

序号	节点	参考点数	序号	节点	参考点数
1	创新能力	48	27	逻辑思维	9
2	批判性思维	47	28	研究者的责任感	9
3	研究伦理	46	29	语言技能	8
4	项目管理	43	30	知识产权知识	8
5	面向同行的表述	41	31	学术诚信	8
6	团队合作	39	32	毅力	8
7	撰写研究论文	33	33	承诺	8
8	发展学术网络	29	34	动机	8
9	问题解决能力	27	35	参与学术共同体	7
10	研究领导力	25	36	知识深度	7
11	独立	23	37	知识宽度	7
12	提出研究问题能力	21	38	实验操作	7
13	分析能力	20	39	实验室安全	7
14	方法论知识	19	40	研究数据管理	7
15	学科知识	19	41	面向公众的写作	6
16	数据和信息收集	19	42	撰写研究报告	6
17	研究设计	17	43	知识前沿	6
18	撰写资助申请	16	44	与同事共同工作	6
19	研究评价能力	13	45	学术写作	6
20	团队管理与领导技能	11	46	实验室技术	5
21	学习能力	10	47	学术规范	5
22	指导学生研究	10	48	探究	5
23	撰写研究申请书	9	49	发展假设	4
24	面向公众的表达	9	50	实验室管理	4
25	跨学科知识	9	51	与 PI 或指导者共同工作	4
26	研究结果解释	9	52	好奇心	4

此外，研究以编码参考点数超过 20 次的初始概念为例，对初始编码的过程和信息来源加以说明，考虑到篇幅的有限性，笔者仅选择比较有代

表性的原始资料来说明初始编码的来源。如表 3 – 3 所示。

表 3 – 3　部分开放编码结果及原始话语样例

开放编码	原始语句
提出研究问题能力	法国高管就业协会和德勤：制定一个研究问题的能力 教授博客 doing a PhD：对于研究者而言，确定研究问题的能力，是一项非常重要的能力
分析能力	昆士兰大学：博士生应具备分析研究数据和得出合理结论的能力 科技设施委员会：博士生需要具有量化数据分析的能力
独立	澳大利亚国家研究生素质工程：博士生应该具有独立自主的个性和智识品质 悉尼大学：博士生应该能严谨地、独立地思考
研究领导力	帝国理工学院：作为帝国理工学院的研究者，将从事并习得创新和领导研究的技能，这些技能在学术研究领域内外都十分重要 美国博士后协会：科学家需要具备领导能力，具体包括：创设愿景和设定目标；组织会议；分配任务；激励他人
问题解决能力	爱尔兰国家指南：设计和应用研究方案解决所要研究的问题，并有效地解释研究结果 新英格兰大学：研究生应习得运用逻辑、批判性和创新性思维解决相应的问题
发展学术网络（networking）	爱丁堡大学：博士生应发展和维持关系与广泛的网络（例如，博士研究者同行，同领域内的其他研究者），以便交流信息，发展作为研究者的技能，并建立自己的声誉 明尼苏达大学：博士生需要识别、寻找机会与对自己研究和专业实践感兴趣的研究者进行会面、交流
撰写研究论文	鲁汶大学：博士生的论文写作应做到清晰、准确、简洁 密苏里达大学：博士研究生应按照论文发表的要求进行草稿创作
团队合作	邦德大学：研究生应该拥有在团队中相互合作、促进学科或专业发展的技能 Beyond the codon：必须具备与实验室内其他成员交往合作的能力，尤其是当遇到困难或者需要帮助的时候，这对取得成功非常重要
面向同行的表达	康涅狄格大学：可能做了世界上最好的研究，但是如果不向其他人解释，那努力就可能被浪费 曼彻斯特大学：表达技能对于教学和会议发言都十分重要，含糊地汇报自己的研究论文是无法接受的，需要以自信的姿态，坚定的眼神接触，铿锵有力的声音来呈现自己的研究

续表

开放编码	原始语句
项目管理	爱丁堡大学：研究者应具备项目管理能力，如有效规划、审查和监控项目的进展，并在有必要的情况下，发展新的替代计划 加拿大研究生理事会：博士研究生应该发展项目管理的技能，通过设置研究目标、过程时间表，或工作优先次序的安排来有效地进行项目管理
研究伦理	法国高管就业协会和德勤：科学家在从事研究活动时应意识到研究的相关性以及对环境产生的影响 美国博士后协会：负责任的科学家应能识别并减轻不当的研究行为，有能力恰当地从事有关人体以及动物的研究
批判性思维	伦敦玛丽女王大学：研究者能对信息的来源、价值、有效性和流通性做出批判性评价 悉尼大学：研究者应该能够在创造新理解过程中运用批判性思维和判断
创新能力	加拿大研究生理事会：博士生应该跳出常规思维，保持开放头脑，想象不可能，发展创造性思考的能力 南澳大利亚大学：博士生应掌握创造新知识的方法，能够创造、批判和评价新的以及重要的科学知识

2. 初始概念范畴化。

经过首轮开放式编码及清洗之后，剩余的初始概念数目仍然较大，且杂乱无序。因此笔者在此基础上，根据概念的亲近性和逻辑关系，进一步发展上位概念，进行初始概念的范畴化。通过反复比较、权衡，研究最终聚类形成 8 个主要范畴。

表 3－4　　　　主轴编码的过程与参考点

范畴化	初始概念及参考点	关系内涵	参考点数
学术志趣与品质	好奇心（4）；探究（5）；承诺（8）；动机（8）；毅力（8）；独立（23）	个体的兴趣、志向与个性是成为研究者的先决条件	56
研究伦理与责任意识	学术规范（5）；学术诚信（8）；研究伦理（46）；研究者的责任感（9）	学术道德、规则和责任意识是学术共同体成员应恪守的信念伦理	68

续表

范畴化	初始概念及参考点	关系内涵	参考点数
学科知识与方法技能	知识前沿（6）；知识深度（7）；知识宽度（7）；知识产权（8）；跨学科知识（9）；方法论知识（19）；学科知识（19）；语言技能（8）	扎实、全面的知识储备与工具性技能是研究者的基本要件	83
科学思维与认知能力	逻辑思维（9）；批判性思维（47）；创新能力（48）；学习能力（10）；提出研究问题能力（21）；问题解决能力（27）；研究评价能力（13）；分析能力（20）	卓异的智力品质是优秀科学家的核心要素	195
研究实施能力	发展假设（4）；研究设计（17）；实验室技术（5）；实验操作（7）；实验室安全（7）；数据和信息收集（19）；研究数据管理（7）；研究结果解释（9）	常规研究技能是研究者需要掌握的必备能力	75
研究呈现能力	面向公众的写作（6）；撰写研究报告（6）学术写作（6）；撰写研究计划（9）；撰写研究申请（16）；撰写研究论文（33）；面向公众的表达（9）；面向同行的表达（41）	根据对象的差异，选择不同的沟通、交流方式是研究者需要掌握的基本技能	126
研究合作与交往能力	与PI或指导者共同工作（4）；与同事共同工作（6）；指导学生研究（10）；团队合作（39）；参与学术共同体（7）；发展学术网络（29）	与学校内外的同行相互合作、交往对科学家越来越重要	95
研究领导与管理能力	实验室管理（4）；团队管理和领导技能（11）；项目管理（43）；研究领导力（25）	研究管理和领导技能是成功科学家的必要素质	83

注：括号内为二级编码的参考点次数，右侧参考点数为同行相应参考点的总计。

在范畴化所形成的这8类概念里面，如果按照参考点总数来看，大致可分为三个层次。

首先，参考点数超过100的能力范畴共有两类：一是科学思维与认知能力，选中频次高达195次，远高于其他范畴。具体包括创新能力、批判性思维、提出研究问题能力、问题解决能力和分析能力等8个初始概念。二是研究呈现能力，参考点数也达到126，集中体现为研究者在学术共同体内部与专业同行相互交流的能力，这不仅是科学家相互交流思想和观念的重要方式，而且是个体获取学术共同体认可的主要渠道，因此，在本次编码中，面向同行的表达与撰写研究论文能力所参考的次数分别有 41、33 次。

其次，在这两类概念之后，选中频次较多的是研究合作与交往能力、研究领导与管理能力、学科知识与方法技能，参考点总数分别为 95、83、83。这与现代科学研究的特征相符，与不同地位的人共同工作、团队合作在当下的自然科学研究中已经成为一种常态，也是个体和团队开展科学研究的基本要求。不过出乎意料的是，发展学术网络（networking）的能力在本次编码中脱颖而出，成为研究合作与交往能力概念中，参考点数仅次于团队合作的初始编码，达到 29 次，这也印证了法国高管就业协会和德勤公司所做的判断，网络关系的构建对于提升科学家与他人的合作便利性以及研究影响力具有重要价值。而在研究领导与管理能力概念之下，相关科学组织与大学最为看重的是研究者的项目管理和研究领导力，二者选中次数分别为 43、25 次，成功的科学家不仅能够有效地管理负责的科研项目，而且需要具有卓越的科研领导力，能够号召与影响他人开展研究事业。

最后，节点参考次数相对较少的三类范畴为研究实施能力（75）、研究伦理与责任意识（68）和学术志趣与品质（56）。其中，在科学家的志趣与品质概念中，最为重要的品质是独立，选中频次达到了 23 次，远超其他个性特质。通过对原始文本的分析，发现在此所谓的独立，更多是指研究者需要具备独立自主地思考和做出判断的精神品质，换言之，在现代科学研究体制下的一名出色的科学家，应该是既有自己的独立思考和判断，又能与他人共处合作。

3. 主范畴与概念框架的探索性构建。

为了进一步明确概念之间的相互关系，发展主要范畴，笔者继而通过对已有概念属性进行分析和归类，围绕“研究”这一核心，区分出直接性与间接性、基础素质与专业能力两个维度，在形成的矩阵中共包括 4 个主范畴。根据直接性与间接性的划分，研究认为学术志趣与品质、合理的知识结构与多元方法和技能是成为一名好的研究者的前提，因此，把学术志趣与品质、研究伦理与责任感归纳为学术志趣与品德；把专业理论知识、方法技能知识归纳为学科知识与方法技能。这两对范畴内素养与能力训练的目的在于为具体研究提供准备，有着很强的内隐性、间接性，很大程度上决定了研究者的发展潜力。与此相对，合作与管理能力、科学思维与研究能力两对范畴则与具体的研究直接相关。按照基础素质与专业能力的区分，研究认为，学术志趣与品德、研究合作与管理能力带有很强的个性特征，是开展研究所需具备的基础性科研素养。而学科知识与方法技能、科学思维与研究能力则是研究者的核心知识与能力，具有很强的专业性，因研究者的学科、领域不同而相异。如图 3 －4 所示。

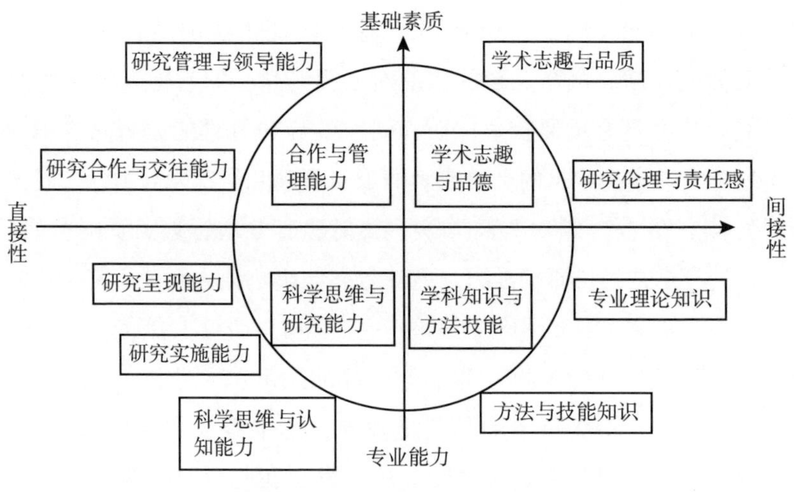

图 3 －4　主范畴的归类与关系

从图 3 －4 中可以看出，在间接性——基础素质象限中，主要包括具有明显个体特性的学术志趣与品质、研究伦理与责任感；在间接性——专业能力象限中，包括的素养与能力为专业理论知识、方法技能知识；在直接性——专业能力象限中分布的研究者素养与能力为科学思维、研究实施能力与研究呈现能力；在直接性——基础素质象限中包含的素养与能力为研究合作与交往能力、研究管理与领导能力。

与此同时，研究对初始编码、主轴编码和新形成的范畴进行了系统化的处理，按照相互之间的逻辑归属，构建形成博士生的研究者素养与能力框架。其中素养与能力体系共分为学术志趣与品德、学科知识与方法技能、科学思维与研究能力、研究合作与管理能力 4 个范畴，除科学思维与研究能力范畴外，每个范畴包括 2 个一级指标，每个一级指标又包括若干个二级指标和三级指标。最终共获得 9 个一级指标，21 个二级指标和 44 个三级指标。具体如表 3－5 所示。

表 3－5　　博士生的研究者素养与能力框架

<table>
<tr><th>范畴</th><th>一级指标</th><th>二级指标</th><th>三级指标</th></tr>
<tr><td rowspan="7">学术志趣与品德</td><td rowspan="3">学术志趣与品质</td><td>兴趣</td><td>好奇心；探究</td></tr>
<tr><td>志向</td><td>承诺；动机</td></tr>
<tr><td>品质</td><td>毅力；独立</td></tr>
<tr><td rowspan="4">研究伦理与责任感</td><td rowspan="3">研究伦理与道德</td><td>学术规范</td></tr>
<tr><td>学术诚信</td></tr>
<tr><td>研究伦理</td></tr>
<tr><td>责任意识</td><td>研究者的责任感</td></tr>
<tr><td rowspan="6">学科知识与方法技能</td><td rowspan="3">专业理论知识</td><td>知识深度</td><td></td></tr>
<tr><td>知识宽度</td><td>跨学科知识</td></tr>
<tr><td>知识前沿</td><td></td></tr>
<tr><td rowspan="3">方法与技能知识</td><td colspan="2">方法论知识</td></tr>
<tr><td colspan="2">知识产权知识</td></tr>
<tr><td colspan="2">语言技能</td></tr>
<tr><td rowspan="10">科学思维与研究能力</td><td rowspan="2">科学思维与认知能力</td><td>科学思维</td><td>创新能力、批判性思维、逻辑思维</td></tr>
<tr><td>认知能力</td><td>提出研究问题能力、研究评价能力、问题解决能力、分析能力、学习能力</td></tr>
<tr><td rowspan="4">研究实施能力</td><td rowspan="2">研究假设与设计</td><td>发展假设</td></tr>
<tr><td>研究设计</td></tr>
<tr><td rowspan="2">操作技能</td><td>数据和信息收集；研究结果解释；研究数据管理</td></tr>
<tr><td>实验室技术；实验操作；实验室安全</td></tr>
<tr><td rowspan="4">研究呈现能力</td><td rowspan="3">文字表达能力</td><td>撰写研究计划；撰写研究申请</td></tr>
<tr><td>撰写研究论文；撰写研究报告</td></tr>
<tr><td>面向同行的写作、面向公众的写作</td></tr>
<tr><td>口头表达能力</td><td>面向同行的表达、面向公众的表达</td></tr>
</table>

续表

范畴	一级指标	二级指标	三级指标
合作与管理能力	研究合作与交往能力	团队合作能力	与PI或指导者共同工作；与同事共同工作；团队合作；指导学生研究
		学术交往能力	发展学术网络
			参与学术共同体
	研究管理与领导能力	组织管理	实验室管理；团队管理和领导技能；项目管理
		研究领导力	

三、博士生素养与能力框架的检验与能力发展的解释

（一）博士生素养与能力框架的检验与比较

为了检验本书所形成的博士生素养与能力框架指标的有效性，研究选取了中国、美国、英国、澳大利亚和爱尔兰五个国家的6份具有代表性的博士生或研究者能力框架进行比较。其中，中国研究者素养与能力要求的主要依据是国务院学位委员会和教育部在2013年联合印发的《博士、硕士学位基本要求》（以下简称《基本要求》），该要求被称之为我国研究生教育质量的首部“国家标准”[①]，由于博士学位基本要求按照一级学科分类制定，因而在此选取了物理学一级学科博士学位基本要求进行比较。美国的研究者素养与能力要求参考的是全美博士后协会核心能力委员会（2007～2009）制定的《博士后核心能力》[②]，以及卡内基基金会的博士生教育创新计划（CID）发布的“自然科学管家培养指导原则”[③]。此外，英国、澳大利亚和爱尔兰所参考的文本也都具有权威性，分别为英国职业研究与咨询中心“简历”项目（Vitae）制定的《研究者发展框架》、澳大利亚学习与教学委员会（ALTC）发布的国家研究生素质工程（NGAP）

① 国务院学位委员会第六届学科评议组：《一级学科博士、硕士学位基本要求》，高等教育出版社2014年版。

② National postdoctoral association. Rationale for Core Competencies. http：//www. nationalpostdoc. org，2017.

③ ［美］克里斯·戈尔德，乔治·沃克：《重塑博士生教育的未来》，刘俭译，上海交通大学出版社2015年版。

和爱尔兰高等教育署（HEA）和素质与资历评审机构（QQI）联合制定的《博士教育国家框架》。

由于本书形成的博士生素养与能力框架主要聚焦于学术研究领域，因此非学术性的能力指标（如一般性的可迁移能力、通用能力）并没有纳入比较当中。从表3－6中可以看出，就整体而言，与笔者所构建的能力指标比较接近的是英国职业研究与咨询中心“简历”项目（Vitae）开发的《研究者者发展框架》和我国学位委员会和教育部印发的《基本要求》，但相比之下，非常明显的是，英国职业研究与咨询中心“简历”项目（Vitae）的能力指标虽说面面俱到，但弱化了具体的科学研究能力指标，有关研究者的素质与能力指标在表述上和非学术领域的职业要求相混淆，没有突出学术研究领域的特征。我国的《基本要求》主要倾向于对学术科学研究者素养和能力的规定，不过不足之处在于：一是忽视了研究者学术志向与品质的阐述，关于研究者所需具备的独立自主、坚持不懈和学术献身等个人品质并没有在文本中涉及；二是没有提及研究者的责任意识，虽然在科学界有价值中立的传统，但随着科学研究卷入越来越多的军事、商业领域，对如何确保科学研究成果造福人类的强调，从20世纪发表《罗素—爱因斯坦宣言》以来，就不断得到增强，尤其是在埃茨科威兹提出所谓的三螺旋模型和创业科学之后，①科学研究的社会责任问题愈发凸显；三是对学术交往能力和研究领导力等社会关系指标重视不够，这在一个日益强调跨领域、跨学科和跨国界科学交往与合作的时代潮流中，对于科学家而言，学术交往能力和研究领导力的缺失就会变得有些故步自封。此外，《基本要求》中的基本素质和学术能力的8个一级指标没有进一步严格区分二级指标，导致一级指标的具体内涵有诸多交叉与重复，缺乏严密逻辑。

另外，从具体指标来看，研究所形成的能力指标框架与其他能力指标体系都共同认为，科学家应具备以下的基本素质与能力：研究伦理与责任感、学科知识体系（学科与跨学科知识）、研究评价、批判性思维、创新

① Etzkowitz H, Viale R., Polyvalent Knowledge and the Entrepreneurial University: A Third Academic Revolution? *Critical Sociology*, Vol. 36, No. 4, 2010, pp. 595－609.

能力、专业表达能力以及团队合作能力。不同之处在于，本书的素养与能力框架不仅明确了学术科学家所需具备的主要素质，譬如研究者的学术志趣与品德、学科知识与方法技能以及科学思维与研究能力等，而且突出在未来科学研究中，面对科学研究与工业、商业的结合日益紧密，科学研究的团队化、网络化与国际化等发展趋势，研究者所应发展的能力，如掌握知识产权知识、发展学术交往能力、提升组织管理与研究领导力等，见表3－6。

表3－6　本书的素养与能力框架与各国代表性标准的比较

能力指标	学位委员会（中）	职业研究与咨询中心“简历”项目（Vitae）	全美博士后协会（美）	卡内基CID（美）	研究生素质工程（澳）	博士教育国家框架（爱）	合计
1.1 兴趣	√	√	×	√	√	×	4
1.2 志向	×	√	×	√	√	×	3
1.3 品质	×	√	×	√	√	√	4
2.1 研究伦理与道德	√	√	√	×	√	√	5
2.2 责任意识	×	√	×	√	√	√	4
3.1 知识基础	√	√	×	√	×	√	4
3.2 知识结构	√	—	√	√	×	√	4
3.3 方法论知识	√	√	√	×	×	√	4
3.4 知识产权知识	√	√	×	×	×	×	2
3.5 语言技能	√	√	×	×	√	×	3
4.1 提出研究问题能力	√	×	√	√	×	×	3
4.2 问题解决能力	√	√	×	×	√	√	4
4.3 逻辑思维	×	√	×	×	√	×	2
4.4 研究评价能力	√	√	√	√	√	×	5
4.5 批判性思维	√	√	×	√	√	√	5
4.6 创新能力	√	√	×	√	√	√	5
5.1 研究假设与设计	√	×	√	×	×	×	2
5.2 操作技能	√	×	√	×	√	×	3

续表

能力指标	学位委员会（中）	职业研究与咨询中心“简历”项目（Vitae）	全美博士后协会（美）	卡内基CID（美）	研究生素质工程（澳）	博士教育国家框架（爱）	合计
5.3 分析与解释	√	×	√	×	×	√	3
6.1 文字表达能力	√	√	√	√	×	√	5
6.2 口头表达能力	√	√	√	√	√	√	6
7.1 团队合作能力	√	√	√	×	√	√	5
7.2 学术交往能力	×	√	√	×	×	√	3
8.1 组织管理	√	√	√	×	-	×	3
8.2 研究领导力	×	√	√	×	×	×	2
25	19	20	14	12	14	14	

注：√表示提及，×表示未提及，-表示部分提及。

（二）研究者素养与能力发展特征的解释

基于研究所构建的博士生研究者素养与能力框架，在此，笔者从学术志趣与品德、学科知识与方法技能、科学思维与研究能力、合作与管理能力四个方面展开论述，并借此与传统研究者素质比较，讨论现代博士生素养与能力发展的新特征。

1. 学术志趣与品德。

一百年前，韦伯就曾在《以学术为业》中说“学术生涯是一场鲁莽的赌博”，时至今日，随着学术劳动力市场的饱和，无论是欧洲还是美国，想要在研究型大学获得一份基础研究与教学工作，其难度可谓有过之而无不及，尤其是对刚踏入学术界的青年科学家来说，生存处境更为艰难。对于任何只想通过学术职业来稻粱谋或发财致富的人而言，进入学术行业不啻于是一场漫长的煎熬或灾难。因而学术职业的选择，无疑需要个体有坚定的学术献身精神和远大的职业抱负，并将学术研究当作职业来追求。不过与其他职业不同的是，学术职业虽说无法在物质、经济上给个体带来满意的回报，但其吸引人的地方在于个体可以循着好奇之心自由地探索未知，抑或用赫胥黎的话说“挑动他们心弦和激情的是对知识的热爱与对事物起因发现的喜悦”。[①] 如果没有这种发现未知的乐趣或激情作为动力，科学研究将会很难获得成功[②]，科学职业生涯也会索然无味。当然，除了个体的学术志向和持续的激情，在推进知识疆域的未知探索过程中，往往充满了风险和不确定性，研究者需要具有独立自主思考与做出正确判断的品质，以及面对困难或是旷日持久、枯燥乏味的研究工作，能够百折不挠、坚持不懈地追求目标的勇气和毅力。[③] 这些个性品质对于一名优秀的科学家来说都是必不可少的。

此外，如同医生职业中流传的“希波克拉底誓言”一样，科学界也有自身的价值规范，默顿在 1942 年提出科学道德规范之后迅速得到科学共同体的广泛认可，普遍主义、公有性、无私利性以及有组织的怀疑态度成为每一名科学家遵守的基本规范。正如默顿所言，科学研究过程中个体所应遵守的学术规范、学术诚信以及学术伦理和对人类与社会的责任感，例如，剽窃、欺骗、数据篡改以及违规操作等禁律，不仅仅只是一种显性的纸上知识，而是通过戒律或赞许的形式，借助于制度性价值而合法化，并被科学家所内化，演化为科学良知，[④] 成为研究者所应具备的一种科学研究品德。

不过随着科学研究在大学内部日益组织化、制度化，在外部越来越多地卷入工业、商业活动，传统意义上的科学规范受到的威胁与冲击逐渐增多。特别是进入所谓的大科学、“后学院科学”（post-academic science）时代，科学所处的社会环境发生了很大变化，对科学社会价值与经济功能的强调，在一定程度上淡化了科学研究的自主性、公有主义和无私利性[⑤]，面对齐曼在后学院科学时代所提出的 PLACE 原则（归属性、局部性、权

---

① Carty J J. The Relation of Pure Science to Industrial Research. *Proceedings of the American Institute of Electrical Engineers*, Vol. 35, No. 10, 1916, P. 1415.

② 鲁白：《事业选择：学术界与工业界科学家的区别》，载《科学新闻》2011 年第 2 期。

③ ［美］哥德史密斯、孔洛斯、戈尔德：《芝加哥学术生涯规划：从研究生到终身教授》，吴波、叶丽芳、梁辰译，高等教育出版社 2012 年版。

④ ［美］R. K. 默顿：《科学社会学》，鲁旭东、林聚任译，商务印书馆 2009 年版。

⑤ 刘军仪：《科学规范的理论辨析——从学院科学到后学院科学时代》，载《比较教育研究》2012 年第 9 期。

威性、定向性和专门性)[①]，研究者的学术道德、科学规范以及社会责任意识受到了更大的挑战，即本书所指的研究责任与研究伦理。这种新的科学价值观要求研究者将自己的学术研究与社会需求相结合，选择具有较大社会和经济价值的研究议题；要求研究者更多地参与面向普罗大众的科学普及活动，有效地将自己的研究成果介绍给公众；要求研究者评估所从事研究对人、动物、环境以及社会的影响，关注研究对象的权利与发展。

2. 学科知识与方法技能。

传统博士生教育所追求的是对学生专业化、精深的训练，一名合格的研究者是所研究领域的专家，然而随着科学研究分化导致知识系统的分门别类，过度专业化的缺陷虽然在短期并无大碍，但从长远来看，势必会构成研究方向与结果进一步拓展的藩篱。有鉴于此，有学者提出，研究者合理的知识结构应该是 T 形状的，研究者不仅应具备竖线所代表的知识深度，而且要拥有横线所表示的知识宽度。[②] 其中，在知识生产模式转变的背景下，对个体知识宽度的强调尤为突出，多学科的知识结构与学习能力对研究者的发展具有重要意义。不过对于自然科学研究者而言，物理、生物等都市型学科的研究往往具有很强的即时性与竞争性，[③] 研究者需要掌握研究领域前沿的科学动态，故而从科学研究工作的特点来看，一个更为贴近实际的知识结构应该是“三维立体形”，即除了需要有较好的知识深度之外，还应保持知识的“宽度”与“新度”。精深、扎实的专业知识是专业研究者的根基，宽广、多学科的知识视野可以为研究者提供多种向度与可能性，而及时、前沿的科学知识则有助于研究者对科学发展方向做出敏锐和明智的判断。

此外，不同于科学研究的古典时期，科学家依靠自身禀赋，主要关心研究本身。现代科学研究已经从私人实验室走向公共社会，一方面，科学

① ［美］约翰·齐曼：《真科学：它是什么，它指什么》，曾国屏译，上海世纪出版社 2002 年版。

② ［美］克里斯·戈尔德、乔治·沃克：《重塑博士生教育的未来》，刘俭译，上海交通大学出版社 2015 年版。

③ ［美］托尼·比彻、保罗·特罗勒尔：《学术部落及其领地》，唐跃勤、蒲茂华、陈洪捷译，北京大学出版社 2015 年版。

家之间的互动交流日益频繁，不断增加的国际合作与科研竞争促使研究者紧密关注同行的知识发现，因此在以英语为学术通用语言的当下科学世界中，对非英语国家研究者的英语交流能力提出了更高要求；另一方面，随着科学研究在知识经济社会中卷入程度的加深，研究者们开始逐渐面对或走向市场，这要求新时代的科学家理应掌握处理工业研究事务的知识或技能，如与其直接相关的知识产权知识等。

3. 科学思维与研究能力。

良好的知识储备是科学创新的前提，但仅靠渊博的知识并不意味着就能产生好的科学研究。面对浩瀚如海的知识宝库以及纷至沓来的科学信息，作为一个研究者首先应当具有培根笔下“蜜蜂”的甄别、选择和判断能力，这要求研究者能够怀疑现存知识、深刻理解所在学科中经典的相互冲突的范式；能运用逻辑思维进行归纳综合与演绎推理；对既有理论知识或权威观点、判断做出批判性思考；对已有的结论或常规认识保持一种开放性、批判性和复杂性的态度。在此基础上，更为关键的是，研究者是否具有强大的创造才能，能否提出超凡想象力的创见。正如所言诺贝尔生理学—医学奖获得者梅达沃（Medawar）所言：“真理是不会静静地躺着等待着宣告自己的存在……每一个发现，每一个理解的扩展，都始于对真理可能是什么的想象性预设……这种富有想象力的预设——假说——是由一种如同创造性思维一样容易或难以理解的过程发起的，它是灵机妙想，是灵感乍现，也是洞察力闪耀的产物。总之它是一种内在的品质，是无法通过可言说的发现技艺而达至。”①

就具体的科学研究过程来看，一项重要的科学研究往往始于一个有价值的研究问题，因此发现或提出研究问题的能力就显得尤为重要，正如爱因斯坦所言：“提出（发现）一个问题往往比解决一个问题更为重要，因为解决一个问题也许只是一个数学上或实验上的技巧问题。而提出新的问题、新的可能性，从新的角度看旧问题，却需要创造性的想象力，而且标志着科学的真正进步。”而研究问题一旦确定之后，研究者就需要基于理

① Medawar P. B. , Advice to A Young Scientist. New York：Harper & Row，1981，P. 84.

论知识、理性思维、想象力甚至是经验提出假设。接下来，更多的日常研究活动则是一个做实验验证假设的过程，如设计实验，掌握实验方法与技术、熟练操作技能、记录实验数据，并对研究结果做出分析与解释等。这些常规性的研究活动虽然看似枯燥，但绝非是简单的机械操作，研究的实施过程同样需要研究者缜密的思考。①

此外，受到学术内部、外部环境的影响，在现代科学体制与生态中，专业表达能力的重要性正在逐渐凸显出来。这种专业表达能力既指学术写作能力，又包括口头表达能力；不仅面向科学共同体内部，而且面向非专家群体。其中，从科学内部同行之间的交流来看，被视作发现优先权和学术认可证明的论文写作发表，以及专业的演讲与表达能力早已成为研究者的必备技能。但是随着科研与政府、工业和社会联系的日益紧密，学术同行内部的这种专业交流能力已经远远不够，研究者需要走出象牙塔，面对不同的利益相关方，清楚、准确地表达自己的需要和意见，例如，面对科研经费赞助方，研究者应能撰写具有说服力的研究申请书与研究计划，赢得科研资助机构的青睐，确保科学研究的持续开展；面对政府科研政策的制定者，科学家应能用非专家可以理解的话语去沟通和参与；面对社会大众，科学家应通过科普写作或公共讲座的方式，承担科学相应的社会服务和科学责任。

4. 合作与管理能力。

科学研究进入所谓的“大科学”时代后，科学家的工作形态发生了非常鲜明的变化，研究者之间的学术交流、研究合作日益紧密，许多杰出或重大的科学研究成果基本出自师徒合作之手或大型科研团队，普莱斯②以及朱克曼③等人的研究很好地说明了这一点。不同于历史中科学家单打独斗、遗世独立的形象，在强调分工协作、集体攻关的现代科学研究组织模式下，要求研究者具有良好的合作能力、沟通与协调能力，研究者应掌握

① ［英］南希·罗斯韦尔：《谁想成为科学家?：选择科学作为职业》，乐爱国译，上海科技教育出版社 2006 年版。

② ［美］普赖斯：《小科学，大科学》，宋剑耕、戴振飞译，世界科学出版社 1982 年版。

③ ［美］哈里特·朱克曼：《科学界的精英——美国的诺贝尔奖金获得者》，周叶谦、冯世则译，商务印书馆 1982 年版。

与不同地位的人合作共事的技能，如指导教师或PI、研究同事以及学生等。此外，随着不同部门、学科、区域以及国家之间科学合作越来越普遍，以及科学家之间研究合作需求的不断增强，这在客观上对研究者的学术交往和合作能力提出了更高要求。具体而言，一方面，研究者需要积极参与学术共同体，加强与学术同行的交流，构建并发展自己的学术网络，为科研的顺利开展与拓展提供支持；另一方面，应具备在不同情境下开展合作交流的能力，与其他学科研究者、不同机构研究者和国际同行进行有效合作。

事实上，在科研合作研究加速发展的同时，科学家的研究形式也逐渐结晶为一种依赖特定赞助的科研团队。特别是在政府、工业、国防等外部机构的持续资助和博士生教育数量稳步提高的情形下，这种科研团队的体量得到不断扩大，面对巨额科研经费、高昂实验设备以及复杂的利益相关方，科学家的角色已经早已超越了单纯的科学研究本身，而同时肩负着研究管理者和领导者的职责。对于以高级科学家为职业目标的研究者来说，需要为发展良好的团队管理和研究领导能力做出准备，不仅包括具体的实验室管理、团队人员管理、科研项目管理等日常管理技能，而且需要具备卓越的研究领导力，激励研究成员做出重要科学成就的能力。

第三节　小　　结

研究者素养与能力的变化和科学研究的变迁有着密切联系，如果说科学革命带给研究者的是科学价值观和知识结构的更新，那么科学组织与外部环境的变革则对研究素养和能力的型塑具有直接影响。20世纪以来的几次重要历史事件在塑造现代科学研究者形象上发挥了重要作用，例如，柏林大学的建立，让业余科学家进入大学成为职业研究者；第二次世界大战中间军事的需要，使得研究从个体主导转变为组织主导，大科学时代的到来，增强了研究者对大型科学仪器、科研赞助方和同行合作的依赖；20世纪70年代，新自由主义的兴起，让大学科研和研究者走向市场，学术资本主义的盛行，对研究者的价值观与素质提出新的要求，如服务社会经济需求价值、研究责任意识、科研伦理、科研管理与合作以及知识产权知识，等等；冷战结束后，全球化与科技革命加速前进，错综复杂的国际、环境、社会与科技问题，推动了科学研究跨学科与国际化的快速发展，而由此引发的知识生产方式转变、跨国、跨部门间的科研合作对研究者提出了新挑战。

本章基于科学研究发展的新特征，对西方发达国家有关研究者能力的规定进行了全面考察，研究运用质性分析方法，构建了符合学术科学研究工作者特点的科研素养与能力框架。研究认为，21 世纪科学研究者应具有学术志趣与品德、学科知识与方法技能、科学思维与研究能力、合作与管理能力四个方面的素养与能力，具体包括学术志趣与品质、研究伦理与责任感、专业理论知识、方法与技能知识、科学思维与认知能力、研究实施能力、研究呈现能力、研究合作与交往能力以及研究管理与领导力九个方面。与传统科学研究者相比，现代科学研究更为重视研究者的责任意识、知识宽度、知识产权知识、团队合作能力和专业表达能力、发展学术网络能力、项目管理能力和研究领导力等。

第四章
理科博士生素养与能力的形成方式

第三章对博士生作为研究者的素养与能力要素进行了建构，可是从人才培养的角度来看，研究更为关心的议题是研究者的素养与能力是如何形成的，换言之，如何培养这些素质。诺贝尔奖获得者作为科学精英，虽然在其天赋与能力上可能有一些异于常规科学家的特征，但是绝大部分诺贝尔奖获得者都有博士生教育的经历，在博士生阶段有着与其他普通学生相似的科研训练过程。而本书所关心的正是在博士生教育阶段，优秀研究者的素养与能力是如何得到选拔、培育或增值的？外部的要素、条件和制度如何与个体发生互动？出于上述考虑，研究选择这一科学精英群体作为分析对象。

关于科学界精英产生的问题，美国著名科学社会学家朱克曼[①]和匈牙利学者伊什特万·豪尔吉陶伊[②]等人都曾对诺贝尔奖获得者的成长路径做过非常生动、经典的描述与分析，揭示了个体在“通往斯德哥尔摩之路”上早期成长环境、个体教育经历、导师选择以及工作机构条件等因素的型塑作用，不过令人遗憾的是，研究者们对于诺贝尔奖获得者的科研能力形成关键期（博士生教育）的影响要素分析较少。同样，在陈其荣[③]、吴殿

---

① ［美］哈里特·朱克曼：《科学界的精英——美国的诺贝尔奖金获得者》，周叶谦、冯世则译，商务印书馆 1982 年版。

② ［匈］伊什特万·豪尔吉陶伊：《通往斯德哥尔摩之路：诺贝尔奖、科学和科学家》，节艳丽译，上海科技教育出版社 2007 年版。

③ 陈其荣、廖文武：《科学精英是如何造就的：从 STS 的观点看诺贝尔自然科学奖》，复旦大学出版社 2011 年版。

廷[①]和徐飞[②]等人对诺贝尔奖获得者和中国两院院士的研究中，关注焦点也主要集中于所在大学的层次上。故而，从精英研究者的形成来看，博士生教育阶段的社会化历程仍是一个有待探究的黑箱。

本章以诺贝尔奖获得者为对象，首先厘清在研究者所应具备的能力与素养当中，哪些是受先赋性、家庭教养、学校教育或实践经验影响而形成的？哪些是博士研究生教育阶段养成的？在此基础上，进而探究博士生教育阶段所发展的能力是如何培养的？研究依据的案例为1990～2016年物理学与化学领域的113位诺贝尔奖获得者（共127位，其中14位诺贝尔奖获得者的信息缺失），通过建立诺贝尔奖获得者的博士生教育历程数据库，探究研究者的养成方式与成长规律。其中，物理学诺贝尔奖获得者共56位，出生地与博士就读地主要分布在美国、日本、德国、英国、加拿大和俄国；化学诺贝尔奖获得者共有57位，出生地与博士学位获得地主要集中在美国、日本、英国和以色列等国家，如表4－1、表4－2所示。

表4－1　　物理学诺贝尔奖获得者出生地与博士就读地分布

分布	美国	日本	德国	英国	法国	加拿大	俄国	荷兰	其他	合计
出生地	24	6	4	2	1	4	5	2	8	56
博士就读地	27	6	5	3	3	2	4	3	3	

表4－2　　化学诺贝尔奖获得者出生地与博士就读地分布

分布	美国	日本	德国	英国	加拿大	以色列	瑞士	其他	合计
出生地	26	5	1	3	2	2	2	16	57
博士就读地	32	4	2	6	1	4	2	6	

① 吴殿廷、李东方、刘超等：《高级科技人才成长的环境因素分析——以中国两院院士为例》，载《自然辩证法研究》2003年第9期。

② 徐飞、卜晓勇：《诺贝尔奖获得者与中国科学家群体比较研究》，载《自然辩证法通讯》2006年第2期。

第一节　学术志趣形成的时间节点与刺激源

兴趣往往意味着个体心思、情感与时间投放的一种偏好或偏执，这也是为什么成功的科学家都会强调科学兴趣的重要性。但兴趣本身的条件性、可变性与多样性使得科学兴趣的培育、形成和维持增添了诸多变数与难度。事实上，一个人的禀赋可能存在先天差异，但是兴趣的形成却极大程度地仰仗后天所处的环境和经历的事件，特别是孩提时代养成的兴趣有着很强的稳定性。

在历届诺贝尔奖获得者中虽然不乏由于战争动荡、种族迫害、经济窘困等原因，导致童年时期处于颠沛流离、四处奔波或迫于生计而无暇养成自己科学兴趣的案例。但就整体而言，绝大部分诺贝尔奖获得者在幼年时期就形成了科学兴趣，并一直延续、影响到未来的专业和职业选择。根据本文对诺贝尔奖获得者自传中有关科学兴趣的计量分析，可以充分表明这一特征，在汇报过个体兴趣的96名诺贝尔奖获得者中，有78人表示在孩提时代就对科学或数学等智力探索和创造性活动产生兴趣，占比超过了81%。而且在这些对科学有兴趣的未来诺贝尔奖获得者群体中超过一半的人在孩提时代就对未来的专业或职业产生了兴趣，有20位物理学诺贝尔奖获得者童年时期的兴趣与物理学和数学有关，如无线电、电子和机械等。同样在化学领域中，有27位化学诺贝尔奖获得者的早期兴趣为化学和数学。如表4－3、表4－4所示。

表4－3　　物理学诺贝尔奖获得者早期兴趣

物理	绘画、科学	科学	数学、运算	无线电
电子	阅读、力学	构造、音乐、唱歌	收集、气象学	自然
机械、化学、运动	科学、钓鱼、棒球、骑行、爬树	电视构造、电器、技术装备	机械、动力、数学	机械、化学、电器

续表

化学、机械、电器	电子、构造、绘画	技术世界、电子、足球、棒球	爬山、徒步、滑雪	文学、艺术、运动
解迷题、游戏	电子	电子、无线电	科学	数学、物理
体育运动、童子军、爬山	文学、音乐、数学	无线电、数学、物理、足球、篮球、棒球、网球等	制作木制玩具、排球	文学、历史、数学、物理科学
数学、科学	网球	棒球、足球	技术、运输	弓道、物理

表 4－4　　　　　　化学诺贝尔奖获得者早期兴趣

音乐、化学	数学、化学	数学、科学	钓鱼、划船	科学、化学
化学、钢琴	化学	化学、运动	阅读、构造	应用数学、物理
收集昆虫与植物、无线电	人文、历史、文学、阅读	化学、数学、科学	数学、物理、足球、骑行	数学、网球、篮球
数学、土耳其语、法语、化学、足球	阅读、化学、生物、棒球、打击球等	医学、数学、物理、化学和生物、跑步、骑行	科学、实验、游泳、吉他	化学、设计、构造、篮球、足球、棒球
自然科学、钓鱼	构造	构造	化学	文学
音乐	自然	化学	运动、阅读	数学
科学、历史、化学、物理、音乐	数学、物理、文学、历史	科学、数学、体育运动、侦察	体育运动、足球和板球	足球、手枪、录音机实验
科学、电器和机械的构造	生物学、物理学、化学、病理学、社会科学	电子、化学、音乐、材料、数学	植物学、艺术、音乐	摄影、生物学、天文学
化学	数学	阅读、运动、棋	化学	

在很多情况下，影响未来诺贝尔奖获得者在童年产生科学兴趣的因素看似非常偶然，正如伊什特万·豪尔吉陶伊所言：“一本书、一次实验、一套化学装置，或是某个家庭成员、某位朋友和老师就激发了孩子的科学

兴趣。”① 但这些偶然性的科学兴趣刺激物往往与诺贝尔奖获得者的成长条件、科学经历事件和重要他人有着密切关联。

首先，从诺贝尔奖获得者的早年成长环境来看，根据本书自建“诺贝尔奖获得者博士生教育历程数据库”的统计结果，1990～2016 年，诺贝尔奖获得者的家庭主要为教育型、专业型和商业型。以父母亲职业为例，父亲从事最多的几种职业为工程师、商人、大学教授、中小学教师、医生和工人；母亲主要从事的工作为中小学教师、家庭主妇、高中教师和医务人员，而职业为农民、工人和工匠等体力劳动者在父亲职业类别中共有 13 人，占比仅为 15%，如图 4－1、图 4－2 所示。

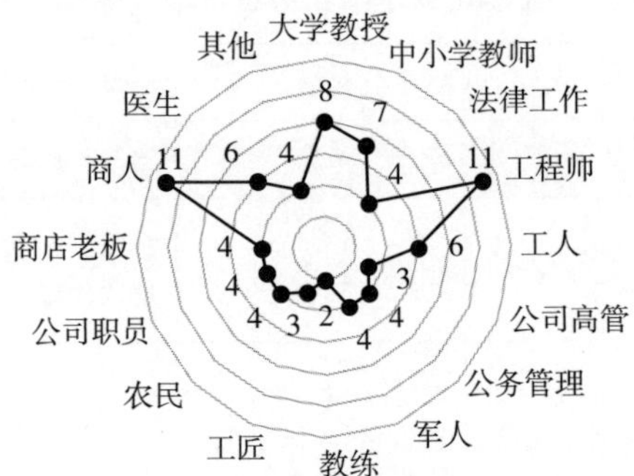

图 4－1 诺贝尔奖获得者的父亲职业

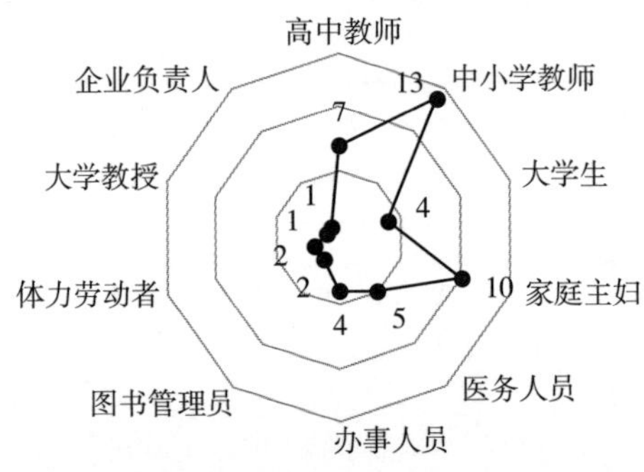

图 4－2 诺贝尔奖获得者的母亲职业

注：其他包括社会工作者、摄影师、音乐家和牧师。

---

① ［匈］伊什特万·豪尔吉陶伊：《通往斯德哥尔摩之路：诺贝尔奖、科学和科学家》，节艳丽译，上海科技教育出版社 2007 年版。

父母亲职业显现出来的这种特征，虽然未必与未来诺贝尔奖获得者的成才有必然因果关系，但是良好的文化氛围和经济条件的确为儿童早期兴趣的培育创造了可能性。为诺贝尔奖获得者的童年提供了多种科学萌芽的刺激物，例如，许多诺贝尔奖获得者提及童年时期家中有很多科学书籍，父母重视学习、阅读等。1996 年，诺贝尔奖获得者罗伯特·柯尔（Robert F. Curl Jr.）就是在 9 岁时，父母赠送给他一套化学装置，激发了他对化学的兴趣，并决定成为一名化学家。① 2005 年，诺贝尔奖物理学奖获得者特奥多尔·亨施（Theodor W. Hänsch）则是因为儿时父亲带他一起参观位于曼海姆的海因里富兰兹公司的冶金实验室，被实验室中的研究者所吸引，从而想在未来成为一名科学家。②

其次，在童年时期，家庭成员对未来诺贝尔奖获得者科学志趣的形成也具有较大的影响，在此阶段形成科学兴趣的诺贝尔奖获得者人数达到 64 人，家庭成员在诺贝尔奖获得者早期科学志趣形成中所起的主要方式为熏陶影响、重视教育、兴趣支持以及激发等。如表 4 -5 所示。

表 4 -5　　1990 ~2016 年诺贝尔奖获得者学术志趣形成的阶段与方式

时期	主体/事件	方式					总计
		支持	影响	培养	重教	激发	
童年（64）	父亲	2	6	3		5	16
	母亲				5	1	6
	父母	12	3	1	13	1	30
	其他家庭成员		9				9
	书籍					2	2
	器材					1	1
小学（1）	小学教师		1				1
初中（7）	初中教师	1	5			1	7

① 罗伯特·柯尔：《罗伯特·柯尔传记》，诺贝尔奖官网，1996 年。
② 特奥多尔·亨施：《特奥多尔·亨施传记》，诺贝尔奖官网，2005 年。

续表

时期	主体/事件	方式					总计
		支持	影响	培养	重教	激发	
高中（13）	高中教师	1	6	2		2	11
	书籍					1	1
	实验					1	1
大学（10）	大学教师		7				7
	书籍					1	1
	实验					2	2
研究生（1）	演讲					1	1
合计		16	37	6	18	19	96

具体来看，诺贝尔奖获得者具有如下特点：

（1）童年时期学术志趣的形成很大程度上受到家庭中较有威望的人的影响。从表4－5中可以看出，父亲是影响儿童确立学术志趣的重要来源，许多诺贝尔奖获得者在回忆父亲对自己的影响时不吝言辞，诺贝尔奖化学奖得主彼得·阿格雷（Peter Agre）在其自传中言道："我父亲是大学化学教授，经常会带领我们参观他的实验室，给我们演示一些简单的实验，在少年时，我就笃信我会追随父亲的职业，父亲就是我心目中的英雄。"① 此外，其他家庭成员也会间接地影响诺贝尔奖获得者童年时期科学兴趣的形成和发展，例如，诺贝尔奖获得者物理学家杰拉德·特·胡夫特（Gerardus't Hooft）在童年时期受到家族榜样叔祖父弗里茨·泽尔尼克（Frits Zernike）（诺贝尔奖获得者）的激励；华裔诺贝尔奖获得者钱永健、朱棣文则是从小生活在学者家庭的熏陶之下，家族中获得博士学位、大学教授以及工程师的亲戚十分普遍，潜移默化地影响了他们的职业选择。

（2）父母对教育的重视是许多诺贝尔奖获得者早期成长的共同特征，这在各个社会阶层或族裔背景中都有体现。根据本书自建的"诺贝尔奖获得者博士生教育历程数据库"的统计发现，在1990～2016年，因父母重

① 彼得·阿格雷：《彼得·阿格雷传记》，诺贝尔奖官网，2003年。

视教育而进入科学轨道的诺贝尔奖获得者达到18人，这些父母有的是知识分子、专业技术人士和商人，还有的是普通公司职员、工人和农民；既有重视教育传统的犹太人和亚洲人，又有英国、美国、德国和俄罗斯人。在这中间虽然出现了专业人士子女和犹太人比例较高的现象，但从具体案例看，似乎无法完全用流行的文化论观点以及谢羽等人所提出的“政治弱势——学术优势”群体逆袭社会上层的观点来解释。① 在这18人中有一些是来自工人、农民和小商人等处于文化弱势的家庭，而不少犹太人则是在以色列长大，并在以色列科研机构中获得诺贝尔奖，故而在以普遍主义法则为主导的科学、教育领域中，杰出科学人才的产生与其说是个别族裔文化或阶层流动意识的作用，不如说是那些有意识地将教育作为阶层上升渠道的家庭作用的结果。

（3）父母对诺贝尔奖获得者少年时期既有兴趣的支持。在1990～2016年，因得到父母支持而发展学术兴趣的诺贝尔奖获得者达到12人，如表4－5所示。这也意味着，对早期儿童的成长来说，父母应保持一种开放、开明的态度，而非管制、约束的方式来帮助孩子找到和发展兴趣。如诺贝尔奖获得者物理学家拉塞尔·艾伦·赫尔斯（Russell A. Hulse）回忆道：“自己从小就对科学充满了好奇心与兴趣，而父母总是一直无条件地、无限制地支持和培养我的兴趣”②；道格拉斯·迪安·奥谢罗夫（Douglas D. Osheroff）也指出：“自己在童年时所感兴趣的活动常常有一定程度的危险，不过父母亲从来不会过分在意或是禁止，有次自制的火枪打破了墙壁，另一次在地下室的实验发生了爆炸，险些伤及右眼，但父母只是给予安全方面的教育，并无斥责。”③

（4）家庭成员对科学兴趣有意识的激发也是许多诺贝尔奖获得者的重要经历。例如，费曼在其回忆中讲到：“在童年时期，父亲会让我坐在他的腿上，通过列举现实生活现象的方法给我讲解《大不列颠百科全

① ［美］谢宇、亚丽珊德拉·A. 齐沃德：《美国科学在衰退吗》，社会科学文献出版社2017年版。

② 拉塞尔·艾伦·赫尔斯：《拉塞尔·艾伦·赫尔斯传记》，诺贝尔奖官网，1993年。

③ 道格拉斯·迪安·奥谢罗夫：《道格拉斯·迪安·奥谢罗夫传记》，诺贝尔奖官网，1996年。

书》……父亲会带我去树林里散步，给我讲树林里正在发生着的各种有趣事情……教导我如何观察事物……他用那些事例和相关的讨论教育我，这里没有压力，只有极可爱、极有趣的讨论。”① 1996 年，诺贝尔奖物理学奖的科学家戴维·李（David M. Lee）的例子也极富代表性，有一次，他从父亲的书架中借到由詹姆士·金斯所著的《神秘的宇宙》一书，父亲告诉他没人能真正懂得书中所写的内容，这点燃了小戴维的好奇心，他立即取走书，开始阅读，并与父亲一起讨论天文宇宙，从此激发了戴维对物理科学的兴趣。②

最后，进入学校教育阶段后，教师开始接替父母，成为影响诺贝尔奖获得者科学兴趣的重要他人。对大部分诺贝尔奖获得者来说，所谓的学术兴趣，更准确地说是专业兴趣，是在学校中通过授课教师富有感染和吸引力的学科教学来“影响”或“激发”的。换言之，随着学校分科教育的开始，学科教师在未来诺贝尔奖获得者早期专业兴趣的确立过程中起到了关键作用，许多诺贝尔物理学奖和化学奖得主提到中学阶段，由于受到物理老师或化学老师的影响，从而喜欢上物理学与化学，如 1994 年诺贝尔奖物理学奖获得者克利福德·G. 沙尔（Clifford G. Shull）最初的兴趣是航空工程，但上高中后遇到一位名叫保罗·戴萨特（Paul Dysart）的物理教师，保罗是一位令人印象深刻的老师，年龄偏大，拥有博士学位，他乐于从他的实验室为学生展示物理现象，并解释背后的原理，这种教学方式让沙尔深受感染，并转而开始对物理科学产生兴趣。③ 统计发现，在整个学校教育历程中，对未来诺贝尔奖获得者科学兴趣影响最为重要的两个阶段是高中和大学，在高中与大学期间，确立专业兴趣或职业目标的诺贝尔奖获得者分别为 13 和 10 人；其次为初中，受教师影响明确科学兴趣的人数为 7 人；对比之下，小学阶段和研究生阶段受教师影响形成或转变专业兴趣的诺贝尔奖获得者则寥寥无几。

---

① ［美］费曼：《发现的乐趣》，张郁乎译，湖南科学技术出版社 2005 年版。

② 戴维·李：《戴维·李传记》，诺贝尔奖官网，1996 年。

③ 克利福德·G. 沙尔：《克利福德·G. 沙尔传记》，诺贝尔奖官网，1994 年。

综上分析，可以看出，对于绝大部分杰出科学家来说，学术志趣的形成主要集中于童年时期、中学和大学阶段，到进入研究生阶段时，大多已经具有非常强烈的专业兴趣、研究爱好或职业目标。此外，从学术志趣的养成来看，主要是通过家族或学校内权威人士的影响、恰当时机的激发以及对童年时显现出的学术兴趣的支持等方式形成，而人为有目的的兴趣培养除了在童年时期有一定作用外，在其他阶段效果并不明显，如图 4－3 所示。故而，以此来看，诺贝尔奖获得者学术志趣的形成主要得益于成长早期良好、支持性的智力条件和榜样人物，真正进入研究生教育阶段之后则不再明显。因此，可以进一步推断，从博士生科研志趣的形成来看，其学术志趣培养的主要职责是在研究生教育之前的家庭、中学和大学，到博士生教育阶段更多的是通过选拔机制来实现。

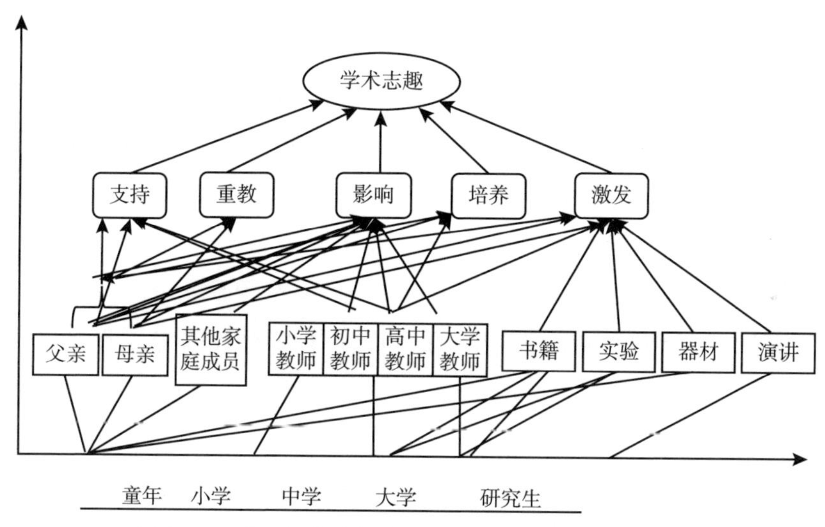

图 4－3　诺贝尔奖获得者学术志趣的形成阶段与方式

第二节　科学家知识结构的外显特征与获得方式

知识的储备和构成很大程度上决定了科学研究的方向、价值和境界，但是由于知识的内隐性，导致众多关于精英科学家知识背景的研究，大多简单以科学家早期就读学校水平作为替代说明[①]。但是严格来说，能否接受精英大学教育主要反映的是个体才能天赋与社会经济背景双重选择的结果[②]，回溯科学精英就读学校的部分研究[③]，也只是反映了精英大学在科学精英形成过程中的筛选作用，并没有揭示大学对科学家成长过程中所发挥的“使能”作用，到底是什么样的教育方式和学习经历促进了未来诺贝尔奖获得者的成长仍是有待揭示的问题。为此，笔者对110位诺贝尔奖物理学与化学奖获得者的知识结构及其教育进行了梳理和剖析，试图借此厘清科学家的知识特征及其培养方式。

一、相近性学科的知识学习特征

宽度与深度一直是个体知识结构塑造中的一对矛盾，过度的专业化会导致个体知识视野的狭窄与发展后劲的不足，而过分强调知识宽度也可能造成学而不精、学无所长的弊端。因此，从科学家培养的长远发展来看，更为合理的状态是在知识宽度与深度的两端之间取得平衡，梳理诺贝尔奖获得者的知识学习经历可以发现，一个显著特征是“相近性学科”的知识学习。其中对于强调精深研究的物理学而言，数学是最为关键和必备的知识支撑，而对于具有较强异质性特点的化学而言，数学、物理学和生物学等都构成了研究者应当掌握的基础知识。

例如，2004年的诺贝尔物理学奖获得者弗兰克·维尔泽克（Frank Wilczek）在其自传中说道：“我虽然在普林斯顿大学攻读数学专业的研究生，但与此同时也密切关注物理学的发展。我注意到物理学前沿领域内含有数学对称的深刻思想，具体而言，如电弱相互作用的规范理论，以及威

①③ 陈其荣、廖文武：《科学精英是如何造就的：从STS的观点看诺贝尔自然科学奖》，复旦大学出版社2011年版。

② ［美］哈里特·朱克曼：《科学界的精英——美国的诺贝尔奖金获得者》，周叶谦、冯世则译，商务印书馆1982年版。

尔逊相变理论中的缩放对称性（scaling symmetry）。因此我在和一位名叫戴维·格罗斯（David Gross）的年轻教授谈话之后，开始了我的物理学家职业生涯。”①

正是相近学科知识的支撑与迁移，促进物理学知识理解的深化与创新。类似的情形也发生在德国诺贝尔物理学奖获得者希尔多尔·W. 汉斯（Theodor W. Hänsch）的身上。

“1961 年毕业后，我进入海德堡大学成为物理系的学生。头两年我的大部分精力都花在学习数学上。相比之下，物理和化学课程只是一种轻松的调节。我对纯粹数学推理的力量和优雅感到敬畏。但不久之后，我意识到抽象形式主义的复杂性有时会偏离真实的物理洞察力。从那时起，我就有了一种强迫，总是试图构造最简单的直观模型来“理解”一种物理现象。这样的模型常常帮助我进行快速的范围估计（magnitude estimates），并迅速剔除不成熟的想法。”②

而在化学学科领域，相近学科知识学习的现象则更为普遍，数学、物理、生物等学科知识的学习都对化学家日后的发展具有重要意义。如 1995 年的诺贝尔化学奖获得者马里奥·莫利纳（Mario J. Molina）在墨西哥国立大学完成化学工程本科专业之后决定攻读物理化学博士：“虽然我在化学工程方面得到充分训练，但对于数学、物理学以及物理化学领域，如量子力学等方面则比较薄弱，因此，我首先去了德国，进入弗赖堡大学花了近两年的时间研究聚合动力学，我意识到需要学习各种基础科目，以拓宽背景，探索其他研究领域。我决定在美国加入研究生课程学习，在巴黎谋划未来的几个月内我自学了数学……最后在 1968 年，我前往加州大学伯克利分校进行物理和化学研究生课程学习。在伯克利的第一年，除了物理和化学课程之外，我还参加了物理和数学课程。”③

2002 年的诺贝尔化学奖获得者库尔特·维特里希（Kurt Wüthrich）在

---

① 弗兰克·维尔泽克：《弗兰克·维尔泽克传记》，诺贝尔奖官网，2004 年。

② 希尔多尔·W. 汉斯：《希尔多尔·W. 汉斯传记》，诺贝尔奖官网，2005 年。

③ 马里奥·莫利纳：《马里奥·莫利纳传记》，诺贝尔奖官网，1995 年。

回忆其大学专业学习时也指出："我在伯尔尼大学学习时，伯尔尼大学的教师和学生数量很少，在1957年只有三名物理学专业学生和七名化学专业学生。我接受的课程包括化学、物理和数学。在这些课程中，线性代数、经典力学、化学热力学，以及合成聚合物的物理化学、蛋白质和核酸的制备生物化学等都给我留下了很好的印象。这样的结合后来也证明为我科学活动打下了一个非常好的基础。"①

由此可以看出，未来诺贝尔奖获得者在知识结构形成过程中有着很强的主动建构特点，他们并没有过早地专注于某一学科或专业之中，而是从长远发展角度，围绕未来专业研究方向，在不同时期积极学习与专业相近的学科知识。大学和研究生初期对相近学科的知识学习在其未来研究过程中发挥了重要作用。

二、跨学科知识结构的塑造

无论是从诺贝尔奖获奖成果的学科特点来看，还是科学知识增长或创新领域来看，跨学科研究已经成为一种普遍发展的趋势②，然而正如前文研究显示，跨学科研究的发展有赖于个体形成多元、复合、宽广的知识结构，这一点在诺贝尔奖获得者群体中得到了充分证明。依据本书"诺贝尔奖获得者博士生教育历程数据库"对1990～2016年110位诺贝尔奖获得者所获学位的学科归属统计，结果发现，多学科专业学习经历是超级精英们的一个显著特点，接近六成的诺贝尔奖获得者所学的本科或研究生专业与成果获奖领域不同，其中尤以诺贝尔化学奖获得者的跨学科学习经历最为多见，物理学、生物学、数学和医学四个学科是诺贝尔化学奖获得者跨学科学习集中的领域，相比之下，诺贝尔物理学奖获得者的跨学科学习领域主要为数学和电子工程。这些多元化的知识学习背景为此后科学家研究领域的选择、转换以及重大科学发现的产生提供了积极支持。

---

① 库尔特·维特里希库：《尔特·维特里希传记》，诺贝尔奖官网，2002年。

② 陈其荣：《诺贝尔自然科学奖与跨学科研究》，载《上海大学学报》（社会科学版）2009年第5期。

具体体现在以下三个方面：第一，在多学科学位攻读方面，在 110 个样本中，有 15 人在本科获得两个或多个学士学位，约占总体的 14%。其中，在物理学领域中，有 8 位诺贝尔奖获得者取得了双学位，7 人攻读的另一学科都是数学，另外 1 人为文学；而在化学领域中，有 7 位诺贝尔奖获得者在本科教育阶段攻读了 2～3 个学位，所修读的学科除化学之外主要集中于物理学。

第二，在专业学习的转换上，有 24 人研究生与本科所学的学科不同，约占样本总体的 22%。其中在诺贝尔奖物理学获得者群体中，有 8 人博士攻读的学位与本科专业不同，大多是由数学学科转入物理学；而在诺贝尔奖化学获得者群体中，则有 16 人取得的博士学位与学士学位不属于同一学科，约占诺贝尔奖化学样本总数的 28.6%，其中不仅包括由其他学科专业在博士时转为化学的科学家，也有从本科化学专业转入其他学科的科学家，这两类人群人数分别为 5、11，各自占到转专业诺贝尔奖获得者化学家的 31%、69%。

第三，在学校专业教育与未来研究领域的变换方面，有 24 人的博士学位与获奖研究领域的学科不同，约占总数的 22%，有 48 人的本科学位和最终获奖研究领域不同，占到总数的 43.6%。分学科来看，在物理学科中，有 21 人的本科专业并非物理学科，而是数学、电子工程、化学、文学，人数分别为 11 个、8 个、1 个和 1 个；另有 2 人的博士学位为电子工程，1 人的博士学位为物理化学，1 人在获得物理学博士学位之后还取得了数学博士学位。相比之下，在化学学科中，这种多学科学位学习经历更为普遍，在 56 位诺贝尔奖化学奖得主中，共有 27 人在本科攻读学科并非化学专业，约占总数的一半，其学科主要集中在物理学、数学、医学、生物学和工程学学科中，所修人数依次为 10 个、5 个、5 个、4 个和 3 个。此外，还有 21 人的博士学位为非化学学科，占到统计样本总数的 37.5%，在这当中，有 9 人获得生物学博士学位、6 人为物理学博士学位、4 人为医学博士学位、另有数学和工程学博士学位各 1 人。具体如表 4－6 所示。

表 4-6　诺贝尔奖物理学与化学奖获得者不同阶段学习专业特点

学历阶段	项目	物理学		化学		合计
		人次	专业	人次	专业	
本科	多学位	8	数学（7）、文学（1）	7	物理（6）、数学（3）、生物（2）、电子工程（1）	15
	与博士专业不同	8	—	16	—	24
	与诺贝尔奖获奖成果领域不同	21	数学（11）、电子工程（8）、化学（1）、文学（1）	27	物理（10）、数学（5）、医学（5）、生物（4）、工程（3）	48
博士	多学位	1	数学	0	—	1
	与诺贝尔奖获奖成果领域不同	3	电子工程（2）、物理化学（1）	21	生物（9）、物理（6）、医学（4）、数学（1）、工程（1）	24

注：多学位指在大学期间所修的两个以上的学位；本次统计共包括 54 名诺贝尔物理学奖得主和 56 名诺贝尔化学奖得主。

故而，从长远来看，杰出科学家的专业培养不宜过早、过分严苛、过度强调单一学科专业的学习；相反，围绕本专业相近学科的学习经历对日后的专业研究有着重要价值，尤其是对于异质性较强的专业领域而言，相近学科知识背景与学习经历的作用非常明显。

三、精英大学学习经历的“学术杂交”现象

高水平大学的教育对科学家知识的储备与夯实有着重要的作用，所以这也是为什么精英科学家往往出自精英大学，诺贝尔物理学奖获得者罗伯特·B. 劳克林（Robert B. Laughlin）就曾说，正是加州大学伯克利分校物理系的学习经历，帮助他定义了物理是什么，应该是什么。而大量关于诺贝尔奖获得者学校出身的研究都证明了这一点，根据陈其荣和廖文武对 1901 ~2011 年培养 5 个以上诺贝尔自然科学奖获得者的大学统计，推算可知，42 所大学在研究生或本科教育阶段共计培养过 552 名未来的诺贝

尔奖获得者，这些大学无一不是世界顶尖一流大学。[①] 此外，对我国中国科学院和中国科学院院士毕业院校的统计也表明20所国内研究型大学培养了615名两院院士，占总数的56.6%。[②] 在本次对1990～2016年110位诺贝尔奖获得者自然科学家的研究也发现，超过66%的诺贝尔奖获得者在顶尖大学或文理学院内接受本科教育，而进入研究生教育阶段，高达72%的诺贝尔奖获得者是在世界排名前100的研究型大学[③]中学习。

进一步对诺贝尔物理学与化学奖获得者本科与研究生就读大学进行比较，则会发现，这些超级精英们大多有着多元复合的大学学习经历，本科教育与研究生教育在不同大学完成的诺贝尔奖获得者达到73人，占到样本总量的67%。其中，在诺贝尔物理学奖获得者群体中，共有35人的本科与研究生就读大学不同，约占总数的65%；而在诺贝尔化学奖获得者群体中，在不同大学就读本科和研究生的人数达到38人，占到样本总数的69%，如表4－7所示。这与我国两院院士就读院校经历情况相类似。[④] 然而科学家高中后教育经历的“学术杂交”是否真的有助于其科学成长目前尚无确论，有待考证。但单从表4－7的数据来看，毋庸置疑的是，学术近亲现象的背后有着深厚的学术传统与文化的影响。

表4－7　诺贝尔奖物理学与化学奖获得者的本科与研究生就读学校异同分析

国籍	物理学		化学		总计
	异	同	异	同	
美国	19	5	23	4	51
日本	1	5	2	3	11
英国	1	2	2	4	9

① 陈其荣、廖文武：《科学精英是如何造就的：从STS的观点看诺贝尔自然科学奖》，复旦大学出版社2011年版。

② 刘牧、储祖旺：《新中国培养的两院院士成长因素分析》，载《理工高教研究》2006年第5期。

③ 参考上海交通大学发布的2017年世界大学学术排名榜。

④ 瞿振元、韩晓燕、韩振海等：《高校如何成为拔尖创新人才培养的基地——从年轻院士当年的高等教育经历谈起》，载《中国高教研究》2008年第2期。

续表

国籍	物理学		化学		总计
	异	同	异	同	
德国	4	1	1	1	7
苏联	4	1	0	0	5
加拿大	2	1	1	1	5
以色列	1	0	2	1	4
法国	3	0	0	0	3
荷兰	0	2	0	0	2
瑞士	0	0	1	1	2
瑞典	0	0	1	1	2
丹麦	0	0	1	0	1
意大利	0	1	0	0	1
比利时	0	1	0	0	1
埃及	0	0	1	0	1
印度	0	0	1	0	1
墨西哥	0	0	1	0	1
土耳其	0	0	1	0	1
匈牙利	0	0	0	1	1
合计	35	19	38	17	109

注：国籍按照本科就读大学所在国家计算，2002 年诺贝尔化学奖获得者田中耕一（Koichi Tanaka）由于没有硕士及博士研究生学历，故没有纳入统计范围。

表4－7 显示，日本和英国呈现出明显的学术近亲现象，本科与研究生就读于同一所大学的比例分别达到了 72.7%、66.7%。特别是日本，有多位诺贝尔奖获得者的本科、硕士和博士都就读于同一所大学，如 2008 年获得诺贝尔物理学奖的南部阳一郎（Yoichiro Nambu）本硕博均就读于东京大学①、益川敏英（Toshihide Maskawa）本硕博就读于名古屋大

① 南部阳一郎：《南部阳一郎传记》，诺贝尔奖官网，2008 年。

学[①]；2014 年获得诺贝尔物理学奖的天野弘（Hiroshi Amano）本硕博就读于名古屋大学[②]。相比之下，美、德和法等国的学术界中则有一种强调学生接受不同大学教育和训练的文化，许多美国和德国诺贝尔奖获得者在其自传中提到指导教师建议其选择另一所大学攻读学位。例如，2005 年诺贝尔化学奖得主罗伯特·格拉布（Robert H. Grubbs）本科就读于佛罗里达大学的化学专业，并在大学期间参加了梅尔·巴蒂斯特教授（Merle Battiste）的实验室进行研究，他讲道："加入巴蒂斯特的团队后不久，……我非常着迷于做简单的化学转化，以便了解有机化合物在分子水平上反应的细节。……巴蒂斯特不仅向我介绍有机研究，而且在他将我培养成为一名富有生产力的研究者后，却告诉我，我必须离开他的团队。虽然我留在他的实验室完成学位对他而言是最有益的，但他鼓励我继续前往美国其他不同的学术群体接受更多的学术训练。"[③]

2012 年，诺贝尔物理学奖获得者大卫·温兰德（David J. Wineland）本科就读于加州大学伯克利分校，他讲道："伯克利的经典力学老师弗雷德里克·拜伦（Fredrick Byron）对我有很深的影响。他的课程可能是我在伯克利遇到的最困难的课程，但他总有诀窍让我们想做这些工作。因为我很尊重他，所以我问他有关申请去哪儿读研究生院。他推荐哈佛大学，所以我申请了哈佛大学（当然伯克利更为保险，而我也很确定如果申请的话肯定会被接受）。"[④]

基于上述分析可知，尽管在特定的学术文化和传统中，科学家本科与研究生教育学习存在一定的"学术近亲"现象。但就整体而言，多元复合的教育经历仍是诺贝尔奖获得者的一种普遍性特征，虽然当前缺乏相应的实证研究，不过不难推断，不同高校的教育经历不仅有助于建立更为宽广的学术网络、积累学术资本，而且更重要的是不同的学术传统和文化能够丰富个体对学科知识的理解，培养多元化的思维，这对于一名杰出科学

① 益川敏英：《益川敏英传记》，诺贝尔奖官网，2008 年。

② 天野弘：《天野弘传记》，诺贝尔奖官网，2014 年。

③ 罗伯特·格拉布：《罗伯特·格拉布传记》，诺贝尔奖官网，2005 年。

④ 大卫·温兰德：《大卫·温兰德传记》，诺贝尔奖官网，2012 年。

家的成长无疑大有裨益。

第三节 科学思维与研究能力的内涵及其形成方式

一、科学研究思维方式与审美眼光的形成

不同于本科和硕士所开展的基础性科研技能训练，博士阶段所注重的显然是高阶学术能力的发展，如对研究特定的感觉、偏好、信念和直觉[①]。用朱克曼的话说，这种高阶学术能力是一种独到的思维方式，是修炼而成的科学审美或科学品位，是一种能在恰当时机鉴别、发现和提出重要问题，并给出巧妙解决方案的超凡能力，[②] 故而用“科学修养”一词来概括这种品质最为恰当不过。但正如“修养”概念所散发出的贵族气息一样，科学修养的养成是一种家传，很大程度上源于润物无声、潜移默化且细水长流式的文化熏陶与浸染。不过与血缘意义上的家族传承不同，科学界的精神传承更多是文化意义上的，主要通过师承链来实现。在克雷布斯建立的一个诺贝尔生物化学谱系中，他惊人地发现，其中在内的所有人无一例外都来自诺贝尔奖得主或者是未来诺贝尔奖得主的实验室。[③] 因此以杰出科学家为主导的风格传承就成为研究者科学修养培养中的一个重要机制。

关于科学修养的师徒传承方式，事实上并没有一个统一的模式，传承方式和效果很大程度上依赖于师徒各自的禀性及其二者之间的相处方式。所以在导师为诺贝尔奖得主且具有极强个性的情况下，许多未来的诺贝尔

---

① Shavinina L V. , Explaining High Abilities of Nobel Laureates. *High Ability Studies*, Vol. 15, No. 2, 2004, pp. 243 – 254.

② ［美］哈里特·朱克曼：《科学界的精英——美国的诺贝尔奖金获得者》，周叶谦、冯世则译，商务印书馆 1982 年版。

③ Gratzer, W. , in Watson, J. D. , *A Passion for DNA: Genes, Genomes, and Society*. Oxford: Oxford University Press, 2000, P. 231.

奖获得者往往被导师的光环所感召，以导师的思维与行为方式为榜样，通过模仿来塑造自己的科学思维方式与科学洞察力。1995 年，诺贝尔化学奖获得者谢伍德·洛兰德（F. Sherwood Rowland）在讲述自己如何向导师学习时，就直言不讳地说："我的导师威拉得·法兰克·利比（Willard Frank Libby）（1960 年获得诺贝尔奖）是一个非常有魅力的、直率的和精力充沛的人，他有非常多的科学研究想法。我非常有幸能够进入他的研究团队，成为研究放射性原子化学的放射化学家。几乎我所学到关于如何成为科学家的一切都来自于倾听和观察利比。"①

同样，1990 年诺贝尔物理学奖得主杰罗姆·弗里德曼（Jerome I. Friedman）在谈到他的导师——诺贝尔物理学奖得主费米对他的影响时说道："我很难表达当时在芝加哥大学物理系弥漫的那种兴奋感，费米（Fermi）在无数次研讨班与课程中展现的才华、激励和清晰演讲，系内杰出的教授，系外经常来访费米的著名物理学家，以及费米在新建回旋加速器上质子散射的开创性研究，这些要素共同营造了一种非常活跃的氛围。……我非常荣幸能成为费米的学生，并能与这个伟人一道工作，那些激动人心的经历塑造了我的物理思维方式。"②

另外，对于个性温和、处事民主的导师，在传递其科学思维风格时，则更多是通过一种平等协商、交流的方式实现。艾伦·黑格（Alan Heeger）（2000 年诺贝尔化学奖得主）博士期间就读于加州大学伯克利分校，师从美国科学院院士阿兰·波蒂斯（Alan Portis）。他说道："我清楚地记得刚进入波蒂斯的研究团队时，自以为是从事具有原创性的物理学研究，所以只对绝缘反铁磁体 KMnF3 测量一天之后，就写了一个反铁电反铁磁体的理论，并非常自信地交给了波蒂斯，当然我的结论是错误的。几天后当我向他道歉，告诉他我的理论都是废话时，波蒂斯对我表现得非常耐心。通过我与波蒂斯密切的交往互动（我记得在他的办公室里花许多小时和他谈话），我学会了如何思考物理学，更重要的是，我开始领会选择问

---

① 大卫·温兰德：《大卫·温兰德传记》，诺贝尔奖官网，1995 年。
② 杰罗姆·弗里德曼：《杰罗姆·弗里德曼传记》，诺贝尔奖官网，1990 年。

题时的好品味（good taste）。”①

诺贝尔物理学奖得主威廉姆 D. 菲利普斯（William D. Phillips）在讲述其博士求学经历时，对丹尼尔·克甫尼尔（Daniel Kleppner）教授团队中令人愉悦、友好且刺激的氛围记忆犹新，印象深刻。丹尼尔教授在团队中营造出开放、生动的物理学问题讨论风格，威廉姆 D. 菲利普斯讲道：“让我从丹尼尔和团队中其他成员身上学到了，一种直觉思考物理学的方式，一种探究问题的方式，正是这些思维方式塑造了我现在探究物理学的方法。而这也是我此后极力想在自己的研究团队 NIST 中效仿再现的一种师徒互动模式和文化氛围。”② 诺贝尔化学奖得主马里奥·莫利纳（Mario J. Molina）在评价其导师乔治·皮门特尔（George Pimentel）时说：“乔治是矩阵分离技术开发的先驱，他是一位优秀的老师，也是一位出色的导师。他的温暖，激情和鼓励给了我追求重要科学问题的灵感。”③

总而言之，正如罗伯特·卡尼格尔（Robert Kanigel）在《师从天才：一个科学王朝的崛起》中所说：“对于任何科学家而言，如想做出重要发现，就必须研究重要的问题，但什么样的问题才算重要？如何才能精准识别和判断呢？要找出这些问题的答案，仅仅遵照书本或指南上的指示是没有用的，就算直接把答案教给你也没用。这种对于问题敏锐的抓取、直觉的洞察、微妙的拿捏，更重要的是通过榜样，在师徒之间不经意地传递，通过知名科学家与门生多年密切共事的耳濡目染，通过喃喃讲出的题外话，嘟嘟囔囔的咒骂，通过一笑一颦以及激动时的惊叹，而使门生心领神会。”④

二、创新性能力形成的条件和环境

事实上，在日常科学研究中，无论是库恩所描述的革命性研究还是常规科学研究，都需要科学家开展创造性的研究。创新作为博士学位应有之

① 艾伦·黑格：《艾伦·黑格传记》，诺贝尔奖官网，2000 年。

② 威廉姆·菲利普斯：《威廉姆·菲利普斯传记》，诺贝尔奖官网，1997 年。

③ 威廉姆·菲利普斯：《威廉姆·菲利普斯传记》，诺贝尔奖官网，1995 年。

④ 罗伯特·卡尼格尔：《师从天才：一个科学王朝的崛起》，江载芬译，上海科技教育出版社 2001 年版。

义，从其起源来看，现代大学的创立者洪堡乃至更早期的哈勒大学就强调知识的创造[①]，而博士训练的核心正是通过原创性的研究增进知识[②]。因此所谓的创新能力实质上是一种能概念化、设计和操作可行方案来获取、创造和解释前沿知识或新知识的能力。[③] 不过如果具体到实践当中，创新性能力又是一种非常复杂的品质，它不仅涉及个体的智力因素，还与想象力、勇气和毅力等非智力因素密切相关。具体而言，首先，从个体心理层面来看，包括有意识和无意识、发展、态度和人际因素；其次，从理论——方法的认知层面来看，最为关键的因素是对洞察力的刺激及其结果的培育，例如，增强学生对创新性研究工作中复杂性过程的理解与反思等；最后，从制度层面来看，则与组织是否鼓励和支持个体从事创造性研究有关。[④] 故而，从可教育的角度来看，除了个体先赋性因素的影响外，认知能力培育和环境支持是影响个体创新能力发展最为关键的两个要素。

首先，在对诺贝尔奖得主们的自传分析中，许多科学家们都提到了自己在追随导师研究的过程中共同围绕研究问题进行深入分析与讨论的经历，导师的眼界与思维极大地影响了未来诺贝尔奖获得者的研究方法和风格。法国诺贝尔物理学奖获得者科昂·塔努吉（Claude Cohen－Tannoudji）早在巴黎高师就读本科时就加入了另一位诺贝尔奖得主阿尔弗雷德·卡斯特勒（Alfred Kastler）的团队做研究。科昂·塔努吉说："我们的团队规模较小，但研究热情却高涨，大家工作都非常努力。卡斯特勒和吉恩·布鲁塞尔（Jean Brossel）（法国著名物理学家，卡斯特勒的首位弟子，法国科学院院士）几乎昼夜都在实验室，甚至是周末。我们对如何解释实验结果进行了无休止的讨论。当时设备相当差，我们在没有计算机、录像机和信号平面设备的情况下开展工作。我们用电流计逐点测量共振曲线，每条曲

---

① Noble，K，*Changing Doctoral Degrees*：*An International Perspective*. Buckingham：Open University Press. 1994，P. 6.

② European University Association. Salzburg Ⅱ Recommendations－European Universities' Achievements since 2005 in Implementing the Salzburg Principles. *Brussels*，2010，P. 5.

③ Clarke G，Lunt I.，The Concept of 'Originality' in the PhD：How Is It Interpreted by Examiners? *Assessment & Evaluation in Higher Education*，Vol. 39，No. 7，2014，P. 807.

④ Bargar R R，Duncan J K.，Creative Endeavor in PhD Research：Principles，Contexts and Conceptions. *The Journal of Creative Behavior*，Vol. 24，No. 1，1990，pp. 60－61.

线五次，然后计算平均分值。就是在这种条件下我们获得了漂亮的曲线和令人兴奋的结果。我相信在此期间，我所学到的知识对于我以后的研究工作至关重要，而阿尔弗雷德·卡斯特勒和让·布洛塞尔等关键人物的作用功不可没。”① 诺贝尔物理学奖得主威廉 D. 菲利普斯（William D. Phillips）也表示在阿贡国家实验室威尔弗雷德·诺里斯教授的（Wilfred Norris）团队，在共同开展 ESR 研究过程中，与威廉教授经常讨论什么是重要的问题，决定做什么，如何做，然后走进实验室去做，这种氛围令人难以忘怀。②

其次，除了这种相互讨论、共同启发的教育方式，还有的导师则习惯采用提问式的指导方法，通过步步追问来激发学生的想象力，并推进研究的进度。诺贝尔物理学奖得主埃里克·康奈尔（EriC Cornell）的导师是 MIT 的著名物理学家戴夫·普里查德教授（Dave Pritchard）（美国科学院院士），戴夫平日很少在实验室里，但每周都会安排几天与他的学生们一起吃午饭，定期举行工作进度会议。他经常采用一种提问模式，总是在向他的学生提问问题。如“这个效果有多大？你不知道？那很好，但是你为什么不给我估算一下呢？不，不要走开，好好想想，现在就解决掉，大声地说出来，这对我们大家都有益。”他的这种一系列拷问非常严厉甚至是令人害怕的，但到最后，学生们发现这是非常好的一种研究训练方式。此外，戴夫还喜欢向他的学生展示量子和古典物理学中不同的效果，可以用同样基本的和相当小的一些想法来理解，如共振、绝热、固定点、穿戴状态和熵，等等。到目前为止，埃里克已经设计了一个名为“物理学七大最有用的想法”的课程，其实就是以某种方式将普里查德的智慧压缩并编纂而成。③

最后，导师对学生从事挑战性研究的支持与鼓励也是激发未来诺贝尔奖创新能力发展的一个重要因素。在诺贝尔奖获得者的自传回忆中，有许多科学家提到了导师鼓励从事前沿课题、基础研究或挑战性问题并给予积极的支持。这种经历不仅有效训练了个体如何开展创新性研究的能力，而

---

① 科昂·塔努吉：《科昂·塔努吉传记》，诺贝尔奖官网，2012 年。

② 威廉·菲利普斯：《威廉·菲利普斯传记》，诺贝尔奖官网，1997 年。

③ 埃里克·康奈尔：《埃里克·康奈尔传记》，诺贝尔奖官网，2001 年。

且培养了科学家面对前沿重大科学问题研究过程中的心理素质，如毅力、坚持、钻研、独立等，这些品质无疑是科研创新的重要支撑。1999 年，共同获得诺贝尔物理学奖的荷兰物理学家马丁努斯 J. G. 韦尔特曼（Martinus J. G. Veltman）与其学生赫拉尔杜斯·霍夫特（Gerardus't Hooft）二人的博士攻读经历就颇具代表性。

韦尔特曼师从著名物理学家范霍夫（Van Hove），在欧洲核子研究中心（CERN）攻读博士学位，开展不稳定粒子研究，听从山姆·伯曼（Sam Berman）的建议，对欧洲核子研究中心中的微子实验得到的矢量玻色子产生进行库仑修正计算，而这也得到了导师的支持，并纳入了博士论文研究。这个问题由两部分组成，第一部分非常类似于贝特（Bethe）与其同事曾做过的计算（电子对产生的库伦修正），第二部分则是贝特没有解决的问题。面对这一难题，韦尔特曼一连几个月待在办公室，紧盯着一个微分方程，试图用合流超几何函数来解决它，但无果而终。最后他决定就此问题向当时该领域中世界顶级专家艾温德威克曼（Eyvind Wichmann）请教，他说道：“当我去哥本哈根拜访他说明来意时，他尽力想理解我想要什么，但是他最后也没有搞懂，看着我，好像我是一个怪异的人。”不过这次失败的访学经历并没有让韦尔特曼退却，经过不懈努力，最后他成功克服了这一难题，成功完成博士论文“s－矩阵理论中的中间粒子和中矢量波色子的高阶效应的计算”，这为他获得诺贝尔奖奠定了基础。①

无独有偶，当韦尔特曼成为乌特勒支大学物理学教授之后，赫拉尔杜斯·霍夫特（Gerardus't Hooft）选择他为导师攻读博士学位，霍夫特选择了韦尔特曼正在研究的具有较大难度的“杨—米尔斯场重正化”这一前沿课题。面对这一世界级难题，当时的物理学家们因为不能用完整的数学理论来描述这个模型，因此很多人对该理论的进一步发展持悲观立场，但韦尔特曼坚信量子场理论中有些是正确的，在导师韦尔特曼的鼓舞和支持下，师徒二人继续开展探索性研究。不过在如何破解难题的思路上，霍夫特与韦尔特曼有着不同的想法，一方面，霍夫特根据导师的指导，学习经

① 马丁努斯 J. G. 韦尔特曼：《马丁努斯 J. G. 韦尔特曼传记》，诺贝尔奖官网，1999 年。

典的杨—米尔斯场理论，制定这些杨—米尔斯粒子的费曼规则，并在精确制定重正化程序问题上与韦尔特曼进行了长时间讨论，发表重要科学研究成果；另一方面，保留自己对这一问题的看法和思路，在了解了大量有关杨—米尔斯重正化知识后，发现运用希格斯机制来理解杨—米尔斯场更为容易，正是这一新的研究成果取得了更为广泛的影响。最后，师徒二人于1971 年在阿姆斯特丹举行的国际粒子物理会议上公布其最新发现，从而引发全世界的关注。①

三、研究技能习得的重要期与支持源

虽然许多诺贝尔获奖者都在强调一个观点，学徒期间最不重要的是从他们的师傅那儿获得的实际知识和具体研究技能，② 但研究技能作为科学家最基础的素质也不能因此而忽视，良好的科研工作技能对创新想法的操作化与实现有着重要价值。那么随之而产生的问题是，未来诺贝尔奖获得者的科研技能是在什么时间，从何学来的呢？通过对 1990 ~ 2016 年诺贝尔奖获得者的统计分析，发现在科研技能训练时间上呈现出提前化的特征，在研究技能训练的指导者方面，与导师年龄、职务以及指导风格存在密切关联。

首先，从诺贝尔奖获得者科研技能训练的起始点来看，本科科研训练是发展科学家研究技能的一个重要准备阶段。在剔除未提及本科学习经历的诺贝尔奖得主案例之后，结果发现，在 80 名诺贝尔奖获得者中共有 30 名科学家曾在本科期间参与过所在学校教授的实验室研究，占到有效样本总体的 37. 5% 。其中，由于诺贝尔物理学奖的奖励对象中包括不少理论物理学家，因此化学领域的诺贝尔奖得主早期科研训练的比例要高于物理学科，在 44 名诺贝尔物理学奖获得者中，有 15 名未来诺贝尔奖得主有过本科科研的经历，占到有效样本的 34. 1% ；而在 36 名诺贝尔化学奖获得者中，有 15 名未来诺贝尔奖得主曾经参加过本科科学研究，占到有效样本的 41. 7% 。

其次，从获奖科学家科研技能训练的主要指导者来看，导师、高年级同

---

① 赫拉尔杜斯·霍夫特：《赫拉尔杜斯·霍夫特传记》，诺贝尔奖官网，1999 年。

② ［美］哈里特·朱克曼：《科学界的精英——美国的诺贝尔奖金获得者》，周叶谦、冯世则译，商务印书馆 1982 年版。

学是主要的指导者，这在诺贝尔物理学奖得主群体中尤为明显，如表 4－8 所示。其中，来自导师的指导很大程度上受到导师职务、职级的影响，对于拥有高级职务的教授而言，往往无暇指导学生具体的研究技能，而对于刚刚指导研究生的青年导师来说，则更热心于与博士生一道工作，训练学生的具体技能与知识。诺贝尔物理学奖获得者罗伯特·理查德森（Robert C. Richardson）的两段研究生经历充分体现了这一特征。罗伯特硕士就读于弗吉尼亚理工大学物理学，师从汤姆·吉尔默（Tom Gilmer）教授，其工作主要是测量锗的光激载波寿命，由于汤姆刚到弗吉尼亚理工大学，担任系主任一职，并承担大量本科教学任务。因此罗伯特在组建大量设备的过程中，不得不自学大量技能，如操作车床、焊接和制造简单的电子线路等。相反，当完成硕士学位申请博士研究生时则遇到截然不同的情形。他说道："在我申请杜克大学之后，我收到了刚刚成为助理教授霍斯特·迈耶（Horst Meyer）的热情回信，他鼓励我到他的实验室工作，霍斯特是一位非常尽责的导师，他教了我大量他从牛津克拉伦登实验室学到的低温技术，我与霍斯特成了非常要好的朋友……后来，厄尔亨特（Earle Hunt）作为霍斯特的研究助理也来到了杜克大学，他教会了我关于脉冲 NMR 自旋回波的新方法。他们二人所教给我的方法和技术在我此后的研究生涯中非常受用。"①

表 4－8　诺贝尔奖得主研究生期间科研技能训练的指导者统计

指导者	物理	化学	总计
导师	7（青年 3）	4（青年 1）	11
其他老师	2	2	4
博士后	0	2	2
高年级同学	6	2	8
自学	4	1	5
合计	19	11	30

注：按照自我汇报中有无博士期间研究技能训练描述筛选，共得到有效样本为 30 个，其中物理、化学各为 19 个、11 个。

① 罗伯特·理查德森：《罗伯特·理查德森传记》，诺贝尔奖官网，1996 年。

最后，团队内的高年级研究生也是科研技能学习的重要来源，诺贝尔物理学奖获得者马丁·佩尔（Martin L. Perl）的导师是伊西多·艾萨克·拉比（I. I. Rabi）（1944 年获得诺贝尔物理学奖），由于拉比不是一个擅长动手的实验者，他从来不用工具或操作装置。因此大部分实验技术都是从其他高年级研究生那儿获得，偶尔也会从拉比的同事波利卡普·库施（Polykarp Kusch）处求得帮助或建议。[①] 此外，诺贝尔物理学奖获得者克利福德·沙尔（Clifford G. Shull）[②]、威廉·菲利普斯（William D. Phillips）[③] 以及诺贝尔化学奖得主马里奥·莫利纳（Mario J. Molina）[④] 和托马斯·施泰茨（Thomas A. Steitz）[⑤] 等人都指出，在博士生期间，科研技能的习得大多是通过与其他高年级同事、博士后等学习。

第四节　研究合作与管理能力形成的实践性

成为一名杰出的科学家需要多种能力与品质，但并非所有的素质都可以通过学校正式教育、课程学习获得，其中有些能力或是先天禀赋，或是在后天实践当中逐渐形成。团队合作、科研管理就是这样一种典型的科研品质。事实也证明，对于在校学生而言，能力的学习最关键的是能力的实践和使用，而非知识性的学习。[⑥] 有效的能力发展取决于有支持和指导的实践机会以及相应的反思和改进行动。[⑦]

---

① 马丁·佩尔：《马丁·佩尔传记》，诺贝尔奖官网，1995 年。

② 克利福德·沙尔：《克利福德·沙尔传记》，诺贝尔奖官网，1994 年。

③ 威廉·菲利普斯：《威廉·菲利普斯传记》，诺贝尔奖官网，1997 年。

④ 马里奥·莫利纳：《马里奥·莫利纳传记》，诺贝尔奖官网，1995 年。

⑤ 托马斯·施泰茨：《托马斯·施泰茨传记》，诺贝尔奖官网，2009 年。

⑥ Kemp I J, Seagraves L., Transferable Skills – Can Higher Education Deliver? *Studies in Higher Education*, Vol. 20, No. 3, 1995, P. 327.

⑦ Chadha D., A Curriculum Model for Transferable Skills Development. *Engineering Education*, Vol. 1, No. 1, 2006, pp. 19 – 24.

一、组织氛围与团队合作能力

在现代自然科学研究中，除了个别理论性学科，如理论物理学、理论化学之外，大部分基于实验的研究基本都是以团队形式出现的，这种集体性的科学研究方式要求团队成员具有良好的沟通协作能力。因此对于个性孤僻、不善合群的科学家而言往往会造成诸多不便，迈克尔·史密斯（Michael Smith）和马丁·查尔菲（Martin Chalfie）是众多诺贝尔奖获得者群体中为数不多的曾因个人性格影响团队合作的两位科学家。迈克尔·史密斯为1993年诺贝尔化学奖得主，他的博士研究生导师亨毕斯（H. B. Henbest）是一位杰出的年轻化学家，在博士论文研究中给了史密斯很多的指导，但是由于他的生性腼腆、喜怒无常以及难以理解的个性，导致与导师的关系并不和睦。[①]

相比之下，马丁·查尔菲的经历则更具代表性和教育意义，马丁在哈佛大学克劳斯·韦伯（Klaus Weber）教授的实验室进行第一个科研项目研究时，克劳斯给其安排的任务为“通过改变不同的氨基酸来分析天冬氨酸转氨甲酰酶的活性位点”，由于马丁认为自己应该独自完成所有事情，否则就会显得自己不够聪明，所以他非常害怕去寻求帮助，导致他在实验室内独自一人，不知如何下手。虽然他努力想在实验上有所进展，但没有任何效果，这种挫败经历，差点让他放弃了科学事业……直到攻读博士，进入鲍勃·帕尔曼（Bob Perlman）实验室后才开始转变其个性，一方面，是由于鲍勃是一位优秀的导师，他对学生实验研究表现出了极大的支持和持续的兴趣，在与鲍勃的交往中，让马丁觉得自己更像是导师的合作者而非其学生；另一方面，实验室的团队氛围非常友好，马丁与团队中的其他老师、学生、技术员和动物看护员等合作顺畅，并成了非常要好的朋友，团队成员经常抽空一起打垒球、聚会，并制作了队服。[②]

马丁的这种经历一定程度上表明，友善、开放和支持性的团队合作氛围往往能在无形之中帮助不善合作的学生快速进入状态，发展出良好的团

---

① 迈克尔·史密斯：《迈克尔·史密斯传记》，诺贝尔奖官网，1993 年。

② 马丁·查尔菲：《马丁·查尔菲传记》，诺贝尔奖官网，2008 年。

队协作能力，团队成员间既有的合作状态直接影响着新进入者团队合作能力的发展。这一现象在许多诺贝尔奖获得者群体中得到了验证，通过筛选，发现在92名曾自我汇报过博士经历的诺贝尔奖获得者中，共有32人表示自己博士期间所在的科研团队氛围良好、合作顺畅、相互帮助，其占比达到34.8%。其中，在45名诺贝尔物理学奖得主中，有15人指出研究生期间有过氛围良好的科研团队合作经历，占到样本总体的33.3%；而在47名诺贝尔化学奖获得者中，有17人认为在博士就读期间所在的团队成员间关系融洽、相互支持，占到样本总体的36.2%。因此，可以看出，个体团队协作能力的强弱除了受到自身个性的制约外，非常重要的是进入什么样的科研团队，有过什么样的团队合作经历，从诺贝尔奖获得者的经历来看，往往是良好的团队合作氛围能带动、影响新进入者形成和发展好的团队合作能力，实验室氛围及个体在其中的经历对团队合作能力的发展有着重要影响。

二、研究管理能力形成的实践性与模仿性

与团队合作能力的发展不同，研究管理能力某种程度上是一种高度依赖实践经历形成的素质，经验在其中占有很大的成分。由于绝大部分研究生在博士攻读期间很难有真正的项目管理实践经验，所以独立组织和管理自己的研究课题以及对他人管理的模仿就成为两种重要的替代学习方式。

首先，未来诺贝尔奖获得者独立负责与管理自己研究课题的现象更容易出现在导师为科学精英、高级研究者的情形中，因为对于身兼多职的导师而言，往往没有过多精力关心实验室内各成员的具体研究，这在客观上造成了学生独立负责自己研究进展的现象。例如，诺贝尔物理学奖获得者罗伊·格劳伯（Roy J. Glauber）在博士期间师从另一位天才式物理学家朱利安·施温格（Julian Schwinger），由于许多学生争先恐后地想和施温格一起共事，这限制了他与学生们一起工作的时间，所以虽然名义上接受施温格的指导，但实际上更多的是罗伊自己独立工作。①

① 罗伊·格劳伯：《罗伊·格劳伯传记》，诺贝尔奖官网，2005年。

其次，导师注重学生独立的指导风格与学生独立管理研究的能力也有密切关系，安东尼·莱格特（Anthony J. Leggett）是2003年诺贝尔物理学奖获得者，他的博士生导师迪尔克（Dirk）指导学生的方法是把学生抛到最深处，在随后的几个月时间内，给学生的唯一信息就是学生需要自己独立解决论文议题，并提出一个可行的问题解决方案。这种指导方法虽然比较极端，但确实锻炼了学生独立管理和解决研究问题的能力，因此安东尼也经常鼓励他的研究生独立负责和管理自己的科研任务。[①] 同样，2008年诺贝尔化学奖得主，日本科学家下村修（Samu Shimomura）在博士期间加入了名古屋大学科学系平田教授的实验室，下村修在平田实验室内主要通过观察别人和独立研究来学习。在其进入实验室的第一天，平田教授就和他讨论了一个当时国际前沿研究的难题——如何净化和结晶海萤荧光素？由于研究结果不确定，有很大风险，平田教授也告诉他不能把这个项目交给一个只追求获得学位的学生，但下村修决定试一试，结果他发现，这确实是一个非常困难的结晶，在无人指导的情况下，他独自花了十个月的辛勤工作来提取、净化和结晶荧光素的整个研究流程，最后终于成功提取荧光素，而这也为其获得诺贝尔奖成果奠定了重要基础。[②]

最后，效仿具有高超管理能力的杰出人士也是学习科研管理技能的重要法门，诺贝尔化学奖得主布莱恩·克比尔卡（Brian Kobilka）在其自传中曾这样描绘作为面包店经理的父亲如何影响自己的团队管理能力，他说道："面包店是一个相对复杂的小企业……为了做所有这些工作……我的父亲不仅必须会烘烤面包、糕点和甜甜圈，装饰蛋糕，开车。而且还要做所有的采购、生产计划、会计和工资管理以及广告。我相信他的成功是因为他的多才多艺、工作伦理、幽默和激励人们尽力而为的能力。虽然我有非常不同的职业，但我相信从父亲那里学到了很多东西，帮助我管理一个研究团队。"[③] 同样，1998年的诺贝尔物理学奖获得者罗伯特·劳克林（Robert B. Laughlin）则是受到了导师约翰·乔安普勒斯（John Joannopoulos）的影

① 安东尼·莱格特：《安东尼·莱格特传记》，诺贝尔奖官网，2003年。
② 下村修：《下村修传记》，诺贝尔奖官网，2008年。
③ 布莱恩·克比尔卡：《布莱恩·克比尔卡传记》，诺贝尔奖官网，2012年。

响，他讲道："我有幸遇到刚从伯克利到来的年轻教师约翰，他是一位伟大的研究生训练者，在他的指导下，培养出一大批杰出科学家。……我从约翰那里学到的物理训练重视实用的东西，例如，基本的半导体，紧密结合的建模方法以及赝势法等重视实用的研究方法等。然而，我从他那儿学到的真正有价值的事情并非技术而是组织能力：如何开展研究活动，并成功地实施，如何在庞杂的工作中集中到本质，如何包装作品使其对观众来说既有趣又易于理解？如何在旧的结果中寻找新的物理学内容，以及如何进行实验思考，等等。"①

第五节　结论与讨论：博士生素养与能力形成的特征和条件

从研究者的养成历程来看，博士生教育虽然仅是漫长教育制度中的一个阶段，但却承担着保障研究者水准的重要任务。研究者培养作为一项长期、系统工程，有不少科学品质与素养是在个体成长或教育早期就已经形成，而且在一定程度上决定了个体在博士教育阶段的可塑性和训练难度。因此合理区分研究者素养与能力培养的关键期，不仅有助于确立博士生候选人的选择标准，而且可以明确博士教育阶段研究生训练的方向和方式。通过对诺贝尔奖获得者科学素养形成经历的分析，可以发现，要成为一名杰出的科学研究者是家庭、教育经历、导师和研究团队等众多因素综合作用的结果。

首先，如果以诺贝尔奖获得者群体为参照的话，科学家学术志趣的培养其实并非在博士攻读期间，而是在儿童早期、中学和大学阶段，因此博士阶段最重要的是筛选具有较高学术志趣的优质学生作为科学精英的后备队伍。在诺贝尔奖获得者的科学志趣中可以发现，绝大部分获奖人在攻读博士学位之前就已经形成了强烈的学术兴趣，出于特定学科或研究兴趣而

① 罗伯特·劳克林：《罗伯特·劳克林传记》，诺贝尔奖官网，1998 年。

非以获取博士学位为目标的学术动机是未来诺贝尔奖得主的一个显著特征。其中，在科学家幼年时期，父母亲对儿童显露出的好奇心与兴趣的支持、潜移默化的学术氛围影响以及对文化教育的重视是学术志趣形成的重要方式，故而，宽松、自由、支持性和浓厚文化氛围的家庭环境更容易孕育儿童优秀的科学品质，这也是为什么诺贝尔奖获得者更多出生于学者或专业人士家庭①、且出生顺序靠后②的原因。进入高中后，数学或自然学科教师的教学魅力则常常是影响未来获奖者确定或是加强特定学科学术志趣的重要来源，许多获奖者回忆其成长经历时，都会提到中学时受某位授业老师的影响而喜欢上了数学、物理或化学学科，进而导致其选择了相应的大学专业。进入大学后，这种特定的学科兴趣又会受大学专业课老师或某位科学家讲座的激励而得到增强，另外，还有许多未来的获奖者则提前参加大学教师的实验室研究，并因此喜欢上科学研究，确定了未来的科学职业生涯。

其次，深度、多元的知识理解与相近学科的知识结构是科学家知识体系的两个重要特征。对诺贝尔奖获得者学习经历的考察发现了几个值得注意的现象，第一，与众多研究者的结论类似，杰出科学家所拥有的坚实的知识基础来源于杰出、优质的教师教学，绝大多数获奖者接受了高水平的本科和研究生教育，所在学校基本上都是本国或世界上的顶尖大学。第二，多元复合的学习经历培养了学生对知识的多元理解，除个别国家受到文化传统的影响外，大部分国家的诺贝尔奖得主都有过多所大学学习的经历。第三，大多数诺贝尔奖获得者都较好地掌握了与自己专业相近的学科知识，他们的知识深度与宽度因学科特征的不同而异，对于物理学家而言，其特点主要为精深，因此相近学科知识主要为数学；而对于化学学科来说，跨学科的知识背景往往有助于创新性的发现，因此化学家的知识宽度要远甚于物理学家，需要具备的相近学科知识包括数学、物理、生物和

① ［匈］伊什特万·豪尔吉陶伊：《通往斯德哥尔摩之路：诺贝尔奖、科学和科学家》，节艳丽译，上海科技教育出版社 2007 年版。

② Clark R D, Rice G A., Family Constellations and Eminence: The Birth Orders of Nobel Prize Winners. *The Journal of Psychology*, Vol. 110, No. 2, 1982, pp. 281 – 287.

医学等。

再次，导师在科学家成长过程中主要通过三种方式产生影响：导师的研究思维与风格所起到的榜样示范作用；师徒之间的深度互动；导师对学生研究课题的鼓励和支持。其中，第一，导师通过自身成就与思维风格来影响学生的成长，已经成为众多科学精英成长研究的共识。科学研究的审美、品味以及直觉等多种素养均无法通过显性方式来传授，学生更多是在与导师朝夕相处的过程中通过观察、模仿或领悟而习得。第二，关于师徒之间深度互动主要指高质量、高水平的交流，而非交流的次数，因此二者的互动有可能是高频次深入的相互交流与探讨，也有可能是极其简洁的问答和沟通。事实上，在诺贝尔奖获得者群体中，确实有很多获奖人的导师事实上并没有与他们有很多的交流，但每次简短的交流都富有实效和启发，譬如以沉默寡言著名的诺贝尔生理学医学奖得主沃森、MIT 著名物理学家戴夫·普里查德教授，等等。第三，导师对学生研究的充分支持和鼓励也是科学家成长的重要因素，这对于树立博士生的自信心和提高研究者的专业认同具有极其重要的意义。此外，支持与鼓励学生从事具有挑战性的科学前沿难题，对于激发和培养学生创新能力、塑造优秀的科学家品质具有十分明显的作用。

最后，对于自然科学研究者而言，一个合作、互助与融洽的团队氛围具有非常重要的价值。在一定程度上可以说，研究生期间所在的科研团队就是其科研能力与信念养成的社会化场所，以导师或资深科学家为核心的科研团队，在研究生进入团队之前就已经形成一种具有特定价值取向、不成文的制度规则。这种固有的团队文化在博士生攻读期间潜移默化地诱导和塑造着个体的科学价值观和行为方式，所以一些科学伦理道德、团队合作、奉献精神等品质都得益于研究团队的熏陶和引导。此外，从团队资源方面来看，所在研究团队的师生构成、科研设备和成员科研能力也在很大程度上决定着博士生科研素养与能力的增值水平。获奖者博士生阶段的实验室科研经历充分表明，团队中高年级同学的科研技能、其他老师的异质性观点对于未来诺贝尔奖获得者的学术成长同样具有重要的作用。

第五章

理科博士生素养与能力的形成过程

第四章考察了不同研究素养与能力的形成方式，本章将从博士生个体成长的视角出发，探究在博士生教育阶段不同科学素养与能力在个体成长为研究者的过程中如何发展。亦即从博士生学术社会化的视角切入，分析研究者素养与能力的形成阶段、特征和规律。

第一节　博士生学术社会化的理论背景

博士生教育是学生从科研新手成长为专业研究者的关键阶段，以正式制度为标志，博士生需要经过录取、课程考核、资格考试、科研论文发表、学位论文盲审以及论文答辩等一系列关卡和仪式，才能得到学术共同体的认可，成为一名合格的研究者。在博士生的成长道路上，这些不同的节点既为个体勾勒了进阶之途，同时也发挥着质量把控作用。不过，在某种程度上说，这些显性的成文规定与实际的博士生科研训练和日常生存方式还有着不小差距，外部强制性的规则与其说规范了博士生的培养内核，不如说更多是为研究者训练过程提供了合法性外衣。① 真实博士生的研究者形成过程有着自我演进的节律和轨迹，这一过程也称之为博士生的学术社会化。

① 郭建如：《我国高校博士教育扩散、博士质量分布与质量保障：制度主义视角》，载《北京大学教育评论》2009 年第 2 期。

所谓的社会化过程其实是个体获得所属群体的知识和技能、价值与态度、习惯和思维方式的学习过程。个体的社会化同时包括认知能力与情感个性两个维度。[①] 成功的学术社会化不仅意味着个体掌握职业所需具备的知识、能力与素质，而且包含着对未来职业的一种身份认同、忠诚或献身。不过具体到博士研究生群体身上，学术社会化过程则变得更为复杂多元，博士生的学术社会化包括对研究生角色的社会化、学术职业与生活的社会化、具体学科或领域的社会化以及特定科研组织或场所的社会化等多个维度，因此戈尔德（Golde）曾指出博士生是否完成社会化至少应当回答以下四个基本问题，第一，我能否做好这项智力工作？第二，我是否想成为一名研究生？第三，我是否想从事学术职业工作？第四，我对所在的系所是否有归属感？[②]

面对内涵如此丰富的社会化进程，不同学者在构建博士生的学术社会化模式时往往各有侧重。如克拉克和科克兰（Clark and Corcoran，1986）在分析博士生的教师角色社会化阶段时，提出了专业社会化的三个阶段：第一阶段包括预期社会化、招聘和选择；第二阶段是职业的进入与培训，包括正式教育、准备、职业训练或做中学等活动；第三阶段是角色延续期，在此阶段个体已掌握了一套内化的角色规范，具有一定的工作满意度、较高的工作投入与献身精神。[③] 不过对于博士生而言，克拉克和科克兰专业社会化的三阶段划分并没有勾勒出博士教育阶段的转变历程，我们无法得知更为细致的研究者角色规范的形成与转变过程。

为此，有研究者将视角聚焦于博士生学习生涯，探究博士生阶段个体如何实现未来研究者职业规范的社会化。布拉克斯顿和贝尔德（Braxton and Baird，2001）提出博士生的专业社会化包括三个阶段：其中，第一阶段为开始阶段，学生开始了解所在领域的语言和方法，熟悉所在项目的成

---

① Bragg，A. K.，*The Socialization Process in Higher Education.* Washington，DC：The American Association of Higher Education，1976，P. 3.

② Golde C M.，Beginning Graduate School：Explaining First-year Doctoral Attrition. *New Directions for Higher Education*，Vol. 198，No. 101，1998，pp. 55 – 64.

③ Clark S M，Corcoran M. Perspectives on the Professional Socialization of Women Faculty：A Case of Accumulative Disadvantage? *The Journal of Higher Education*，Vol. 57，No. 1，1986，pp. 22 – 23.

员、重心或特色，结交课题组同事，寻找合适的指导教师以及寻求财政支持；第二阶段为中间阶段，时间大致在第一年与综合考试完成期间，该阶段是学生能力发展的重要期，学生开始掌握所在研究领域的话语和研究方法，明确自己的智力与专业兴趣，并选择组建论文指导委员会，准备综合考试；第三阶段是论文阶段，学生在论文阶段需要具有形成研究问题的想法，掌握恰当运用研究方法的能力，并在博士论文研究过程中获得相应的指导、建议和鼓励。[①] 然而遗憾的是，该阶段的划分显然有着明显的制度痕迹，将博士生的专业社会化过程按照正式的制度安排来划分，虽然在一定程度上体现了不同阶段个体所面临的任务，但是并没有反映出博士生自身能力或角色的变化轨迹。

魏德曼、特威尔和斯坦因（J C Weidman，D J Twale，E L Stein）将桑顿和纳尔迪（Thornton and Nardi）的角色获得阶段理论应用于博士生社会化过程，提出了预期（anticipatory）、正式（formal）、非正式（informal）和个性化（personal）四个社会化阶段。其中，预期阶段涵盖准备和录取期，学生在进入博士专业和研究领域之前会存在特定的成见和先见，他们会根据学习任务以及成功标准的预期来调适自己的行为。学生在该阶段主要是通过单向式遵循教师、导师的意见来习得相应的知识内容、适当行为和可接受的情感。正式阶段为新手接受未来专业自主所需的知识基础，作为学徒，新手通过观察现任角色扮演者和高年级学生，学习规范性的角色期望以及他们的行为方式。非正式阶段，新手所学到的非正式角色期望，主要是在与现任角色承担者的互动中传递和形成的。通过在新文化中持久的交流与浸润，学生获得行为线索，观察可接受的行为以及恰当的反应。在个性化阶段，个体与社会角色，个性与社会结构开始融为一体，角色实现了内化。在这关键的整合阶段，学生开始聚焦于研究兴趣、专业领域，并越来越多地卷入专业活动当中，如科研发表、参与会议和服务等。

此外，魏德曼等人还在综合前人研究的基础上，构建了博士生社会化

① Braxton J M，Baird L L.，Preparation for Professional Self-regulation. *Science and Engineering Ethics*，Vol. 7，No. 4，2001，pp. 599 – 602.

发展框架，勾勒出博士生社会化的起点与目标，要素、阶段与场所，如图 5－1 所示。由于该社会化阶段划分以及理论框架具有很强的解释力与包容性，因此也被其他学者广泛接受，成为当前博士生社会化阶段的代表性理论。

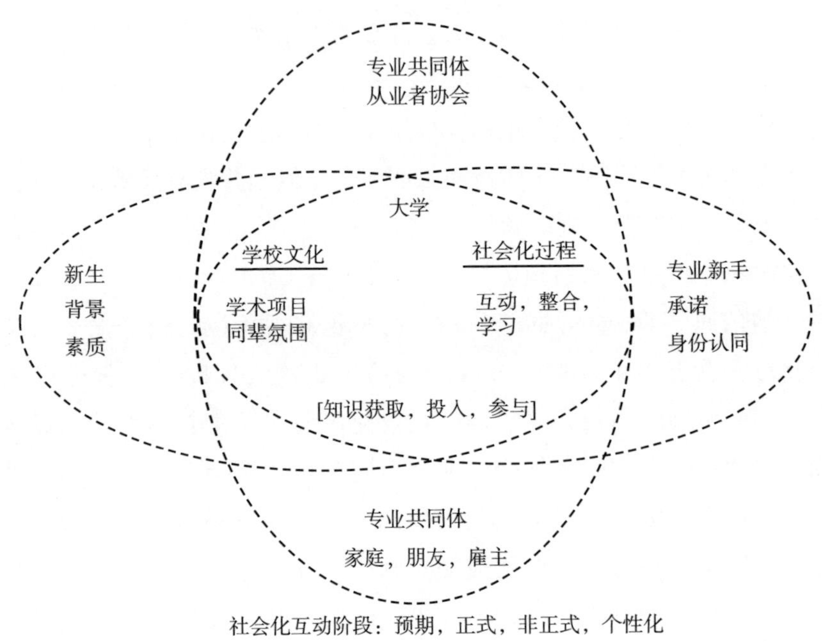

图 5－1　研究生与专业研究生的社会化框架

资料来源：Weidman J C，Twale D J，Stein E L.，Socialization of Graduate and Professional Students in Higher Education：A Perilous Passage? ASHE－ERIC Higher Education Report，Vol. 28，No. 3，2001，P. 49.

不过魏德曼等人的专业社会化理论虽然较好地刻画了博士生从学生到研究者的角色习得过程，但不足之处在于忽视了不同学科、组织以及教育制度之间的差异。因此，加德纳（Gardner）以 40 名化学与历史专业的博士生为研究对象，采取质性研究方法，探究了博士生如何在博士教育期间从一名学生成长为独立研究者的过程，研究以项目进度为标尺，从关系与个人两个方面的发展考察了独立研究者形成的阶段和特征。加德纳发现，独立研究者形成的第一阶段为准入期，包括研究生院申请、录取到初期的课程学习经验，学生与其他同事和教师的早期接触经历对于理解博士生以及未来研究者的职业角色具有关键作用。第二阶段为整合期，时间跨度为项目开始到获得候选资格，一方面，学生的兴趣在于与其同事形成紧密关系，这种社会整合与关系的建立主要通过课程和助教身份来完成；另一方面，学生也会发展与其老师的关系，选择指导教师与指导委员会，在此阶段，学生需要学会如何平衡处理不同角色的职责要求。第三阶段为候选期，也是博士生成长为独立研究者的关键转折阶段，学生在博士论文研究和职业准备的过程中，逐步从独立的学生发展为专业的自我。如表 5 - 1 所示。

表 5 - 1　　独立研究者形成阶段的关系与个体发展特征

项目	阶段 1	阶段 2	阶段 3
进度	录取、课程教学、资格考试	课程完成、考试、助理	研究计划、博士论文研究
关系	发展与系内同事、教师和职员的关系	发展与导师和教师的关系；在课程学习与助理过程中与学生发展同事关系	摆脱同伴关系的依赖，发展与导师的亲密关系以及更大学术共同体的关系
个体	转向研究生要求的认知能力发展，理解专业角色要求	从学生身份认同转向专业身份认同，平衡专业角色要求	形成学者认同，形成更大学科文化的认同

资料来源：Gardner S K. , What's too much and what's too little? the Process of becoming an Independent Researcher in Doctoral Education. *The Journal of Higher Education*, Vol. 79, No. 3, 2008, pp. 327 - 346.

从博士生学术社会化的研究过程中可以看出，目前关于研究者养成阶段的研究对象基本上来源于美国研究生教育体制下的博士生，因此博士生学术社会化阶段的划分或显或隐的都带有美国教育制度的痕迹。此外，虽然博士生学术社会化将知识、能力、价值、规范和身份认同等作为应有内涵，但实际上在研究过程中由于研究方法论的限制（专业社会化研究的主流方法论范式为质性研究法），更多侧重的是社会与心理维度，常常忽视知识与能力等认知维度的发展。这导致博士生学术社会化理论的适用范围与解释力大打折扣，因此，立足于我国本土博士生成长实际情境，探究理科博士生如何在知识、能力与认同上成长为一名研究者，或者进一步说，博士生如何在学习与研究过程中形成研究者所需具备的素养与能力将是本章研究的核心问题。

第二节　定量与定性路径相结合的平行嵌套研究策略

一、平行嵌套研究设计

在现有关于博士生专业社会化的研究中，质性研究方法被视作最为常规的一种路径，不过单一方法运用的偏好也使得我们难以窥探博士生成长之全貌。导致作为研究者核心素养的科学思维和研究能力的转变，在博士生学术社会化过程中常常难觅踪影。鉴于以往研究中显现的这一不足，本书将围绕博士生学术社会化的丰富内涵，在研究设计中采用定性取向与定量取向相结合的混合研究方法，避免单一方法运用带来的认知盲区和局限。

所谓混合研究方法，简单来讲，就是在研究的不同阶段综合运用定性和定量研究方法，其目的在于：第一，三角测量，在不同的方法中寻求结果的聚合、可靠性和一致性；第二，互补，运用一种研究方法的结果来阐述、增强、确证和澄清另一种研究方法得出的结果；第三，发展，基于一种研究方法得到的结果来发展或开启另外一种研究方法；第四，启发，从两种不同方法所蕴含的研究问题与结果中追求研究发现的矛盾、冲突以及新视角；第五，扩展，通过运用不同的研究方法来丰富探究的宽度和范围。① 根据两种方法在研究过程中混合的层面、时间以及主导性，大致可以划分为同等地位混合方法设计、主次混合方法设计、顺序型混合方法设

① Greene J C, Caracelli V J, Graham W F. Toward a Conceptual Framework for Mixed-method Evaluation Designs. *Educational Evaluation and Policy Analysis*, Vol. 11, No. 3, 1989, pp. 255 – 260.

计、平行混合方法设计以及多层次路径研究等几种混合研究设计。①

由于从博士生成长为研究者的历程，涉及学术动机、专业知识、研究技能、科学思维、科研规范与伦理以及学术职业抱负和目标等多方面的内容，博士生学术社会化的过程包含认知、社会关系与心理成长等多重维度。因此无论是定量研究方法还是定性研究方法，任何单一的研究方法策略都无法准确刻画研究者养成过程的复杂内涵与转变机理。故而，本书将以研究结果的交叉互补为目的，采用定性与定量研究方法相结合的平行混合方法设计。

研究主要探究的问题是博士生如何成长为研究者？围绕这一核心问题，具体到概念层面，其实质就是博士生科研素养、能力与学术认同的形成，如果分别换作定量、定性研究术语，那就要分析博士生的科学素养与能力的转变轨迹，抑或是博士生的专业社会化过程。前者关注的是博士生具体科研素养与能力在不同阶段的发展特征，而后者重视的是学生在成长为研究者过程中，个体心理、社会关系、角色规范以及职业认同的转变方式，两者之间虽互有交叉，但视角却迥然相异。

进入资料收集阶段，一方面，研究对国内 35 所传统研究生院高校的理科博士生进行了整群抽样问卷调查，测量不同培养模式下不同阶段博士生的研究者素养与能力发展情况；另一方面，又选取了 7 所高校和科研机构、22 位在读博士生与青年教师进行了半结构式访谈。然后运用定性研究方法，通过三级编码归纳构建研究者养成的节点与阶段，并借助定量研究得出的结果对定性研究的阶段进行交叉验证，最后分别对研究者素养形成的每一阶段进行综合分析，探究博士生成长为研究者的过程中，素养能力的内在发展与外部认可、前后阶段的递进、素养能力成长与效能感之间的交互影响等作用机制，从个体素养与能力的发展、心理成长、社会关系以及角色认同等多个方面描绘研究者素养与能力发展的社会化过程。如图 5 –2 所示。

① ［美］阿巴斯·塔沙克里、查尔斯·特德莱：《混合方法论：定性方法和定量方法的结合》，唐海华等译，重庆大学出版社 2010 年版。

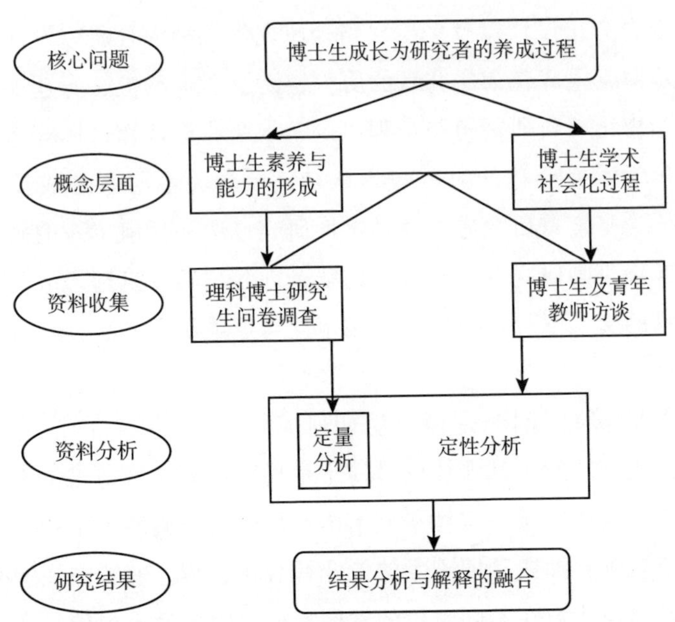

图5－2　博士生素养与能力养成研究的平行混合方法设计

二、研究参与者的选择和资料收集策略

（一）定量数据的采集

基于前文构建的博士生研究者素养与能力框架指标和博士生科研素养形成特征，编制了理科博士生科研素养与能力养成调查问卷。问卷共分为三部分，第一部分为个体基本信息，包括性别、婚姻、年龄、学科、年级、入学方式、会议参加等信息，共包括14个题项；第二部分为博士生科研素养与能力形成的条件和氛围变量，包括学科或实验室属性、规模和设施条件，导师等重要他人的支持情况，实验室与系所的学术氛围等，设计题项共计19个；第三部分为博士生的研究者素养与能力指标，根据前文构建的研究者素养与能力指标，该部分共设置了22个题项，涵盖了学术志趣与品德、学科知识与方法技能、科学思维与研究能力、研究合作与管理能力四大类指标。

本书依托中国研究生院院长联席会开展的《中国研究生教育年度报告》调查，对55所研究生院高校的理工科博士研究生进行了问卷调查，其中有35所高校参与调查，最终回收有效问卷1913份。由于参与高校基本上属于自愿性，在问卷发放过程中更多是按照方便原则实施，导致不同学校之间在样本规模差异性上很大，在不少高校回收的问卷中理科博士生样本非常少。有理科博士生参与调查的高校共计35所，样本量达到656名。其中，24所大学的每校回收有效问卷不到20份，6所大学的单校回收问卷数量在20～39份之间，只有5所大学单校问卷有效回收数量在40份以上，如表5－2所示。

表5－2　样本高校来源说明

高校名称	回收数量（份）	高校数量（份）	总计（份）
华中科技大学、西南交通大学、山东大学、中科院、北京理工大学、北京林业大学、北京邮电大学、重庆大学、北京交通大学、华东理工大学、南京大学、四川大学、哈尔滨工程大学、中国石油大学、上海交通大学、湖南大学、浙江大学、中国石油大学（北京）、北京大学、大连理工大学、西北农林、中南大学、北京科技大学、厦门大学	1～19	24	180
同济大学、吉林大学、西北工业、南开大学、哈尔滨工业大学、兰州大学	20～39	6	176
中山大学、复旦大学、中国科学技术大学、华东师范大学、北京师范大学	≥40	5	300

考虑到参与调查的学校都是我国国内传统研究型大学，其中25所为双一流大学，10所为一流学科高校，在调查样本中，有60.5%的博士生就读于重点学科，超过65%的博士生所在实验室为国家重点实验室、省部级重点实验室或是学校重点实验室，很大程度上代表了我国博士生培养的最高水平。而且从最后回收样本的人口学变量与教育背景变量分布情况来看，除了因调查难度导致高年级博士生占比略低外（三年级以上博士生占比为40%），基本上与我国当前理科博士生的实际分布情况较为一致，如表5－3所示。

表 5 – 3　　调查样本信息说明

属性	样本分布
性别	男（399 人，60.8%）；女（256，39%）；缺失（1，0.2%）
年龄	21 ~ 25 人（160，24.4%）；26 ~ 30 人（430，65.6%）；31 ~ 35 人（31，4.7%）；36 人以上（12，1.8%）；缺失（23，3.5%）
婚姻状况	已婚已育（56，8.6%）；已婚未育（96，14.6%）；未婚且有恋人（250，38.1%）；未婚且无恋人（242，36.9%）；缺失（12，1.8%）
学科	物理与天文学（158，24.1%）；化学（115，17.5%）；数学（111，16.9%）；地理与海洋科学（66，10.1%）；生物（57，8.7%）；其他（149，22.7%）
年级	博一（230，35.0%）；博二（160，24.4%）；博三（139，21.2%）；博四（72，11%）；五年（36，5.5%）；六年及以上（15，2.3%）；缺失（4，0.6%）
入学方式	普通招考（233，35.5%）；硕博连读（297，45.3%）；本科直博（125，19.1%）；缺失（1，0.1%）
国家重点学科	是（397，60.5%）；否（255，38.9%）；缺失（4，0.6%）
重点实验室	国家重点实验室（198 个，30.2%）；省部级重点实验室（172，26.2%）；一般实验室（255，38.9%）；缺失（31，4.7%）

（二）定性数据的收集

按照博士生学术社会化的理论，从博士生到研究者的社会化是博士生在研究生院期间对学科和职业领域内规范、价值和实践的发展与理解过程。[①] 博士生的研究者养成过程不可避免地要受到组织、学科和职业预期等多重因素的影响，因此在访谈样本的选择中，受访谈者的博士受教育机构包括在境外知名大学获得博士学位者 3 人、在中国科学院在读或获得博士学位者 4 人、在双一流建设高校在读或获得博士学位者 15 人。学科类别包括数学、物理、化学和生命科学等实验性的自然科学学科，即托尼·比彻所谓的硬学科，领域内的科学家对学科研究范式或理论体系有着较高

① Mars M M，Bresonis K，Szelényi K.，Science and Engineering Doctoral Student Socialization，Logics，and the National Economic Agenda：Alignment or Disconnect? *Minerva*，Vol. 52，No. 3，2014，P. 361.

的认同度。[①] 换言之，研究所选取的学科具有较强的国际通用性和可比性，这对优化博士生科研成长经历，提升博士生教育国际竞争力具有重要意义。本研究中来自数学、物理、化学、生命科学与地理学的受访者分别为2人、6人、7人、6人和1人。最后在学术身份上，研究选择的样本中包括已经获得教职或专职科研岗位的8位青年科学家，包括3位高级职称的科学家（均为博士生导师）、2位讲师、2位助理研究员和1位博士后，以及尚未最终确定职业选择的14位高年级在读博士研究生。此外，需要交代的是本研究中的访谈参与者中有4名女性，其余均为男性。

从研究抽样的科学性与可操作性两方面出发，在教师访谈层面，笔者先后访问了上海的4所双一流大学以及中科院相关学科所在院系和研究所的官网，根据各院系对在职教师的简历说明，分别筛选出在国外或国内知名高校以及研究机构获得博士学位的青年教师39名，然后利用学校提供的教师公开邮箱，向每一位教师发送了访谈邀请信函，最后获得11名教师的回信，其中有8人表示愿意接受访谈（包括一名博士后）。在学生访谈层面，从访谈抽样需要出发，借助熟人网络，先后联系到北京、上海以及兰州等地6所双一流大学的14名博士生，访谈学生中博二、博三、博四和博五的人数分别为2人、3人、6人、3人，其中高年级博士研究生为主要研究对象，低年级博士研究生仅作为参考对象进行访谈。在实施过程中，根据访谈对象的方便性，笔者通过面对面交流或网络音频的形式进行了半结构化访谈，访谈时间在45～90分钟之间，其中绝大部分的访谈时间在70分钟左右。

通过对访谈文本的整理，笔者对三份无效样本予以剔除，最终选取19项个案进行了深入分析，为了保护受访者的个人隐私与安全，遵循科研伦理要求，笔者对参与者的姓名、所属系所进行了匿名化处理，并对受访者进行了编码，如表5－4所示。

---

① ［英］托尼·比彻、保罗·特罗勒尔：《学术部落及其领地：知识探索与学科文化》，唐跃勤译，北京大学出版社2008年版。

表 5－4　　访谈样本基本信息

编号	学术身份	学科	所属实验室级别	单位
ZE1	助理研究员	生命科学	国家重点实验室	中国科学院
ZE2	助理研究员	生命科学	国家重点实验室	中国科学院
ZE3	博士后	生命科学	国家重点实验室	中国科学院
PE4	博士	生命科学	国家重点实验室	双一流大学
SE5	博士	生命科学	教育部重点实验室	双一流大学
HE6	博士	生命科学	教育部重点实验室	双一流大学
HG7	青年讲师	地理	国家重点实验室	双一流大学
HC8	青年讲师	化学	上海市重点实验室	双一流大学
HC9	博士	化学	普通实验室	双一流大学
HC10	博士	化学	普通实验室	双一流大学
LC11	博士	化学	普通实验室	双一流大学
DC12	博士	化学	国家重点实验室	一流学科大学
DC13	博士	化学	国家重点实验室	一流学科大学
FP14	青年研究员、博导	实验物理	国家重点实验室	双一流大学
TP15	副研究员、博导	理论物理	普通实验室	双一流大学
SP16	研究员、博导、“青年千人计划”引进人才	理论物理	教育部重点实验室	双一流大学
HP17	博士	实验物理	国家重点实验室	双一流大学
TP18	博士	理论物理	上海市重点实验室	双一流大学
TP19	博士	实验物理	上海市重点实验室	双一流大学

在具体的访谈过程中，正如学者陈向明所言，所有科学研究者都是一定意义上的“局外人”，这种局外人身份除了缘于教育学科和自然科学研究者之间的巨大差异外，更重要的是，在进入研究访谈情境之前带有特定的理论框架。[①] 这些理论预设会转化为具体的研究问题，作为线索贯穿或渗透到访谈过程中。根据博士生专业社会化理论中较为普遍的阶段划分特

① 陈向明：《质的研究方法与社会科学研究》，教育科学出版社 2000 年版。

点，访谈设计问题为：（1）你为什么会选择攻读博士或科研职业？截至目前目标有无发生动摇？原因是什么？（2）回顾自己的博士学习与科研经历，如果让你划分的话，你会划分为哪几个阶段？不同阶段的内容与任务是什么？（3）如果让你重新选择，你觉得在不同阶段最应该学习或锻炼哪方面的能力与素养？（4）回顾自己的博士学习与科研经历，你觉得自己在哪些方面得到了成长？根据博士生社会化过程中的阈限概念，访谈设计的问题是“你在博士学习过程中，遇到最困难的事是什么？发生在什么时候？你是如何克服的？从这件事中你的收获是什么？”依据个体发展网络对博士生成功社会化的作用，访谈设计的问题包括：（1）你的博士生导师是如何指导你的？是什么样的指导方式？指导的内容包括什么？你从导师身上学到最重要的是什么？（2）在导师之外，其他老师或同学对你的学术成长产生了什么影响？（3）在整个博士学习过程中，对你影响或帮助最大的一个人是谁？对你的影响是什么？

三、编码过程与初步分析结果呈现

（一）开放性编码

为了从研究参与者的自我汇报中提取研究所需的本土概念，笔者本着原始材料的真实性原则，对 19 位研究参与者的访谈录音进行了文字转录，共形成 11 万 2 千字的分析材料。根据扎根理论研究的编码程序，研究需要对原始资料进行分解、概念化、范畴化、概念重组和结构化。开放性编码（open coding）作为理论构建的基础性步骤，是对资料检视、比较、概念化和范畴化的过程，其目的是为后期研究形成建立分析单位，即概念范畴。[①] 因此开放性编码并不是简单对文本词语的归纳，而是对现象的抽象与概念化，拿到原始访谈文本之后，笔者运用不断比较分析法和提问问题的编码技术，围绕相同主题对 19 份访谈样本资料进行了逐字逐句的编码，首次形成的初始概念高达 312 个，通过对概念内涵的比较分析，剔除与主题相关度不高的概念、合并内涵相似概念，最后获得 175 个初始概念。从

① ［美］斯特劳斯、科尔宾：《质性研究概论》徐宗国译，巨流图书公司 1997 年版。

图 5－3 中可以看出，单项文本形成的初始概念最少也有 67 个，最多的达到了 172 个。在这些初始概念中，编码次数大于 9 次的有 57 个，编码次数在 5～9 次的有 61 个，少于 5 次的开放性编码概念为 57 个，表 5－5 呈现了编码形成的初始概念分布情况。

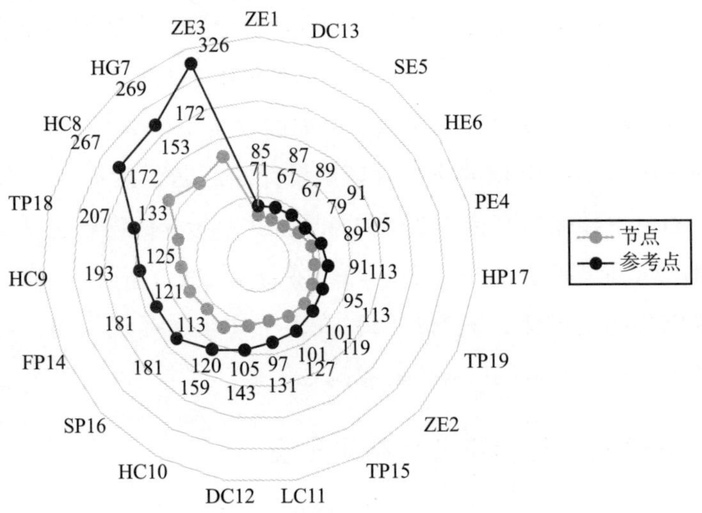

图 5－3 初始概念形成的节点与参考点

表 5－5 初始概念编码个数及参考次数

编码次数	形成概念	个数
≥10	交流讨论、研究专攻知识准备、研究进度监测、研究深度困顿、现实冲击遇阻、自我求证、态度传递、困难认知理性、情绪冲击、研究纠偏、学术信息传递、边缘性参与、研究专攻技能准备、想法践行、发展负荷、方法构想等	57
5～9	导师关注点分配、情感支持、想法萌生、挫折磨炼、机会型选择、研究嗅觉、研究退出、首轮体验、干扰抵制、反思性批评、锁定指导风险、学术打磨、研究意义的建构、研究情绪环境、科研高标杆、想法实现冲突、科研韧性提高等	61
1～4	方向确定裁量权、想法保有、公共知识结构延续、挑战性课题、方法迁移、问题掌控、风格传承、认识飞跃、锁定性投入等	57

在对原始资料进行“贴概念标签”之后，形成了大量初始概念，为了缩减概念数量，笔者在众多初始概念中进行了范畴挖掘，根据概念内涵所指现象的内在逻辑，对同一现象有关的相近概念进行了聚类，即初始概念的范畴化。新形成的范畴概念不仅有着更高的抽象程度，更重要的是有着丰富的内涵，下辖的概念群之间有着某种内在的关联，具有很强的理论构建潜力。[①] 按照扎根理论研究程序，笔者对初始概念作了进一步的发展与提炼，最后形成基本科学素养、成长障碍、成长条件支持、成长策略、导师指导行为、独立自主研究能力形成、专攻知识结构形成、学术素能自我确证、学术驱动力形成和研究“想法”孕育 10 个概念范畴。为了还原从原始材料到初始概念再到范畴化的整个编码发展过程，表 5－6 选取了个别原始资料的开放性编码流程进行了展示。

表 5－6　　部分原始资料编码过程示例

原始资料节选（HC10）	初始概念	范畴化
Q：你觉得在科研过程当中最困难的是什么事？是在什么时候发生的？ A：有，比如老师给你设计的方向，我当时大概经历了一年的时间，现在回想起来那一年是完全没有成果的。这主要发生在转博的一年级，也就是博一那一年。主要是因为自己的经验比较少，另外一个就是导师设计的课题比较难。后来因为实在太难了，所以还是经历了一些方向的修改。难度降低了一些，后来结果虽然做出来了，但是效果也没有那么好。就是感觉有时候费了很大的劲，但是结果和预期存在非常大的差距，这个是挫败感比较大的原因。那一年是我过得最惨的一年，因为实验天天做不出来，然后老师还天天催着，老师一来就问今天实验做得怎么样？我每天都跟他说，这个没有做出来，这个又怎么不行啦？时间一久，还是做不出来，老师对你的能力也是一个怀疑。就觉得你什么都做不出来，这说明你的水平就很差，感觉这是一种恶性循环，然后自己对自己也越来越没有信心，对自己和对课题都没有信心。 Q：你是怎么度过这一年的？ A：主要还是靠自己。我记得有一次我和导师的意见相差非常大。我坚决反对老师给我设计的研究方案。然后和老师也谈了很久，最后我们两个人都没有说服对方，选择了一个折中的方案。	导师制定方向 困顿持续期 挑战性课题 协商选择方向 现实冲击遇阻 情绪冲击 研究进度监测 情感支持 科研信心 独立探究 想法实现冲突	导师指导行为 成长障碍 成长条件支持 独立自主研究能力形成 成长策略 学术素能自我确证

① ［美］斯特劳斯、科尔宾：《质性研究概论》徐宗国译，巨流图书公司 1997 年版。

续表

原始资料节选（HC10）	初始概念	范畴化
Q：经历过这个过程之后，对自己的影响是什么？ A 我是觉得我比较自信，就算自己的方案失败了，我会对自己的实验负责。我没有按照老师的方案去做，当然我后来偷偷地做了自己的实验方案，效果还是很好的。所以我后来对我自己的这个实验方案的判断，还是很自豪的。经历过这一年之后，起码在后期的话，这个实验方案是比较顺利的。大的问题基本克服了。不经历这些困难和挫折，你还是学不到一些东西。我觉得从经验上来说，失败的经验可能比成功的经验更宝贵。 ……	策略行动 科研韧性提高 问题解决 挫折磨炼 研究经验积累 ……	……

前文虽然从原始材料中初步挖掘形成10个概念范畴，但是不同范畴之间依旧处于割裂的状态，无法形成有效的逻辑关联，因此编码过程尚无法完结。根据斯特劳斯和科尔宾（Struss，A & Corbin）对扎根理论中范畴发展的规定，范畴与副范畴以及主要范畴之间的关系，是由指涉现象的性质与维度串联而成，[①] 故而需要对范畴的性质与维度做进一步发掘。为此，笔者对范畴的性质展开进一步的发展，力图为范畴发掘更丰富的面向，如表5－7所示。

表5－7　　范畴属性及维度分析

范畴	属性	维度
基本科学素养	可培养性	先赋性——后致性
	表现水平	优秀——平庸
成长障碍	障碍来源	客观存在——人为设置
	障碍难度	大——小
	持续时间	长——短
	障碍内容	现时问题——未知压力
	发展负荷	大——小

① ［美］斯特劳斯、科尔宾：《质性研究概论》徐宗国译，巨流图书公司1997年版。

续表

范畴	属性	维度
成长条件支持	支持来源	多元—单一
	支持力度	强支持—弱支持
	支持效果	有效—无效
	支持类型	情感—知识—能力—平台—氛围
成长策略	科研投入时间与精力投入	多—少
	学术合作	组织内—组织外
	交流讨论	频繁—稀少
	学术请教	对象：多元—单一；机会：多—少
	自主学习能力	强—弱
	策略选择	灵活—单一
导师指导行为	指导内容	知识—实验室技术—方向
	指导投入	多—少
	指导方式	直接指导—协作指导
	指导风格	管治—支持—放养
	关注点分配	学术—非学术；合作—竞争
	研究进度监测	固定—随机；任务型—关怀型
独立自主研究能力形成	独立研究意识	主动—被动
	独立探究能力确立时间	早—晚
	独立性程度	强—弱
专攻知识结构形成	知识形态的私人性	强—弱
	知识结构形成意识	主动—被动
	形成时间	早—晚
学术素能自我确证	外部学术认可	早—晚
	能力的自我认知	积极—消极
	素养与能力成长	高—低
学术驱动力形成	早期科研经历影响	多—少
	学术志向	高—低
	学术兴趣	强—弱
	研究意义构建	积极—消极

续表

范畴	属性	维度
研究”想法“孕育	思维异质性	大—小
	创想能力	高—低
	形成时间	早—晚
	生成方式	主动构思—被动磨炼

（二）主轴编码

主轴编码（axial coding）是指基于开放性编码形成的范畴，运用范式模型（paradigm model）将相关范畴联结起来，进而对主要范畴做进一步的拓展与丰富。其中范式模型就是围绕某一现象分析其产生的因果条件、所处的脉络情境、面对的中介条件、采取的行动策略以及最后形成的结果，上述所提到的要素大多为此前开放性编码所形成的范畴，不同之处在于，此处的现象被视作主轴编码中的主范畴，其余要素则是与其相关联的副范畴（subcategories）。①

基于这一思路，笔者对开放性编码产生的 10 个范畴又做了进一步的调理和思考，研究认为，学生形成专攻知识结构、独立自主研究能力以及产生研究“想法”是引发个体采取行动策略、教育制度设计与资源配置的核心事件，因此将专攻知识结构形成、独立自主研究能力形成、研究“想法”孕育三个范畴归类为“研究者素养与能力发展”作为主轴编码的主范畴。将其余范畴作为与研究者素养与能力发展相关的副范畴，其中个体的学术驱动力是该现象产生的因果条件；学生的基本科学素养、导师指导行为、成长条件支持、成长障碍是中介条件；学生的成长策略是行动策略；学术素能自我确证则是现象最后的结果。需要提醒的是，这里的主范畴与副范畴是相对概念，事实上，根据研究问题的转换，副范畴同样可以作为主范畴进行范式模型分析，在以下章节有关研究者素养与能力形成阶段的分析中将对此做更细致的探究，如表 5 - 8 所示。

① ［美］斯特劳斯、科尔宾：《质性研究概论》徐宗国译，巨流图书公司 1997 年版。

表 5 – 8　　范式模型

要素	内容
因果条件	攻读博士学位，期望获得学术认可，成为优秀研究者（学术驱动力）
现象	学生克服科研困难，养成独立开展科学研究的素养与能力（专攻知识结构形成、独立自主研究能力形成、研究“想法”孕育）
脉络	现象属性中构成个体采取行动策略的有关条件，例如，学生主动或被动发展自身的科研素能，学生科研素能的发展进度在早期、中期或晚期；学生在科研素能上发展的表现为优秀或平庸
中介条件	学生基本科学素养（品质、知识、能力）； 导师指导行为（支持、管治、放养、指导投入、方向制定、成果发表等）； 成长条件支持（科研平台、科研氛围、知识教学、导师水平、高年级传带、人际关系与情感支持）； 成长障碍（论文发表要求、课题的挑战性、发展负荷、科研困难解决、挫折磨炼）
行动策略	成长策略（交流讨论、学术请教、主动自学、科研投入、思谋、摸索尝试、自我管理）
结果	学术能力自我确证是否具备优秀研究者具备的学术素能（坚持—退出）

（三）初步分析结果呈现

根据开放性编码与主轴编码的结果，尤其是对主轴编码形成范畴的范式模型分析，关于博士生研究者素养与能力养成的概念图式逐渐清晰。结合原始材料可以发现，贯穿于研究者素养与能力的成长过程，始终存在的一条线索就是博士生如何在开始博士攻读学位阶段之后，凭借外在的条件支持或行为刺激，运用不同行动策略在解决科研难题的过程中发展自己的科研素养与能力，即专攻知识结构形成、独立自主研究能力形成和研究“想法”孕育，其中研究想法在研究者素能中又最为关键。科学素养与能力的生成不仅是构成博士生与导师关系形态与互动策略、学生成长与外部条件互动方式的关键概念，而且是博士生自我确证是否具有优秀的研究者素养与能力、决定职业选择的主要依据，如图 5 – 4 所示。

到此为止，研究初步确立了研究者素养与能力发展的概念框架，但尚没有对相关科研素养与能力的形成阶段作出说明，更没有对不同阶段素养与能力形成的具体机制和方式进行细致刻画。因此，笔者根据两次编码过程中对研究者相关素养与能力范畴的属性、面向、分析结果，以及原始文本中访谈对象有关博士生成长阶段的自我报告，对研究者素养与能力养成的历程进行了区分。按照时间展开序列，研究以因不同时期“中介条件”变化而导致个体行动策略以及科研素养与能力发展重点的转折点作为划分依据，进而形成专攻准备、研究锁入、阈限过渡与学术素能自我确证四个阶段，四个阶段之间整体上呈现出递进与累积的态势，但在发展进度上则因人而异，如图5－5所示。本章以下几节内容将以此为依据，对不同阶段研究者素养与能力养成的方式以及转换展开具体分析。

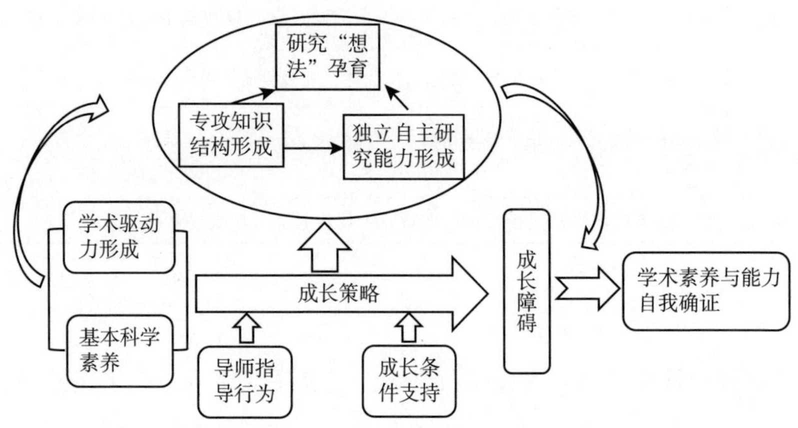

图5－4　博士生素养与能力的养成模型

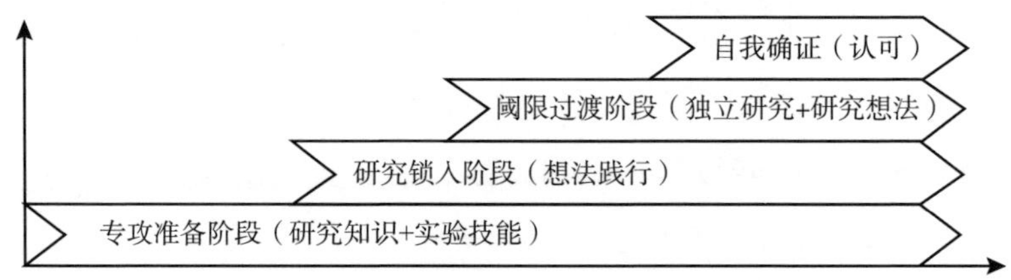

图5－5　博士生素养与能力的养成阶段

第三节　研究专攻准备阶段

很多进入博士培养单位开始学习的博士生，在刚开始的第一年，一方面，会延续大学或硕士阶段的学习方式，按部就班地完成学校规定的课程修读任务；另一方面，则会在课余时间进入实验室熟悉实验室的仪器设备、操作技术以及人际关系。在这个初始阶段，学生面临的课业与科研任务比较轻松，实验室内的导师和其他成员对入门新手的预期也是相对较低的，其目的是为接下来的专攻研究奠定基础、做好准备。因此，在实验研究遇到现实阻碍之前，新手们对博士研究学习往往抱有较高的预期和兴致。该阶段对应于洛维茨（Lovitts）的阶段 2，即课程学习。[①]

一、知识结构：从公共普适向个体专攻的转变

从研究者素养与能力养成的整个过程来看，本阶段具有从本科学习向研究生学习转变的特征，二者的差异主要体现在博士生的知识结构形态上，区别于本科生知识结构的公共性、确定性，博士生的知识结构则有着鲜明的个体性、开放性，该阶段的任务在于形成围绕自己未来专攻研究的知识结构，为接下来的专攻研究做好知识准备。这种知识形态的过渡性特征导致个体个性化的知识建构需求与学校公共性知识的供给形成激烈冲突，学校所开设的课程很难满足学生构建自己专攻研究知识结构的需要，从而造成很多博士生产生“课程无用”的观点。

围绕这一现象，笔者选择了博士生如何在完全进入实验室开始研究之前形成专攻型知识结构作为分析对象，运用扎根理论研究法中的范式模型分析策略，对专攻型知识结构构建现象的因果条件、脉络、中介条件、行动策略和结果进行探究。由于原始资料太过庞杂，无法全面呈现整个编码过程，故而，在此仅选择两个案例作为编码分析的示例，下文中部分范畴的属性及其维度设置均来自其他访谈文本。

通过对原始文本的开放性编码，在概念标签的基础上，笔者形成了“课程教学”“实验室指导”“自主学习”和“基本科研素质”四个范畴，并根据不同文本和标签概念之间的比较，发展了范畴相应的属性与维度，如表 5 – 9 所示。

---

① Lovitts B E. , Leaving the Ivory Tower：The Causes and Consequences of Departure from Doctoral Study. *Contemporary Sociology*, Vol. 32, No. 2, 2001, P. 247.

表 5－9　　　　个体专攻知识结构形成的编码示例

案例文本节选	初级编码	范畴化、属性及维度
案例 1（SP16） A：在物理方面物理图像的理解很重要……你需要对这个物理的图像很清楚，知道他在方程背后……把这个东西理解错了，那个方向做的话，即使后面都推导的对，都得不到正确的结果，所以我觉得物理图像这种很难定向，描述东西的反而更重要，但这个不能拿来做考核指标。 Q：实验物理对知识的要求是什么？ A：要求知识的积累，要读很多书，写很多论文才能进入课题……我觉得这个特别难，这个得有明白人指点才行，看书本很难获得，我觉得在国内很难解决的问题，还是在国外的名校当中，他们的老师理解更正确，必须是当面的讨论获得的，除此之外，没有更好的途径获得物理……这需要几代人的不断积累，现在也能看到美国哈佛通过率越来越多了，他们就能接触更正确的思想，他们回国后能更有效地教物理，理工科源头在西方，他们对物理的理解更先进。	知识理解 研究基础 研究知识准备 教师指导 教授方式 教学能力	**课程教学** 教需匹配： 方法—基础 深度—前沿 挑战性： 大—小 教师教学能力： 强—弱
案例 2（ZE3） Q：那在你的理解当中，知识是不是作为研究过程中的一种工具？ A：可能我刚才没有表达清楚。我觉得首先经典的教材是一定要去读的。只要了解历史，才能知道怎么往前走。这个是必然的……。现在包括好多新来的学生都不看教材，我觉得这是有问题的。我们那时候，带我们的师兄师姐都会给我们一些经典的教材文献去看。我们现在给他们指出来，他们也没有认真地去看，我觉得这是有问题的。我刚开始确定推免到神经所的时候，神经生物学也不知道，我就在神经所网站上看到推荐的一些书籍，我就回图书馆去找。当时看到一部分的内容非常难……我把不同国家的神经生物学的课程教材电子版都下载了，把它交叉看了一遍，后来好多概念你就融会贯通了。所以刚来的时候我特别注重基础。……所以我们所这边一直坚持要做开题报告。其实导师也会给新来的学生很多文献去看。我们这边给新来的学生在轮转的时候，会让他们读很多文献。不是要你一直做实验，如果做实验脑袋不清楚也没有意义。	研究知识基础 自觉意识 不懈探索 学习方法 专攻研究知识准备 专攻知识 组织要求 导师指导	**实验室指导** 指导来源： 教师—高年级学生 指导方式： 个人建议—组织要求 **自主学习** 自学意识： 主动—被动 自学能力： 强—弱 **基本科研素质** 学习素质： 强—弱 学术驱动力： 自觉性强—弱

注：为便于区分，表中黑色加粗字体为范畴，下划线字体为范畴属性，中间有横杠者为维度。

在开放性编码的基础上，笔者运用范式模型方法对个体如何形成研究专攻知识结构这一现象进行了分析，即主轴编码。

第一，该现象产生的因果条件在于学生需要在开始科学研究之前掌握扎实、有效的知识基础，培养单位为此开设了相应的课程，并作出学分修读规定。

第二，现象的具体表现形态为博士新生如何在外界支持下准备未来专攻研究需要的知识基础。

第三，脉络。现象发展可能面临的面向，在此主要包括新生学习的主动性或被动性，是不是具有学习的自觉性；另外，学生是否具有良好的学习方法，即学习能力强或弱。

第四，中介条件。学校课程教学是否有效、有无实验室指导以及学生自身基本科研素质的好坏，在此都是构成支持或抑制学生自主构建研究专攻知识的影响因素。

第五，行动策略。学生的自主学习意识得到激发，不仅自学学校课程教学没有提供基础知识内容，而且提前自学实验室研究领域所需的专攻知识。

第六，结果。博士生为接下来的科学研究做好充分准备，能够明确自己所研究的方向或价值，确保了研究工作的顺利开展。

基于二级编码对个体研究专攻知识构建范畴的进一步发展，可以发现，自主学习范畴是统领课程教学、科研素质以及实验室指导等范畴的核心范畴。能否训练和激发学生自主学习行为是个体研究专攻知识形成的关键，也是整合其他范畴的中枢概念。通过范畴之间互动方式的分析，研究最后形成了博士新生的知识结构如何从公共性向个体性转变的路径图，如图 5 -6 所示。

从图 5 -6 中可以看出，学校设置的课程教学为个体研究专攻知识结构的形成提供了基础，在转向个体性知识结构的过程中，学生的自学意识，特别是实验室成员对知识建构方向的指导具有关键作用。一个成功的个体研究专攻知识结构构建应是在课程教学提供有效基础知识之上，实验室给予学生相应的专攻知识学习方向指导，而学生进行主动自学的过程。

然而，该路径图是一个理想概念，现实中，每一环节的递进存在诸多的变异，例如，课程教学有可能为学生提供了良好的知识训练；也有可能没有得到重视，没有为学生提供有效的教学。当遇到后一种情形时，学生就需要开启自学模式，通过多种渠道和方式掌握未来研究所需的专业基础；当然在现实情况中，受到“研究至上”博士生学术文化的影响，如果没有长远的学术信念和积极的学习态度，许多学生往往忽视这一环节，而是迫切希望尽早进入实验室开始研究。在这种情况下，要是实验室没有给予合理的指导以及合理的学习空间，极有可能导致学生仓促进入课题，着手科学研究工作，从而在后续研究过程中造成很多隐患与风险，如课题研究意义的迷失、研究方向的迷茫以及研究效率的低下，如图 5－7 所示。

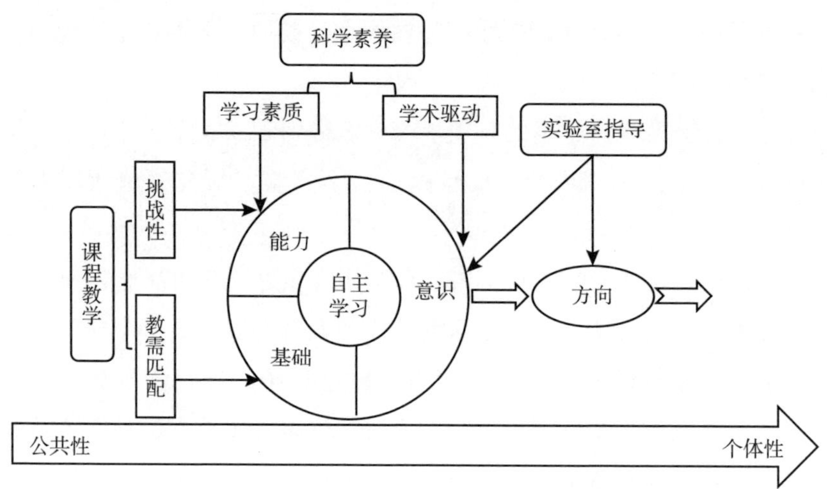

图 5－6　博士生个体研究专攻知识结构的形成路径

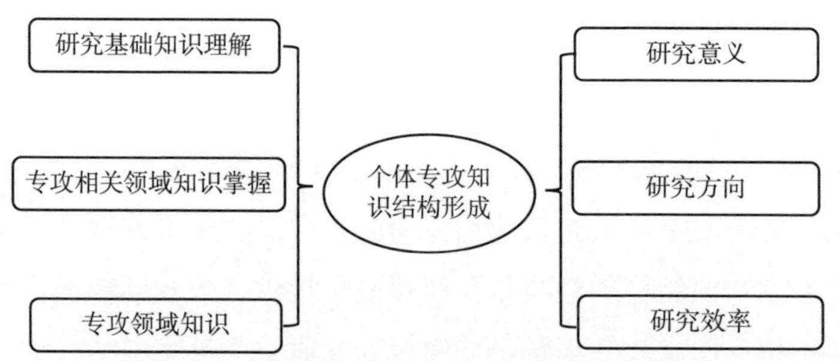

图 5－7　研究专攻知识结构形成的来源及影响

研究的这一推测在博士生知识发展的一定程度上得到了证实，考虑到硕博连读的博士一年级相当于本科直博三年级，在控制招生方式之后，发现普通招考生与本科直博生对自身基础知识和前沿知识掌握情况的判断在进入实验室后都出现了下降，其中，普通招考生在二年级（博二 < 博一）、本科直博生在三年级时（博三 < 博二、博一），知识掌握程度自我汇报值与之前相比发生了降低现象。这表明新生在第一年并没有为即将进入实验室开展专攻研究做好充分的知识准备。

二、研究专攻技能准备

在第一阶段，新生在准备研究专攻知识的同时，也会在课余时间进入实验室提前熟悉实验仪器，掌握特定的实验技术，锻炼科研动手能力。在此阶段，新手们参与实验室的方式主要是边缘性的，进入实验室后，导师与团队成员并不会马上委以重任，而是让新生从实验室最基础的工作做起，通过观察和完成简单、边缘性的实验步骤，借此熟悉实验室内的仪器装备、人际关系与团队文化。

老板说，你要是没什么事，就看别人做实验。看别人做，你就递个螺丝刀，递个镜子之类的，他肯定会教你一下，这个实验室里面的东西放哪儿，然后这个镜子怎么装，这个仪器怎么摆，你肯定在看的过程中会学到很多东西，主要是学习熟悉一下实验仪器设备，不然的话，像这么高级的设备，本科是肯定没涉及过的。（物理学博士 HP17）

正如 HP17 最后提到的“这么高级的设备，本科是肯定没涉及过的”，对于实验科学学科的博士生而言，相应的实验操作能力早在本科的实验教学中就开始训练，但是随着研究的精细化和快速的技术更新，许多实验技能还需要重新学习，神经生物学的 HE6 博士这样解释研究生实验室中实验技能的特点：

“进入新的实验室后，通常接近 30% ~40% 的知识与实验技能需要新学，但我所在的实验室由于采用了当时比较新的研究方法，所以绝大部分需要重新学。”（神经生物学博士 HE6）

药物化学博士 HC10 则用一个形象的比喻，说明在注重经验积累的化学学科中，博士生早期阶段锻炼科研技能对于后续课题研究的影响举足轻重。

“我举个例子，就像做菜，看着菜谱是一样的，但是每个人做出来的味道都不一样。化学实验跟这个做菜有非常相同的道理。每个人给你同样的操作步骤，但是每个人操作起来都有非常细微的差别。比如，你加料的速度不同，操作的顺序不同。这个实验过程中的温度、湿度还有搅拌的速度，有很多因素都会影响实验的一个结果。”（化学博士 HC10）

因而，在某种程度上可以说，研究技能属于一种缄默性知识，研究技能的习得无法通过正式的课程教学传授，而是在与技能掌握者朝夕相处的过程中通过观察和个人实践逐渐养成。① 换言之，个体研究操作技能的掌握需要积累实践经验，不同培养模式中低年级博士生实验技能的分析验证了这一点，普通招考博士生由于在入学前已经接受过系统的研究生训练，三年的研究技能经验锻炼使其在进入博士生科研实验室后得以平稳过渡，实验技能在攻读博士四年中稳步提升。然而对于本科直博的研究生而言，研究操作技能虽然在前两年得到了一定锻炼，但到了开展独立研究的第三年时则显现出不足，直博生的自我评价出现急剧下降，如图 5－8 所示。

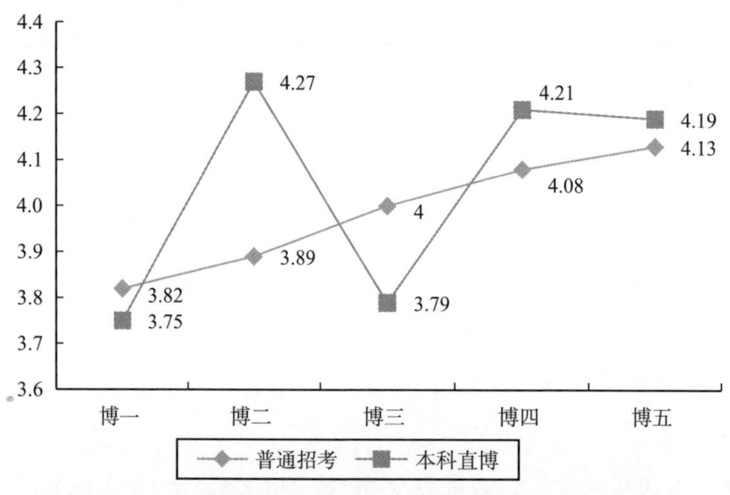

图 5－8　普通招考与本科直博生研究操作技能的历年变化

---

① ［美］J. 莱夫、E. 温格、莱夫等：《情景学习：合法的边缘性参与》，王文静译，华东师范大学出版社 2004 年版。

另外，还有技能的学习，则是通过其他有经验的实验室成员“带着”，以学徒身份参与实验室科研，逐渐掌握日后研究所需的技能和方法。故而新手在进入实验室早期，导师或高年级同学的指导就十分重要，从访谈的情况来看，对于一年级的博士生而言，实验技能的指导主要来源于高年级博士生，也就是以一种高年级“传带帮助”低年级学生的方式进行。不过不同实验室在为新生确定传带师兄或师姐时有着不同的传统，一种是自由组合型，导师并不会为新生指定“传带”的高年级学生。“你对什么方向感兴趣，你就去做，至于你找哪一位师兄或师姐，导师都不会干涉，只要这个师兄师姐愿意。肯定还是有很多问题要请教他们，但不是固定的，你可能每个人都会去请教，每个人都能学一点东西。”（LC11）还有一种则是导师指定型，导师根据课题研究方向的延续性以及团队成员课题研究的需要，将新生安排给某位高年级学生。“导师不会管具体的实验操作，一般来说，他只会大概地指导一下，具体都是一个带一个，就比如一年级刚来的时候，就让四年级、五年级的学生带。”（HC9）对于导师指定形成的传带关系来说，这种固定模式可能有助于上下年级之间形成稳固的传承关系，但是也存在一定的“锁定指导风险”。“其实很无奈的事，就是你碰到的人怎么样，差别度特别大，他如果是比较好的人的话，愿意教你，会教你很多。但他如果不好，或者本身很内向的话，那你就得靠自己。有些人很好，但他学的东西不见得是正确的，他教你的是错误的，我也学过错误的。”（SP16）

而在导师层面，除非是属于新晋导师或刚组建实验室的导师，因团队初创需要向学生直接传授实验技术外，大部分博士生导师都无暇指导新生实验技能的学习，所以新导师或年轻导师所指导学生的研究操作技能往往表现优异。这在问卷调查中得到了证实，在一年级博士生群体中，导师为普通副教授或副研究员指导的学生具有更强的研究操作技能，明显高于普通教授或研究员和高水平人才所指导的学生，不同类型的导师所指导学生之间的研究操作技能具有显著性差异（$p = 0.005$，$p < 0.05$），如图 5－9 所示。

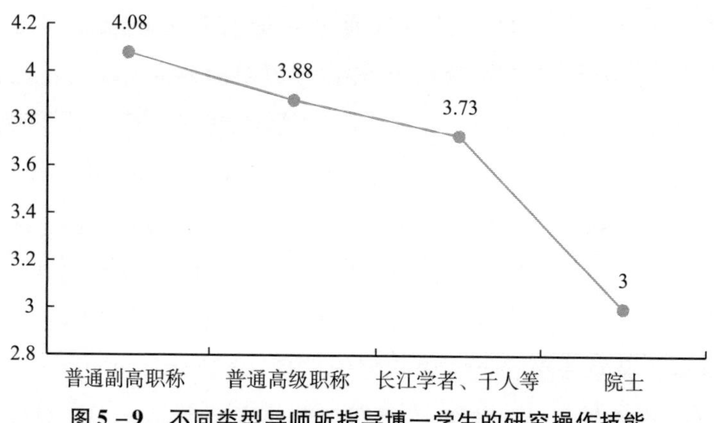

图 5－9　不同类型导师所指导博一学生的研究操作技能

第四节　研究锁入阶段

随着课程学习的结束，到博士第二年级时，新手们的学习与工作方式开始发生鲜明转变，如果说上一阶段个体游离于教室和实验室之间，对实验室科研还是一种非限定性投入的话，那么进入新的阶段，学生们就必须转变生活轨迹，将自己的日程安排与工作时间调整到实验室频率上，学习与科研的步调将完全围绕手头的“课题”而展开。个体所接收的评价取向、内容也逐步变得单一，日益受到科研至上主义的强化与影响。因此笔者借用新制度主义中的锁入（lock-in）概念，将博士生所经历的这一阶段称为研究锁入阶段。

当学生完全进入实验室之后，马上就面临着选择与实施研究课题的问题，这也是学生独立探索研究的起点，在实验室成员所搭建的“脚手架”支持下，学生学着开始选择、独立负责课题和研究探索。以课题的选择和研究为纽带，学生与导师、师兄师姐和其他团队成员的学术交往和人际关系逐渐加深，独立探究精神、自学能力、研究方法与技术知识在此阶段都开始得到发展。因此该阶段主要面临的两个课题分别是课题方向的选择与确定、课题初始独立研究探索。

一、课题方向的选择与确定

由于自然科学研究的风险性，实验失败是家常便饭的事，因此研究方向、研究课题的选择就显得非常重要。对于刚进入实验室的博士生而言，由于大多都不具备课题选择的经验与能力，所以通常情况下都是通过与导师协商或接受导师分配的方式来确定自己的研究方向。那么到底该选择一个什么样的课题才更有利于学生的科研成长呢？学生如何与导师互动确定未来的研究方向？围绕这些问题，笔者对博士生研究方向或课题的选择过程展开分析。

与前文的研究策略相同，笔者首先在19份原始访谈文本中选择了有关博士生进入实验室选择课题的材料，整体了解不同个案的故事发展脉络，运用逐字逐句开放式编码的方法，充分挖掘有关这一主题的初始编码，并在此基础上进行范畴化，以及范畴属性与维度的开发。具体的编码过程如表5－10所示，通过对现象进行贴概念标签，发掘出探索性课题、学生发展、想法实现权等众多初级概念，进一步的范畴化形成了导师制定研究方向、学生选择研究方向、研究方向确定协调和研究方向选择空间4个范畴。在此基础上，研究对各个范畴的属性又予以发展，并对不同属性中现象得以发展的维度进行了界定。

表5－10　　博士生研究方向确定过程的编码示例

原始文本节选（FP14）	初始编码	范畴化、属性及维度
Q：您是如何给学生分配课题的？ A：不同的老师会有不同的做法，我一般的做法是给学生比较开放性的课题，学生在刚开始的时候会觉得比较痛苦，但是我觉得这个痛苦是值得的，我一开始就给他们科学前沿的课题，不会让他们按部就班地做一件事情，然后做出东西来发表，这样的话我觉得没有太大的价值，而且对学生的培养，从长远来说对学生是有害的。 Q：学生自己是不是能够提出好的研究课题呢？ A：这个还是要看个人能力的，有的学生还是可以的，学生之间差别还是蛮大的，我这么说吧，如果一开始就独立提出研究问题能力的学生一般都是很好的学生，这样的学生在走向科学career成功的概率是非常大的。因为这方面	导师指定 探索性课题 课题的挑战性 学生发展 能力差异 主动提出	**导师制定研究方向** 指导方式： 民主—专制—放养 课题难度： 挑战—适中—容易

续表

原始文本节选（FP14）	初始编码	范畴化、属性及维度
体现很多东西，首先体现了他有这方面的需求，他对未知的东西有好奇的欲望，他有内在的驱动力，然后他也有这方面的思维能力。 Q：理论物理与实验物理的导师指导在学生选择研究问题或课题上是不是有区别？ A：我刚开始和你的想法一样，但是后来我和一个非常有名的导师谈过，他就是做实验的，他的所有博士生都在美国找到了非常好的教职，是一个非常成功的导师，他的培养方式是他把自己的实验平台提供给学生，具体做什么样的问题，学生自己可以去探索，甚至可以有自己的想法，需要改什么样的实验平台，可以告诉他，需要怎么做，在他的有限的资源下，尽量地配合学生。 Q：但如果是按照这样一种方式，是不是与导师的利益存在冲突？ A：会存在冲突，这也是说为什么一个非常有想法的导师往往带不出非常好的学生，可以统计一下，真的是这样的，你把这个路都堵死了，学生必须这样做，这个学生这样带出来，自然而然肯定没有主动性。利益的话，会有这方面的问题，导师要做一个项目，要做到什么样的程度，然后学生有自己的想法，怎么拉近这个距离。美国有一个好处是，如果有一些特别急迫的项目的话，导师可以让博士后去做，博士生被给予一定的自由度，可以通过这种方式来解决。……不同的学生应给予不同的方式，有些学生能力差一些，或者相关的基础准备不足，可能就会给一些保险的课题，因为在中国，毕竟要保证学生毕业，给一些课题让他们能发文章，保证之后再给他们一些难度大的课题。	研究兴趣 科研能力 平台支持 主动构思 自由探索 导师管治 想法实现权 学生主动性 项目任务要求 学生偏好 负荷转移 发展空间 科研能力 课题选择裁量	**学生选择研究方向** 科研兴趣： 大—小 科研能力： 优异—普通 个体态度： 主动—被动 **研究方向确定协调** 协调行为： 学生自由探索—接受导师安排—服从导师权威 **研究方向选择空间** 科研平台： 高—低 项目负荷： 大—小

注：为便于区分，表中黑色加粗字体为范畴，下划线字体为范畴属性，中间有横杠者为维度。

为了进一步发展开放性编码所形成的范畴，明确范畴之间的内在关联，确立博士生研究方向的主范畴。笔者运用范式模型研究技术对现象形成的因果条件现象、脉络、中介条件、行动策略以及结果进行了分析。

因果条件：博士生进入实验室开始独立承担科研课题，参与科研项目是锻炼学生科研能力的主要方式。

现象：学生如何根据现有资源和导师协商选择合适的研究方向或课题。

脉络："协商选择合适的研究方向"这一现象的属性中能够作为博士生最后采取行动的特征。如学生自己独立提出研究问题的能力是大还是小，学生对于研究的课题是否有明确的兴趣方向，学生在确定研究方向过程中是主动还是被动。

中介条件：影响学生选择研究方向行为的积极条件或消极条件，如导师的指导方式属于民主、专制还是放养；导师为学生提供的项目属于开放性课题还是保险性课题等；现有的科研平台是否支持研究想法的开展；学生所需承担的科研任务是否过重等。

行动策略：基于实验室科研资源和导师指导的情况，学生最终做出的行动包括开展自由探索、接受导师指定的研究方向或课题、服从导师的权威，执行导师的研究意图与想法。

结果：学生开始独立探究自己感兴趣的课题，或是完成导师指定的科研课题。通过上述主轴编码的过程，博士生初入实验室后研究方向和课题选择的图式逐步清晰，从中可以发现，实验室的“方向选择空间”是博士生确定研究方向的基础，科研平台所能提供的资源、条件以及学生所需承担的科研负荷决定了博士生研究方向的可能性与自由度，而导师的学术指导方式又在很大程度上影响着学生能否选择自己所感兴趣的研究方向。

根据主轴编码对博士生选择研究方向或课题现象的前因后果、发展脉络以及相关主体互动方式的串联分析，笔者进而开展了第三级编码，即选择性编码，通过撰写故事线，认为学生在选择研究方向或课题时与导师的协调互动是最为核心的现象，因此选择“协商确定研究方向”作为该现象的核心范畴，而导师制定研究方向、学生提出研究方向以及方向选择空间都属于附属范畴，所以在此基础上，对核心范畴与附属范畴进行了理论联结。

从图 5 – 10 中可以看出，博士生进入实验室后，研究方向的选择主要是与导师沟通的一个结果，博士生能否独自提出自己要研究的方向或课题影响着导师采取何种策略来做出响应，同时也影响着研究方向确定主动权的获得。一个理想的模式是学生自己具有明确的研究方向和兴趣，进而得到导师与实验室的支持，最终开展自主探索研究，这样的一种模式对于锻炼和提高学生的问题提出研究能力和独立研究能力具有非常重要的价值。但事实上更多的情况是由于学生不具备独立提出研究问题的能力或缺乏自主探索空间，致使导师发挥自由裁量权，根据项目进展需要和自己的科研想法，为学生指定研究方向或课题，而这种情况又引发了导师在为学生确定研究方向时是否考虑个体研究兴趣的问题。当然在这两种极端情况之间还有很多中间形态，譬如当学生与导师都有明确的科研意图或想法时就容易产生想法确定冲突，迫使学生与导师协商或被动服从导师的意见；或是没有明确研究想法的学生遇到放养型导师，导致学生整个科研进度和发展的缓慢以及其他中间态。如图 5－10 所示。

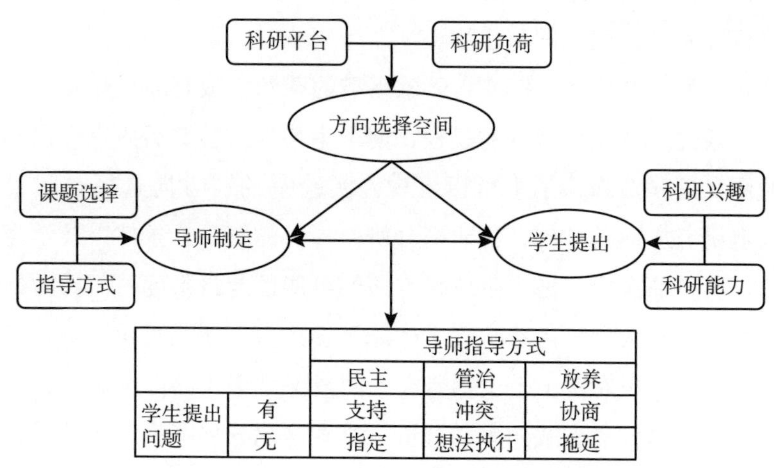

		导师指导方式		
		民主	管治	放养
学生提出问题	有	支持	冲突	协商
	无	指定	想法执行	拖延

图 5－10　博士生研究方向选择协调的形成

二、课题初始独立研究探索

当新进入实验室的博士生们确定研究方向，着手开始独立管理和研究自己的课题时，他们很快会发现与本科实验研究不同，研究生实验室中的实验结果往往不尽如人意。由于研究实验的设计是探索性的，研究环境不再是可控的，[①] 研究的问题从通常知道（commonly known）转为通常不知道（commonly not known）的现象，外在的支持条件逐渐减少，

① Delamont S，Atkinson P.，Doctoring Uncertainty：Mastering Craft Knowledge. *Social Studies of Science*，Vol. 31，No. 1，2001，P. 89.

要求学生有越来越高的自主性。[①] 因此实验室新手们必须接受常常受挫的尴尬境地，这导致在心理、知识以及人际关系交往等方面显现出一些新特点，学生必须在外部支持逐渐减少的趋势下培养自身的独立研究能力。

具体来看，首先，最为重要的是，当学生独立负责自己的课题研究时，从事科研的心态或意识发生了一个重要转折，这种意识很大程度上来自科学研究的“私有化”或“个体化”，学生需要为自己的课题研究负责，正是这种心态的转换，导致学生自学的意识得到提高，会主动去思考、琢磨问题，不断提高自己的研究能力。

从本科生做实验的心态上来说，可能熟悉，了解的成分居多。可能没有自己的一个课题，所以对于他的成功和失败并不是那么非常关心。进入研究生阶段之后，等接触自己的课题，无论实验的失败或成功，都特别上心。都需要及时地总结经验，并把课题推进下去。这个实验技能的训练，刚开始的话，主要是师兄师姐带着去学习，等到二年级三年级的时候，就是自己做实验。(HC10)

其次，在情绪上，初入实验室时的高兴致开始发生微妙变化，面对时常而至，与预期相悖的实验结果，博士生们开始意识到：“课题研究并不是想象中的那么容易，有时候发现这个实验怎么也做不出来，这个时候还是愿意做的，大概是在博士第二年。”（ZE3）访谈之中的许多受访者表达了接手课题独立开始研究时所产生的“情绪冲击”，有的甚至直接就进入“科研深度困顿期”，即下一阶段的研究阈限。学生需要逐渐习惯“失败”，在一次次的挫折之中，理性看待实验过程中遇到的各种失败，培养起良好的自我情绪管理能力。

再次，研究专攻知识储备与研究进展需要之间出现差距，由于每个人负责的研究课题在某种意义上都是属于创新性、探索性的，只是程度上存在差异而已，所以随着研究进度的推进，特别是在研究操作技术的掌握方

---

① Willison J, O'Regan K., Commonly Known, Commonly not Known, totally Unknown: A Framework for Students becoming Researchers. *Higher Education Research & Development*, Vol. 26, No. 4, 2007, pp. 398－402.

面会遇到许多之前无法准备的知识与技能。这个时候，学生会面临一个知识补缺的问题，需要通过自学或请教来推进课题研究的前进，“第二年就是自己独立开始做实验了，刚开始还是不懂的多，到后边逐渐地没有太明显的过错。”（HC9）

最后，学生的社会关系在这一阶段也开始发生转变，不同于第一阶段时与授课教师、同堂学生之间的交往，到第二阶段学生完全投入实验室时，学生的外部关系交往相对减少，而主要是与导师和高年级博士生建立关系。用贝克（Baker V L，Pifer M J）等人的话说，实验室内成员间即时、非正式的互动取代了外部结构化的支持与交往，① 学生主要是通过完成导师研究想法、参加组会，与高年级学生交流科研经验、学习研究技能的方式来建立其日益紧密的关系。也正是因为这种关系的转变，为第二阶段博士生逐步开始独立研究提供了“脚手架”，而且可以说，该阶段内博士生与大导师或小导师以及高年级同学交流的方式和密度很大程度上决定了其科研能力的发展水平。

基于上述博士生接手课题开始独立研究时所发生的一系列变化，可以看出在此阶段，博士生独立科研能力的培养始终处于一种二元对立的紧张逻辑之中，一方面，博士生需要发展自身的独立探究能力；另一方面，又需要实验室成员提供必要的支持，威尔森与里根（Willison J and O'Regan K，2007）把这种转型期的形态称为“情境中的自主”（autonomy in context）。② 首先从外部指导的可获得性或获得程度来看，个体能获得的学术帮助很大程度上取决于实验室成员与学生研究方向的一致性，从表 5 - 11 中发现，当研究方向一致性较低，导师或其他成员给予的指导较少时，学生所能获得的学术支持就比较少。

---

① Baker V L，Pifer M J.，The Role of Relationships in the Transition from Doctoral Student to Independent Scholar. *Studies in Continuing Education*，Vol. 33，No. 1，2011，pp. 5 - 10.

② Willison J，O'Regan K.，Commonly Known，Commonly not Known，totally unknown：a Framework for Students becoming Researchers. *Higher Education Research & Development*，Vol. 26，No. 4，2007，P. 401.

表 5－11　　不同情境下实验室指导的学生探究模式

类别		导师指导/传带帮助	
		多	少
研究方向一致性	一致	充分指导	自主学习
	不一致	边缘性帮助	独立探索

但是另外一方面需要说明的是，就学生独立探究能力的锻炼而言，这种外部的指导或求助并非越多越好：“因为一开始你也在摸索，我觉得这个过程还是有用的，如果一开始师兄师姐把什么都告诉你了，你可能就不会去思考了。”（LC11）为了更好地呈现不同学生学习与实验室指导互动关系下个体自主性的发展情况，笔者从指导多少和研究主动性与被动性两个维度进行了矩阵分析，从表 5－12 中可以看出，在博士生开始承担课题进行独立研究时，虽然实验室成员的充分指导，能在短期内让学生受益最多，但从长远来看，有可能会削弱学生的自主钻研能力。故而，总体而言，在此阶段，比较理想的一种情形是学生能够调动自身的主动性，积极去探索钻研，而实验室成员在其恰当时机给予一定的指导，如此才会充分发展学生的问题解决能力和独立探究能力。

表 5－12　　不同独立探究与外部指导关系下个体的研究行为

类别		实验室成员指导	
		多	少
自主探究	主动	积极吸收	自主探索
	被动	被动接受	消极完成

第五节　研究阈限过渡阶段

通常来看，博士生在进入实验室后的 2～3 年会遇到科研“瓶颈”，研究会陷入一段停滞期。由于随着课题研究的推进，个体的研究锁入程度进一步加深，研究中所遇到的难题变得越来越独特、个体化，其他实验室成员，即使是导师，在关键的科研问题上也常常难以给出具体、有效的解决方案。鉴于外部可依靠的支持条件进一步减少，博士生必须在此阶段独立面对研究困境，通过发挥自身的自主性和能动性，在困境解决中不断磨炼心智、意志和能力，最终促使个体在心理、态度、认知与学习策略上实现跨越式发展。笔者借用范热内普《过渡礼仪》中的阈限概念，将博士生所经历的这一特殊过程称之为“阈限过渡”，意指博士生个体在受困情境下出现状态转变、身份改变以及振荡的形态。[①] 该阶段过渡的情况在很大程度上影响着博士生研究素养和能力的发展水平，而且也影响着下一阶段个体对学术能力的自我判断和学术职业的选择。可以毫不夸张地说，研究阈限过渡的成功与否是博士生成长为研究者过程中最为关键的一环。[②]

一、博士生研究阈限通过的路径与策略

本节内容关注的核心问题是博士生作为一个有经验的新手（veteran newcomers）如何克服科研困境，渡过难关，完成蜕变？面对别人无法给予直接、有效问题解决方案的情况下，博士生会有何种表现，会采取什么行动，最终结果又如何？针对这一现象，笔者选取了原始文本中有关科研困难解决主题的材料展开仔细研读，运用提问题和资料比较的策略，对现象进行贴概念标签，从而形成了探索性课题、研究方向差异、学术关系网络构建以及科研困顿解决等多个初始编码概念。以此为基础，进一步范畴化为外部条件支持、科研深度困顿、问题解决策略和问题解决影响四个范畴，通过对范畴所涉现象资料的不断比较，分解出各自的属性以及面向。表 5 - 13 节选了具有代表性的两个案例，并对其中的对应文本进行了逐字逐句式的开放性编码，以此作为示例。

---

① Margaret Kiley, Identifying Threshold Concepts and Proposing Strategies to Support Doctoral Candidates. *Innovations in Education & Teaching International*, Vol. 46, No. 3, 2009, pp. 295 - 296.

② Weidman, John C. Twale, Darla J. Stein, Elizabeth Leahy, Socialization of Graduate and Professional Students in Higher Education, a Perilous Passage? *Ashe - eric Higher Education Report*, Vol. 28, No. 3, 2001, P. 13.

表 5 - 13　　博士生研究阈限过渡过程编码示例

原始文本节选	初始编码	范畴化、属性及维度
案例 1（HC9）： Q：在四年科研过程中，有没有遇到特别困难的事？ A：就我自己来说，可能还是第二年差不多一半的时候吧，因为我的整个实验方向，实验做不出来，就有一个化合物，化学反应怎么都做不出来，但是我做的这个实验就相对于我们实验室周围又比较新，没有人做过类似的实验，求助也没有求助的地方，导师也给不了太多帮助，这个实验我们实验室都不是很熟悉，我做的过程中遇到各种细节性问题，导致我打电话，到处求人，比如有机所啊，都是找认识的人求助，就是问他相关的各种解决办法， Q：那你这个实验后来怎么样？ A：后来这个实验就算是马马虎虎做过去了，结果就是没有想象的那么好，但是也做过去了。 Q：那这个过程持续多久？ A：我觉得一个很简单的东西，就是有两个月吧，每天还很忙，每天都是一些细节问题做不动，因为对很熟练的人来说，这就是一个很简单的东西，但对于我这种不熟悉的来说，人家可能已经形成操作规范化的东西，我每一步操作都需要摸索，毕竟整个实验室高年级博士也提供不了帮助。 案例 2（ZE3）： A：到第三四年的时候，遇到的问题也越来越多了，一般性的课题这时候都会遇到一些难啃的骨头，那时候心情是比较低落的。一般是三四年，有的人甚至是第五年，我们这儿第七年、第八年还没有毕业，还没有度过这个阶段，度过这个阶段之后，心情又上来了……以我为例，就是在我进来三年级左右吧。有个实验特别难做。做了四波不是四次，其实是坚持了一年才把它做出来。那个实验对我的影响特别大。所以说我说困难是最好的朋友。你克服之后，有其他东西你就可能会有预期了。会想着办法把它做好。一直处在灰心丧气，垂头丧气，其实不好。一个人的精神状态很重要。累点不要紧，但是你的精神状态很重要。今天不高兴了，没关系，回去睡一觉，明天来了，接着继续做。总有一天会做出来的。精神面貌非常重要。 Q：那在这件最困难的事情上面，你是怎么克服的？ A：想办法慢慢解决。就上次说的，一步一步来。你看问题包括哪些方面？第一点，第二点，第三点。一步步把它攻克了之后就成功了。在这个过程中。别人也会帮助的，做科研，不是一个人在干。其实这里面的氛围特别好，有困难找其他人也是能得到很好的帮助的。 Q：这一年当中这是最困难的一年，对自己的成长帮助是什么？ A：方法上是有成长的，主要是心里变得更强大了。就是我给你画的那个曲线到后面都是小波动了，没有那么大的起伏。……其他人也类似，心态会变的比较好了，因为你文章也发了，困难也攻克了，内心就比较坚韧了，一般遇到问题就不会很受挫。然后你也会知道下一个课题的时候可能会遇到哪些困难，有了一个预判。	实验意图实现 探索性课题 研究方向差异 导师指导 外部求助 问题解决方法 学术关系网络构建 结果一般 困顿持续期 研究投入 研究技术问题 专攻相关领域知识掌握 自主摸索 研究深度困顿 负面情绪 困难逾越 实验意图实现 坚持不懈 困难认知理性 负面情绪 精神状态 情绪管理 方法构想 摸索尝试 不懈探索 外部支持 科研氛围 研究方法成长 心态成熟 外部认可 问题破解 科研韧性 困难预期	**外部条件支持** <u>来源：</u> 实验室成员—外部学术同行—亲友 <u>内容：</u> 方向指导—方法技术—情感支持 <u>方式：</u> 学术指导—进度监测—交流讨论 **科研深度困顿** <u>难度：</u> 高度挑战——般性困难 <u>持续期：</u> 长—短 <u>类型：</u> 研究选题—实验意图实现 **问题解决策略** <u>问题解决倾向：</u> 独立探索—外部求助 <u>问题解决投入：</u> 时间投入—心思投入 <u>困境解决方式：</u> 情绪管理—方法构想—不懈探索—思路创新 **问题解决影响** <u>问题解决结果：</u> 成功—失败 <u>素能成长：</u> 知识—能力—认知—品质 <u>科研信心：</u> 提高—下降

注：为便于区分，表中黑色加粗字体为范畴，下划线字体为范畴属性，中间有横杠者为维度。

主轴编码是在开放性编码的基础上，运用范式模型技术对研究关切现象的因果条件、脉络、中介条件、行动策略以及结果进行勾勒，目的在于进一步凝练和发展范畴的内涵与意义。根据一级编码所形成概念的线索，围绕博士生如何度过科研道路上的第一次难关这一现象展开了分析。

因果条件：实验室新手要在导师的指导下，独立完成课题，得到实验结果，以此满足学校对学位论文完成和发表论文的要求。

现象：博士生如何独立自主地解决研究过程中遇到的科研难题。

脉络：现象类属中导致博士生采取行动策略的属性，在此包括博士生在面对科研困境时的反应倾向，即自主探索或向外求助；博士生自己在科研课题上的投入情况，时间投入多少，精力和心思投入程度。

中介条件：促进或抑制个体采取行动的外部条件，包括学生面临科研困境的难题属于高度挑战还是一般性问题，科研难题的类型是属于研究选题、实现实验意图还是获得研究方法与知识。科研平台所能提供的资源多寡，科研氛围浓厚与否，导师指导的有效性以及实验室研究方向的一致性，等等，这些外部干预将诱发学生采取不同的行动策略。在本次的节选案例中，影响学生行动策略的中介条件主要是实现实验意图，浓厚的科研互助氛围以及较少的导师指导。

行动策略：博士生在通过科研困境中主要采取的行动有坚持不懈的尝试与探索、问题解决方法的构想以及自我心态调节、情绪管理。

结果：博士生在与科研困境互动过程中所产生的结果包括克服难关，科研素养与能力得到极大锻炼；或是勉强通过，科研信心受挫；以及无法顺利完成转型，科研困顿持续期延长。

在主轴编码过程中，研究主要的意图在于叩问范畴之间是否存在某种关联，中介条件的介入是否影响了互动方式，行动策略是否真的有助于现象的解决。通过不断地问问题与做比较，一幅较为完整的动态图式逐渐呈现出来。在此基础上，笔者进入编码的第三阶段，即选择性编码，按照对核心现象进行撰写故事线的方式，发现“应对失败的策略构想”是贯穿整个故事发展的核心范畴，外部条件支持、科研深度困顿以及问题解决影响都属于附属范畴。

从图5－11中所展示的研究阈限通过路径模型中，可以看到一条大致的线索，当博士生研究的深度逐渐推进，遇到的科研难题也随之升级，其中对于理论学科或有着较高自由探索权限的博士生来说，可能面对的科研困境是如何提出或选择一个好的研究问题，而对于生物、化学和实验物理等学科的博士生来说，这一阶段通常主要面临的困境是如何实现研究意图，使得实验结果与预期相吻合。

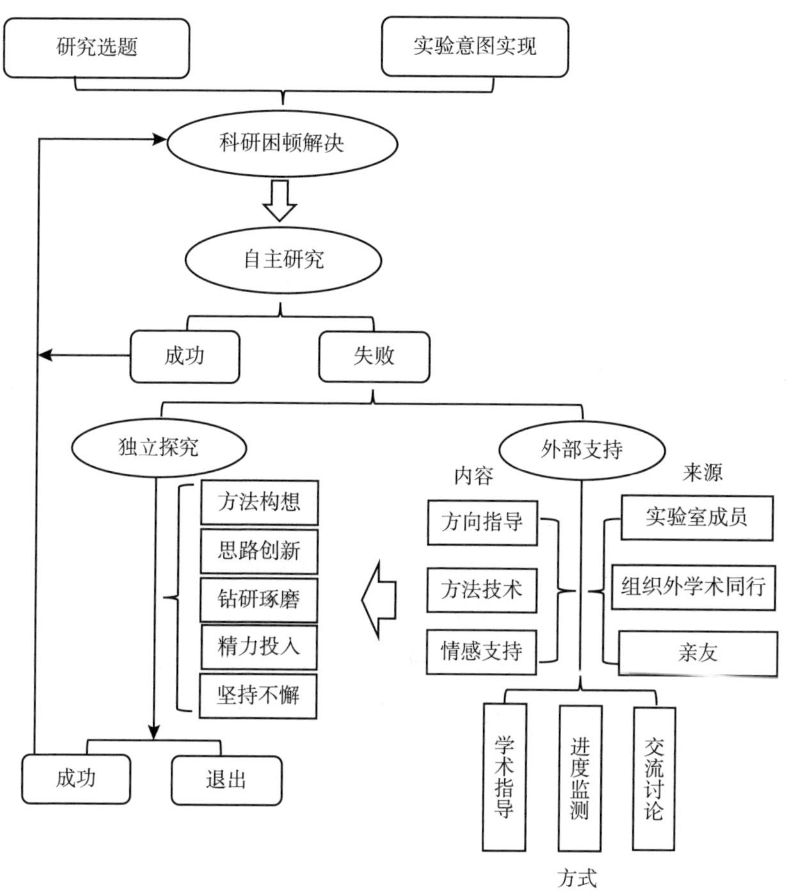

图5－11　研究阈限通过路径模型

然而无论是何种科研困境，当困难发生时，博士生们的“应对之策”首先都是进行自主探索，但是随着探索过程中出现一次次的失败，面临研究停滞不前、课题无法向前推进的时候，就会开始寻求外部支持，其中首当其冲的就是实验室内与导师的交流讨论，其次是团队内的其他老师、师兄师姐或同辈，如果困难难度超乎寻常，他们还可能向同领域其他机构的同辈或老师请教。在这当中，导师的作用尤为关键，当学生处于困顿时期，导师在研究方向、思路和方法上的指导与交流往往有助于学生找到突破口，此外，导师给予的信心鼓励和进度监测也有助于学生提高科研自我效能感、缩短科研困顿的持续期。然而外界的求助更多是一种辅助性作用，问题的真正解决，最后还需要学生调动自己的能动性，克服畏难与沮丧心理，用心钻研琢磨，不断地尝试探索，创新思路和问题解决方法，竭力去解决困难。因为“在这方面，很细节的东西，你跟别人说也说不清楚，因为世界上研究方向那么多，你的研究方向可能只有你一个人做。”（SP16）正如神经生物学博士 HE6 所言：“后来是自己一直坚持下来，在这个过程中不断尝试，不断分析。与导师一起交流、分析原因，师兄也会给予指导，但是到最后还是自己，因为自己浸泡在研究当中的时间最久，不断揣摩其中的问题是什么，才找到问题解决的方法。”（HE6）

总结来看，博士生研究阈限通过路径模型最重要的启示在于博士生的研究者素养与能力是在不断“构想失败应对策略”的过程中形成的，科研困顿在博士生成长中具有很重要的教育和学术训练价值。虽然难度系数过高的科研困顿可能会导致失败，挫伤学生的科研信心，但是比较容易的科研问题必然无法激发和锻炼博士生的科研能力与品质，这也是为什么很多过来人会说：“一开始遇到的困难越多，其实你以后的路是更顺。因为你一开始遇到的困难越多，你就会开始寻找知识，想办法去解决。这个过程是你成长的过程。你成长得越快的话，你以后的路会更好走。反而是特别顺利的人，可能他最后不会走得很好。”（化学讲师 HC8）因此，博士生科研素养与能力训练更为可行的做法是，导师因材施教，根据每个学生的基础与特长，找准各自的“最近发展区”，为学生选择具有相对高难度的科研课题，并在学生研究的过程中提供充分的学术支持与信心鼓励，帮助学生取得最大的发展。

二、研究阈限通过经历对学生学术素养与能力成长的影响

研究阈限的通过经历对于很多博士生来说都是刻骨铭心的，无论最终的结果如何，很多人都从中得到了极大的锻炼和提升。这在数据分析与深入访谈中都得到了验证，研究发现，不同年级博士生素养与能力的发展具有突变性，学生的部分研究者素养与能力在博士生三年级时出现了飞跃性的发展。在笔者的访谈研究中，许多访谈对象反映自己经历研究困难期之后，在科研韧性、困难认知、问题解决能力以及对问题的把握等诸多方面得到了成长（见图 5 - 12）。二者都证明了前文研究发现的阈限经历对博士生研究者素养与能力成长的显著作用。

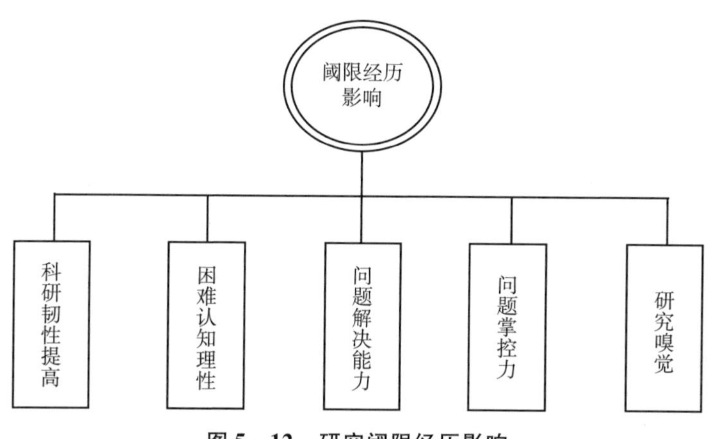

图 5 - 12　研究阈限经历影响

具体而言，经历过科研过程中长时间、持续不断的失败打击后，博士生首先在心理、情绪和信心上受到了极大的磨炼，个体必须忍耐努力而无果的尴尬境遇。“特别是我们做化学的，有时候三个月不出数据，那是非常正常的。这三个月没有进展，或者你发现到最后证明你的观点是错的，这都是很正常的。”（HC8）面对科研进度停滞的局面，有些学生则：“因为这个导致状态很不好，他原来成绩也很好的，也是保研上来的，一旦做不出东西来呢，他可能心里面急躁，负面情绪，否定自己，这个其实是很难受的。”（DC12）所以，凡是最后能通过科研困顿的学生要么先天具有

较高的抗压能力，要么则是在困难中学会调整状态："把精力更多地放在尝试里面，不断地去做实验，而不是放在自卑，对自己丧失信心，负面情绪等上面。"（DC13）故而，有此经历并从中胜出的博士生大多有了较高的抗压能力，心态更为平稳，科研韧性得到较大的提高。更为重要的是在此过程中，对科研困难形成了一种理性的认知："我觉得那更像是一场洗礼，因为到后来还可能有类似的事情发生，洗礼之后，你就会觉得做科研就是有各种各样的困难，然后我要慢慢地去克服。"（FP14）甚至有的博士生认为："困难其实是好朋友。当然你刚开始可能会很讨厌，但是当你克服的时候，你跟他真的是好朋友。"（ZE3）

其次，面对难以逾越的科研难题，外界的支持和帮助通常都难以奏效，博士生必须不断琢磨分析问题，通过分步解析，尝试探索各种可能性，运用能想到的各种方法去解决问题。理论物理学的研究员 FP14 在回忆博士学习阶段遇到的困难经历时指出，最后在问题的解决过程中："基本上外界也没给什么帮助，到后来自己就弄懂了，尝试了不同的方法，到最后就摸到正确的路子，这就是 research 的实质，re—search。"（FP14）这种情形同样也出现在生命科学的研究过程中，"最后是靠变换各种实验条件，最后克服困难，完成实验的。"（SE5）所以在经过如此反复的揣摩和思考之后，"即使再遇到问题，也能学会从中找出其中的关键问题所在。"（HE6）

再次，在阈限的众多特征中，频繁的问题显现是非常突出的一个特点，[①] 在某种程度上可以说，研究阈限的过渡就是不断地寻找问题、分析问题和解决问题的过程，问题本身成为博士生最为关切也是最为熟稔的部分。所以经过坚持不懈的探索和思考之后，学生对研究问题就会产生十分周全、详细的认识，围绕自己研究课题或方向的最新前沿、相关领域知识以及可能存在的问题有着整体把握，逐渐达到该领域中专家的水平。访谈中一位化学博士这样说道："到四年级、五年级的时候，导师对一些细节

---

① Briana Crotwell Timmerman, David Feldon, Michelle Maher, et al. , Performance-based Assessment of Graduate Student Research Skills: Timing, Trajectory, and Potential Thresholds. *Studies in Higher Education*, Vol. 38, No. 5, 2013, P. 694.

问题肯定不如你清楚。就是理论上讲，如果到了四年级、五年级，你对你这个小的方向还没有你老板懂得多的话，你就很失败了。”（HC9）这种对于研究问题把握的进步也导致师生关系开始发生逆转，正是在此阶段，博士研究生才开始从“学生”的身份转变为真正意义上的“研究同事”，学生与导师的互动方式从单向请教向双向交流过渡。“你的导师呢，刚开始的时候是你在向他学习，等到后边的时候，你对整个领域的了解，你的导师他也可能来不及看文献，他还会找你问问题，这样的话，你才是一个合格的博士毕业生。”（SE3）

最后，由于在解决科研困境过程中，博士生需要设想各种可能性，学习多方面的相关知识，对问题的琢磨、把玩几乎到了无微不至的境地。故而，随着学生对研究领域的深度、宽度和前沿的不断积累，对于问题的面向、视角和层次都有着全方位的认知，研究的敏感性或研究嗅觉就会在此阶段慢慢地萌生。这种研究嗅觉一方面表现为博士生开始形成自己的“研究想法”，部分通过研究阈限的受访者表示：“刚开始你觉得没有那么多想法，导师会给你一个方向，一个课题，在做的过程中会有新的想法，或者做的主要是自己的想法。”（ZE2）“我觉得越到后边，你可能越有自己的想法，这样是一个进步，像我现在已经慢慢开始有些自己的想法。”（HP17）

另一方面，还表现为“直觉判断”，通过前期的积累，成功的阈限通过者到后期研究就能比较准确地识别重要问题或研究方向。已经是某校化学讲师的受访者 HC8 向笔者讲述了阈限通过后的这种变化：

Q：刚才说到到三、四年级的时候会有一个方向感，那么这个方向感是指什么？

A：方向感就是你能闻到这个方向，肯定有新的东西能够出来。我的第三个课题做得也很有意思。当时我做出来就是今天做和明天做是不一样的。我后来发现，这个可能是我给它的实验条件导致的。我把所有的都给推翻了。……我又拿了一个全新的条件去做，结果就稳定了。后来就发现为什么不稳定，那是有它的原因在的。就是因为这么一个不寻常的过程，就让你知道这里面是有东西。所以说这个过程当中就说明是有一个嗅觉的

东西存在的。这个嗅觉除了前期的经验积累，也包括从量变到质变的一个过程。(HC8)

总之，经此过程后，博士生的学科知识储备、科学认知以及研究能力得到了显著提高。这在问卷调查中也得到了相应的证明：

第一，从博士生专业基础知识养成的年级差异来看，博士第三年是专业基础知识形成的突变期，调查发现，博士生知识深度、知识前沿、知识宽度以及学术英语运用能力的得分几乎都在博士三年级时达到峰值，经过前三年的稳步提升之后，博三之后学生的专业基础知识水平起伏很小，基本维持在同一水平，如图 5 - 13 所示。

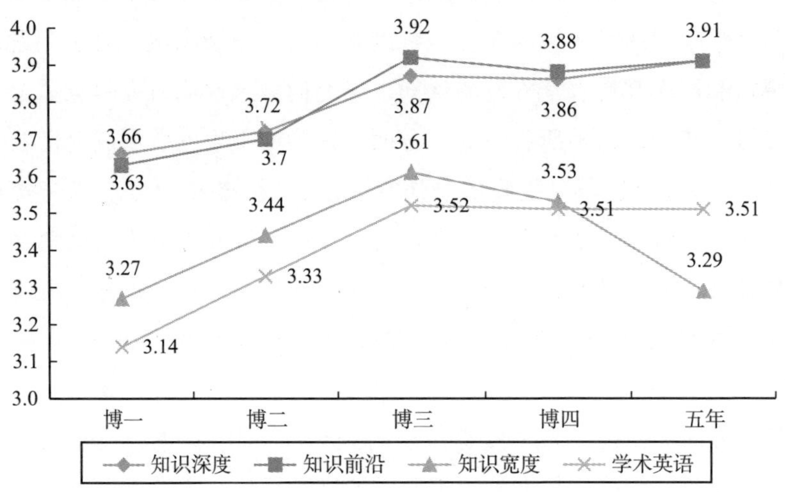

图 5 - 13　专业知识与学术英语技能的养成历程变化

多重比较也发现，一年级博士生虽然与二年级博士生之间不存在明显差别，p 值均大于 0.05。但往往与三年级、四年级博士生在专业知识学习上具有显著性差异，博三、博四明显比博一学生有着更好的知识积累表现，p 值均大于 0.05。而博士三年级、博士四年级以及博士五年级之间则不再具有显著性差异。因此整体来看，入学后的一年级到二年级是知识学习的量变过程，到三年级时博士生的专业基础知识达到博士期的最高值，发生了质变现象，如表 5 - 14 所示。

表 5-14　不同年级在专业知识与学术英语上表现的多重比较分析

因变量	(I) 所在年级	(J) 所在年级	均值差 (I-J)	标准误	显著性	95% 置信区间	
						下限	上限
知识深度	博一	博二	-0.056	0.078	0.474	-0.21	0.10
		博三	-0.206**	0.082	0.013	-0.37	-0.04
		博四	-0.200	0.103	0.051	-0.40	0.00
		五年	-0.253	0.138	0.066	-0.52	0.02
知识前沿	博一	博二	-0.071	0.078	0.364	-0.22	0.08
		博三	-0.293**	0.082	0.000	-0.45	-0.13
		博四	-0.248**	0.102	0.016	-0.45	-0.05
		五年	-0.285**	0.139	0.041	-0.56	-0.01
知识宽度	博一	博二	-0.173	0.099	0.082	-0.37	0.02
		博三	-0.338**	0.104	0.001	-0.54	-0.13
		博四	-0.260**	0.130	0.045	-0.51	-0.01
		五年	-0.018	0.174	0.917	-0.36	0.32
学术英语	博一	博二	-0.192	0.103	0.062	-0.39	0.01
		博三	-0.383**	0.107	0.000	-0.59	-0.17
		博四	-0.379**	0.134	0.005	-0.64	-0.11
		五年	-0.379**	0.181	0.036	-0.73	-0.02

注：** 均值差的显著性水平为 0.01。

第二，在研究问题分析能力与解决能力方面，不同博士生年级之间也有着明显的差异，不过两种能力养成的时间拐点并不一致。其中，理科博士生研究分析能力的成长期主要是在博士生学习的前三年，在这三年中，分析能力呈现出逐年递增的趋势，运用最小显著差异法（LSD）多重比较表明，博士第一年与第三年之间具有显著性差异（$p=0.007$，$p<0.05$），到第三年时基本达到博士生学习阶段的峰值，博士生第四年、第五年的研究分析能力水平与第三年级相比并没有太大变化。而研究问题解决能力的养成则几乎贯穿整个博士生的学习过程，尤其是在博士生学习的前四年表现出逐年提升的态势。在进一步的事后比较法中，研究采用最小显著差异

法（LSD 法），结果表明，博士一年级是博士生研究问题解决能力成长最为显著的时期，经过第一年的学习之后，与博二、博三、博四和博五的研究问题解决能力水平形成显著性差异（$p<0.05$），而博一之后的四年之间则并无显著性差异（$p>0.05$）（见表 5 – 15）。

第三，在数据与信息收集能力养成方面，培养的关键期则有所延后，博士二年级到三年级是相对重要的一个时期，也就是博士生进入实验室开始真正着手进行课题研究的阶段。不同年级博士生研究操作技能养成的最小显著差异法（LSD 法）分析结果发现，一、二年级博士生的数据与信息收集能力相同，均值都为 3.75，但到了博士三年级的时候，数据与信息收集能力则提升到 3.96，并与前两年之间形成了明显差异（$p<0.05$），此后在读期间博士生的数据与信息收集能力虽逐年提升，但后三年之间并无显著性差异（$p>0.05$）（见表 5 – 15）。

第四，从学术写作能力养成的特点来看，不同年级的表现水平具有显著性差异（$p=0.005$，$p<0.05$），博士前三年中学生的学术写作能力呈线性增长趋势，一年级到三年级的学术写作能力分别为 3.39、3.58、3.70，三年级基本达到了峰值，此后学术写作能力基本保持平稳，只有延期毕业的博士生表现出较低的学术写作能力。运用最小显著差异法（LSD）事后比较结果也发现，一年级与二年级以上的博士生存在显著性差异，因此从整体来看，博士攻读的第二年与第三年是学术写作能力训练的关键期。如表 5 – 15 所示。

表 5 – 15　　研究阈限经历对博士生科研能力提高的影响

变量	年级	N	均值	标准差	F	显著性
独立解决问题能力	博一	229	3.69	0.798	5.912	0.001
	博二	159	3.85	0.773		
	博三	137	3.93	0.730		
	博四	72	4.06	0.554		
	总数	525	3.80	0.779		

续表

变量	年级	N	均值	标准差	F	显著性
研究问题分析能力	博一	228	3.67	0.815	2.948	0.032
	博二	159	3.80	0.710		
	博三	138	3.89	0.771		
	博四	72	3.86	0.698		
	总数	525	3.77	0.777		
数据与信息收集能力	博一	226	3.75	0.822	4.396	0.005
	博二	158	3.75	0.763		
	博三	136	3.96	0.797		
	博四	72	4.06	0.669		
	总数	592	3.84	0.790		
学术写作能力	博一	228	3.39	0.851	5.191	0.002
	博二	159	3.58	0.837		
	博三	138	3.70	0.798		
	博四	72	3.69	0.705		
	总数	597	3.55	0.827		

第六节　研究者素养与能力的自我确证

研究阈限的通过并不意味着科研困顿的消失，事实上，博士生在进入实验室之后遇到的第一次重大挑战只是真实科学研究的初体验，在后期的研究过程中，类似的科研难题仍会接踵而至，有的甚至更具挑战性。可以说，研究阈限经历不仅仅是一次学生科研能力与素养的“洗礼”，更是博士生从中审视自己是否具备成为一名优秀科学家所拥有的兴趣、能力和品质的“试金石”。博士生们在一次次的挫折磨炼中需要不断地叩问自己是否能做好科研，而其最终的回答将在很大程度上决定其未来是否选择学术职业。因此本节内容将要探讨的核心问题是学生如何确证自己具备优秀研究者的能力与品质？以及该阶段学生面临的任务和内容是什么？着重培养的能力与素质是什么？

第一，从时间发展来看，经历过前期的正式课程学习和实验室课题研究，博士生开始将积累的研究成果整理发表，并准备完成博士论文研究，这一阶段大致发生在博士第四或第五年的时候，相当于魏德曼等（Weidman, John C. et al.）构建的社会化模型中的个性化阶段（personal stage），博士生在科研上的投入有增无减，越来越多地参与到专业学术活动中，如发表科研论文、参加学术会议等①。在研究的自主性上达到了威尔逊和里根等（Willison, J. & O'Regan, K.）提出的开放性研究阶段（open research），个体在此时具有基于经验、专业知识与文献，提出研究问题、目标或假设的能力。② 换言之，通过完整的博士生训练过程，此时一名学术社会化较为成功的博士生应当是对研究充满“想法”，有着明确学术职业目标的初级研究者。

为了探究博士生走出研究阈限后如何确定自己胜任并最终选择学术职业这一过程，研究对原始访谈材料中有关学术职业选择的现象进行了筛选和精读，细致分析话语背后的潜在线索。运用开放式编码策略，通过对现象贴概念标签的方式，初始编码形成了胜任力怀疑、外部认可、内部反馈和兴趣驱动等多个概念。进而对初始概念予以范畴化，归纳提炼出学术认可、科研经历、科研志趣、自我评价和科研文化认同五个范畴。本着对范畴相互连通的目的，笔者又对范畴的属性做了进一步的发展，并对各个范畴属性的面向进行了丰富，为下一步主轴编码奠定概念基础。如表 5 – 16 所示。

① Weidman, John C. Twale, Darla J. Stein, Elizabeth Leahy, Socialization of Graduate and Professional Students in Higher Education, a Perilous Passage? *Ashe-eric Higher Education Report*, Vol. 28, No. 3, 2001, pp. 12 – 15.

② Willison, J., & O'Regan, K. Research skill development framework. http://. adelaide. edu. au, 2017, 12. 11.

表 5－16　　研究者素养与能力自我确证的编码示例

原始文本节选	初始编码	范畴化、属性及维度
案例1（HG7）：		
Q：博士毕业后，为什么会选择继续从事科研工作？		
A：其实在硕士的时候，我刚开始觉得自己不太适合做科	早期怀疑	**学术认可**
研，那时候觉得从早到晚在实验室，做不出成果，或者做		认可来源：
出的成果与预期的不一样。但是到后来，没想到坚持到后	成果生产遇阻	外部反馈—内部反馈
边，还是有些成果，然后心里面就想着继续发展完善自	成果产出	成果产出时间：
己，实现自己的个人价值，也比较能更好地实现社会价		早期—中期—晚期
值。选一个好的方向，一是能够精神自由，又能够不断学	价值实现	学术发表创新性：
习，所以觉得做学术是最能够实现我的这些期望，是我想	内在收获	大—中—小
过的一种生活。	生活方式追求	
其实我一直不确信自己能够做好科研，科研是一个非常难	胜任力怀疑	
的事情，你想发发文章很容易，但是你想做好科研却是非		
常难的，我经常有这种感觉，觉得越学越觉得自己很无	自我怀疑	**科研经历**
知，越做越觉得很无能。……最后还是兴趣让我继续坚持	兴趣驱动	科研进度：
下去。		顺利—坎坷
Q：为什么有的人刚开始想做科研后来又放弃了？	艰辛	科研挑战性：
A：我觉得他们可能没有挺过那一关，其实谁都可以做好，		大—小
做研究是非常枯燥，很多做过实验的人都知道，有时候需		
要你从早到晚，大量地投入进去，有时候实验不能停，一	持续实验投入	
旦做起来，就需要不断做下去。所以我说科研是要耐得住	潜心静气	
寂寞，静得下心来。……就像人在思考问题一样，这是一	阈限跨越	**科研文化认同**
种精神追求，就是去探索未知的世界，而且就是在这个过	探索未知	科研工作方式：
程中，你会学很多东西，去学习，去探索。我觉得任何人	内在收获	接受—排斥
都可以，就看你能不能排除杂念，不太受很多东西的诱	干扰抵制	科研价值：
惑，你能对学问感兴趣。		大—小
案例2（SP16）：		
Q：高中立志做物理研究后就一直没有动摇过吗？		
A：从未动摇过，虽然我自己的经验，博士并不成功，升		
到第一期博后也不成功，但是我并没有怀疑过自己的能	早期科研受挫	**科研志趣**
力，因为从很早就决定做物理，所以一点点走过去总会成	学术信念坚定	学术信念：
功，你不可能运气总差，你只要坚持不懈，你的能力在不	坚持不懈	强—弱
断提高，你学到知识了。	智识提升	研究兴趣：
Q：您说的不成功是指什么？		稳定—变化
A：没有好的论文发表，就是课题样本本身设计得有问题，	外部认可	科研追求：
最终没有想要的结果，但是其中你有没有学到知识这个与	实验失败	学术贡献—社会价值
考试成绩都没有关系，你只要不断地努力……无论是遇到	内在收获与	
困难还是很顺利，我都挺开心的，做科学的乐趣不只是得	外部	
到结果的那一刻，你在思考中得到的很多东西，这个过程	认可关系	
是很快乐的……做科研也不在乎成功或是失败，重要的是		
你对这个问题的理解，所以我在做实验时，不管是困难还是	注重过程	**自我评价**
顺利，都没有太大的变化，更多的是关注内在的成长……还	内在收获	胜任力判断：
有点就是说我亲自知道自己又学到了哪些知识，这也是一	科研追求	积极—怀疑—消极
种反馈，反而更快。	内在反馈	

注：为便于区分，表中黑色加粗字体为范畴，下划线字体为范畴属性，中间有横杠者为维度。

编码的第二阶段为主轴编码，如同前文分析策略，笔者再次运用范式模型技术，按照“因果条件—现象—脉络—中介条件—行动策略—结果”的故事发展逻辑，对开放性编码形成的多个范畴进行了分析，意在从中发掘主范畴，并进一步发展和丰富范畴的内涵与关系。基本的分析过程和开展思路如下：

因果条件：博士生基于前期研究结果，发表科研论文，完善博士学位论文，为完成学校规定的论文答辩要求以及未来职业选择做准备。

现象：面对未来职业选择，博士生考虑自己是否胜任科学研究工作。

脉络：博士生做出自我评价时所参考的标准包括工具价值和实质价值，这对个体形成判断有着重要影响，具体而言，博士生在科学研究过程中更为看重的是个体智识、能力与体验的内在成长，还是科研成果发表或社会应用价值。此外，博士生在作出决定时所依据条件的类型有认知性的能力和情意性的志趣，二者之间的权衡是个体作出自我判断的重要因素。

中介条件：影响博士生形成自我判断的因素有很多，首要的因素是能否发表高质量的科研论文，这是反映个体科研能力的核心指标，也是获得外部学术认可的主要表现；其次，博士期间的科研和学习经历，例如，研究阈限是否顺利通过，科研挑战对信心的打击大或者小，周遭学术氛围的影响；最后，博士生个体对科研价值的认知或意义建构，这一环节既依赖于前两点，也受学生学术动机本身的影响，表现为关于科学研究对个体成长、学科发展或社会是否有价值的判断。这些因素都影响着学生最后采取何种行动策略。

行动策略：博士生确认自己具备从事好研究的能力，或是对科学研究职业有着较大志趣。

结果：通过对自我是否具备研究者素养和能力的评价，选择坚持或退出学术职业。

在主轴编码的基础上，研究进入编码的第三阶段，即选择性编码，笔者遵循具体的编码程序，通过撰写故事线的方式，发现“科研能力与学术志趣的权衡”是博士生在确证自己是否具备研究者素养与能力时的一对核心概念，故而是该现象的核心范畴，其他范畴如科研与学习经历、学术认可和文化认同等则属于附属范畴。围绕该核心范畴，笔者对博士生研究者素养与能力自我确证的关系模式进行了建构，如图 5 - 14 所示。

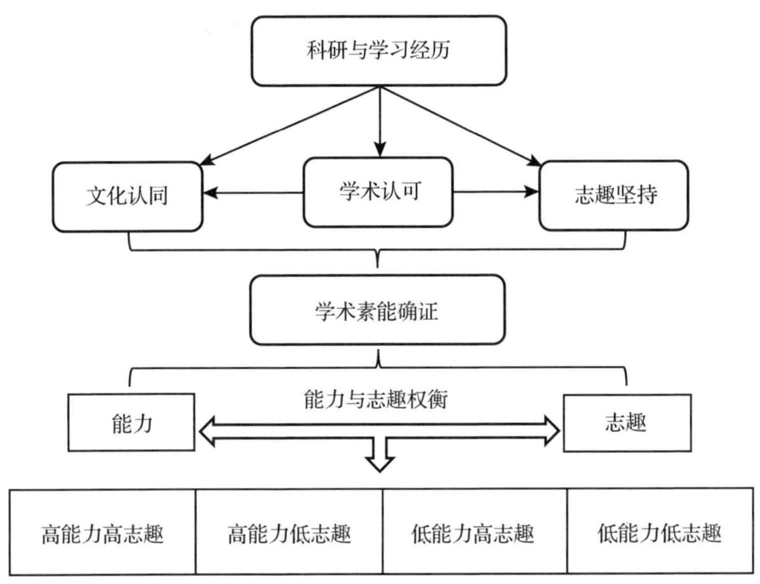

图 5 - 14　研究者素养与能力的自我确证模型

将这一模型应用于原始访谈材料在做进一步验证和解释的过程中，发现模型有较大的解释力，对现实中存在的歧义现象基本都予以涵盖。其中有几个特殊的发现值得在此说明，首先，高质量科研期刊论文发表是学术认可的主要表现形式，其他如导师或其他科研同事的认可也有重要意义，学术认可对增强博士生的科研自我效能感，在形成积极的学术能力自我确证过程中发挥着关键作用。“最直接的就是你有文章了，那就是最好的证明，我就对自己有信心了，你有文章直观上说你比较适合。你搞科研最终就是一个文章的产出。这个东西很重要，憋几年憋不出来，你肯定会动摇，大部分人都是因为这个动摇，不是因为别的。”（TP18）

但外部学术认可并不是唯一方式，研究还发现一个有意义的歧义现象，对于有着强大学术内驱力的博士生来说，虽然在博士生期间没有取得良好的学术发表，但并不影响其对自己的科研能力有着正面评价，这部分群体更为注重的是科研过程本身所带来的知识、能力训练和提高。“我在做实验时，不管是困难还是顺利……更多的是关注内在的成长……这有点就是说我亲自知道自己又学到了哪些知识，这也是一种反馈，反而更快。”（SP16）因此，外部学术认可与注重内在成长的内部反馈共同影响着个体对自身学术能力的评价。

第二，在学术研究领域，个体的文化认同包括两个方面：一是个体对科学研究价值与意义的接受，在四年的学术训练过程中，学生对科学研究价值的认知也逐步形成，随着研究锁入程度的增加，学术社会化过程顺利的个体通常更倾向于认同科学研究活动对知识进步的自在价值，但也有人由于特殊经历的影响对科研价值的态度发生转变，“本科时觉得挺喜欢，但后来读博后，大概在博一的时候看过李开复的一本自传，开始怀疑研究的意义与价值，不能产生直接的社会应用价值，所以以后有可能去企业工作。”（SE5）二是个体对科研工作方式的认同程度，经历过 3 ~ 4 年的科研实践之后，此前关于科学研究或博士的光环都得到了祛魅。面对科学研究的“失败”常态和挫折文化，个体能否长时间保持潜心静气、坚持不懈、勤奋钻研，接受这样一种工作状态，到即将毕业的时候很多人内心已经有了明确答案。个体对科研工作方式的认同状态在另一层面也表明了个体是否具备研究者所需的基本品质。

第三，志趣坚持。从访谈中发现，大部分博士生在刚开始选择读博时对科研有着浓厚的兴趣，但经过 3 ~ 4 年的学习，尤其是在研究阈限的过渡过程中，只有那些科研志趣十分坚定的学生才能克服科研挑战带来的挫折与失败，因此等到博士第四年或第五年的时候，一些人的科研兴趣开始发生悄然变化，开始怀疑自己是否对研究还保有最初的兴趣，这在数据分析中也得到了验证，如图 5 – 15 所示。这种兴趣的变化常常与个体是否得到外部学术认可或科研文化的接受情况相关联。“当时决定转博主要还是想搞科研……不过现在犹豫了，因为搞学术周期太长，一方面想出成果很难，另一方面出的成果并没有当初想的那么有意义，而且在学校里立足的话基本是看文章，而我感觉那些文章没啥意义，好多都是灌水的，只是凑文章的感觉。当时喜欢这个方向，主要是想做药，就是合成、制药，但是

后来感觉难度要比当初预想的大，而且很靠运气。”（HC9）

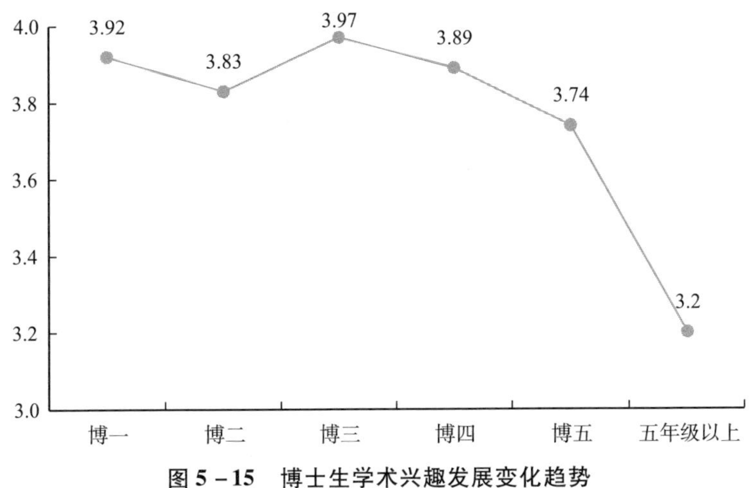

图 5 - 15　博士生学术兴趣发展变化趋势

第四，根据编码结果来看，个体在确定自己是否具备从事学术研究的能力和素养的过程中，虽然会参考众多因素，但最后权衡的要素基本集中于能力与志趣两个变量上。按照博士生关于科研能力与学术志趣权衡的结果，对学术能力和科研志趣程度的高低进行矩阵分析，共形成四种类型，即高能力高志趣、高能力低志趣、低能力高志趣和低能力低志趣。结合前文分析可以看出，在学术认可、科学文化认同和科研志趣坚持上都有正向表现的博士生，通常会对自己的科研能力与学术志趣形成正面评价，从而会继续选择学术职业。相反，如果在学术认可、科学文化认同和科研志趣上社会化均失败的个体，必然对自己的科研能力和兴趣失去信心，放弃学术，研究职业。在这两种类型之外，还有两种变异情形值得关注，一种是虽然得到外部学术认可，但由于失败的科研经历导致科研文化认同或学术志趣下降，形成了有能力但无志趣的结果，最后流出了学术职业群体。另一种则是虽然没有得到较好的外部学术认可，但有着较高的科研文化认同或学术志趣，进而倾向于继续选择学术职业，不过值得注意的是，在这部分群体内部仍有较大的异质性，有部分是属于对学术职业而非学术研究感兴趣。

第七节　小　　结

本章内容重点关注的是研究者素养与能力在博士生阶段的形成过程，通过对国内外目前博士生社会化研究的梳理，可以发现，大多遵循角色内化和认同形成的逻辑，围绕博士生在不同阶段的角色变化、任务要求、互动关系和心理特征展开，社会化模型中有着鲜明的制度安排印记，无法有效解释符合我国博士生教育实践的研究者素能成长过程。

笔者利用定性与定量相结合的平行嵌套研究策略，对自然科学学科的高年级博士生和青年教师的访谈文本进行了扎根理论研究，三级编码后形成了核心范畴，即以"研究想法孕育为核心的研究者素养与能力的自我确证过程"。根据范畴的时间属性和面向，发展出"研究专攻准备—研究锁入—研究阈限过渡—研究者素养与能力的自我确证"四个社会化阶段，在此不妨以图表作为示例，呈现博士生在不同阶段需要重点发展的素养和能力，以及相应的关键事件与支持条件，如图 5 – 16 所示。

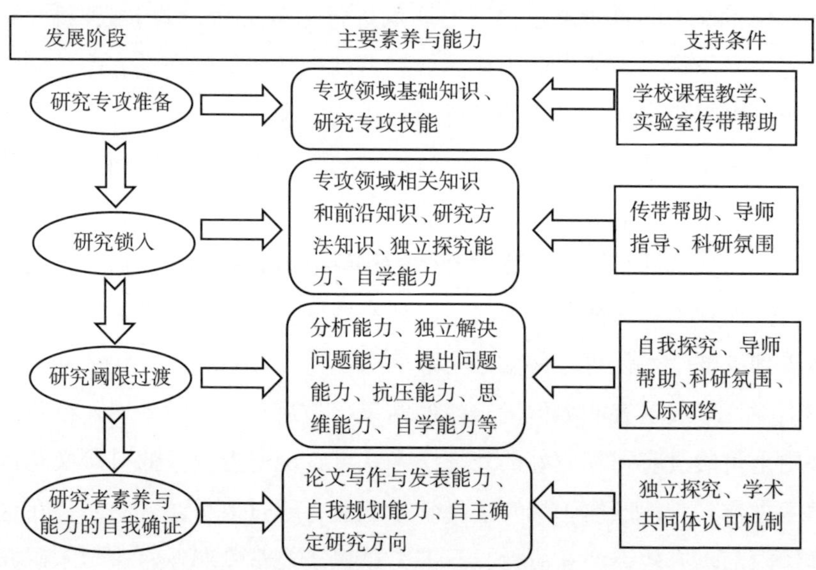

图 5 – 16　博士生学术社会化的阶段、内容与支持条件

整体来看，博士生从学生成长为研究者的过程是一场关于学术素养和能力的自我确证历程，因而也是一次完整的智识历险，博士生需要经历挑战性研究的准备、深入、超越和完善等环节，只有顺利通过研究阈限的博士生才会实现学术素养与能力的飞跃性发展，完成研究者身份的蜕变。就不同阶段具体的学术素养与能力发展而言，呈现出累积性和突变性共存的特征，不同素养与能力的发展存在“关键期”，每个阶段有其要重点发展的素养和能力，上一阶段素养与能力发展的进度直接影响着下一阶段素能的发展。最后在能力发展的支持条件上，遵循着学生自主性与外部支持性反向发展的规律，随着阶段的递进，外部结构性支持条件、导师指导介入程度都逐渐减弱。而不同阶段外部支持条件或主体都会根据博士生素养与能力发展的重点而出现变化。

第六章

理科博士生素养与能力及其形成环境的考察

基于前文对理科博士生素养与能力构成及其形成逻辑的分析，本章将对当前理科博士生的养成状况进行全面考察，研究包括两部分：理科博士生素养与能力的发展水平、理科博士生素养与能力形成的支持条件。分析所用数据来源于中国研究生院院长联席会《中国研究生教育年度报告2015》课题组的调查；研究工具为自编问卷《理科博士生科研素养与能力养成情况》；调查范围覆盖我国35所传统研究生院高校中的656名理科博士生，具体样本信息在第五章中已做说明，在此不再赘述。

第一节　理科博士生素养与能力的发展水平

通过前文分析可知，理科博士生的研究者素养与能力包括学术志趣与品德、学科知识与方法技能、科学思维与研究能力、研究合作与管理能力四个方面。四个维度中又包括学术志趣与品德、研究伦理与责任感、专业理论知识、方法与技能知识、科学思维与认知能力、研究实施能力、研究呈现能力、研究合作与交往能力以及研究管理与领导能力九个一级指标。因此，本节将主要对上述四个方面的九个一级指标展开分析，厘清当前理科博士生素养与能力的发展水平。

一、学术志趣与品德

（一）学术志趣考察

与其他专业性职业相比，学术职业不仅对从业者受教育与训练时间有着较高要求，而且在职业准入门槛上对博士生有着比较严苛的筛选。职业的成功除了自身的努力之外，还带有一定的冒险与运气成分，这就要求准备进入科学家职业轨道的新手们必须具备持久的内在兴趣与献身精神。[①]对于博士生来说，这种学术志趣与激情看似无形，实际上在很大程度上潜移默化地影响着博士生许多的行为和预期。从前文关于研究者形成过程的分析中也可以看出，博士生专攻知识与技能形成、研究阈限过渡以及学术素养与能力的自我确证都与个体的学术志趣息息相关。有鉴于此，笔者将从学术动机、科研兴趣与热情、学术抱负三个方面探究当前我国理科博士生学术志趣的养成情况和发展特点。

1. 学术动机。

通常而言，动机有内部动机与外部动机之分，所谓内部动机是指个体开展一项活动的原因纯粹是为了内在满足和兴趣。与此相对应的外部动机则遵循工具价值，其行为目的是为了获得一些外在的结果。[②] 现代大量研究表明，以活动自身为目的的内部动机对创造性行为有着促进作用，而为实现外在目标而行动的外部动机则对创造性活动有消极影响。换句话说，受内部动机激发者要比受外部动机驱使的人更富有创造性。[③] 对于以智力冒险、未知挑战为特点的科学职业而言，纯粹的学术动机应当是个体主要的动机，只有对学术充满热忱、激情与献身的人，才有可能做出真正意义上的创新与科学贡献。不过考虑到现实中一个人的行为决定往往是多种动机共同作用的结果，为此，笔者对理科博士生选择攻读博士的原因进行了区分，将只考虑科研兴趣而攻读博士的类型作为内在学术动机，将由于非

---

① ［德］马克斯·韦伯：《学术与政治：韦伯的两篇演说》，冯克利译，三联书店2005年版。

② Ryan R M，Deci E L.，Intrinsic and Extrinsic Motivations：Classic Definitions and New Directions. *Contemporary Educational Psychology*，Vol. 25，No. 1，2000，pp. 56 – 61.

③ Amabile T M，*Creativity in Context*：*Update to the Social Psychology of Creativity*. Boulder，Colorado：Westview Press，1996，pp. 6 – 15.

科研兴趣而选择读博的类型作为外在学术动机，同时兼顾科研兴趣和其他外在因素的类型作为混合型学术动机。

通过数据分析，结果发现，在调查样本中，只有90人属于单纯对科研的爱好和兴趣选择而攻读博士，仅占总体的13.95%。大部分学生除了对科研兴趣之外，还考虑了其他非学术因素，譬如"获得博士学位""提升就业能力""其他（包括不想就业、巧合和从众等）"，这种兼顾科研兴趣与任何一种其他目标的"混合型"学术动机的人数达到282人，占到样本总体的43.72%。因此，从整体来看，博士生的学术动机呈现出多元化特点，有很多学生不仅仅只是喜欢学术研究本身，与此同时还考虑提升就业能力、获得博士学位或者其他无关要素。最后，排除科研兴趣因素，统计发现，高达42.17%的博士生对科研并没有兴趣和热情，选择攻读博士更多是受工具性目标等外部动机使然，这一数据或许能够在一定程度上解释当前博士生学术热情缺乏，创新动力不足的现象。如表6－1所示。

表6－1　理科博士生的学术动机考察

维度	动机类型	人数	有效样本	比例
内部动机	只有科研兴趣	90	644	13.98%
混合型动机	科研兴趣＋获得博士学位/提升就业能力/其他（包括不想就业、巧合和从众等）	282	644	43.78%
外部动机	无科研兴趣（如获得博士学位、提升就业能力或其他等原因）	272	644	42.24%

2. 科研兴趣与热情。

如果说上述内在的学术动机更多是受个体性情、早期经历及社会外部因素的影响，那么进入博士生培养轨道之后的科研兴趣与热情则与学校有着密切关联。从对35所研究生院高校理科博士生科研兴趣与热情的调查情况来看，大部分博士生对学术比较有兴趣（M＝3.88，SD＝0.801），其中74%的受调查者表示："对科学研究充满兴趣与热情"，这一比例虽然比前文中

57.67%具有科研兴趣动机（内在学术动机与混合型学术动机之和）的占比有了大幅提高，增加比例达到16个百分点。但是仍有较大提升空间，在受调查者中，还有26%的人表示比较不符合或不确定自己是否具有科研兴趣和热情。也就是说超过1/4的受调查者表现出的科研兴趣与激情淡漠，这对博士生培养单位而言无疑是一种资源的低效率运用（见图6-1）。

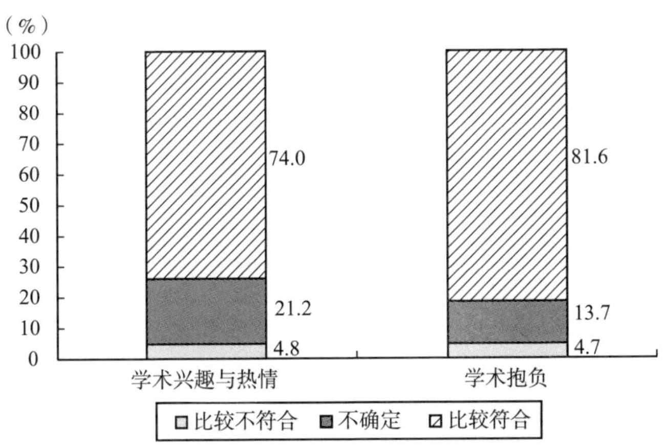

图6-1　理科博士生科研兴趣与抱负养成情况

内在学术兴趣的缺乏，虽然在一定程度上可以通过外部压力、激励下的高投入得到补偿，但却无法激发博士生的科研主动性、深度学习和高兴趣型个体投入。正如杜威所言："如果没有兴趣，仅仅呼吁纯粹的努力是没有意义的。"[①] 一位受访者也表示，相比于德国的学生，我国学生表现得更加勤奋，但在学术热情上则有很大差距。"他们非常热爱科研，会很乐意去讨论一个问题，探究一个问题。……这也是我在国外的感受，就是从事科研的人基本上百分之百都是对科研抱有纯真的热情，他们非常乐意讲述自己的研究。"（HG7）

3. 学术抱负。

相对于表现不佳的内在学术兴趣和热情，从总体的调查结果来看，绝

① Dewey J, *Interest and Effort in Education*. Boston: Houghton Mifflin, 1913.

大部分博士生有着较好的学术抱负（M = 4.02，SD = 0.79）。高达 81.6% 的受调查理科博士生表示希望或非常希望在学术领域做出有影响力的成就，仅有 4.7% 的博士生表达了相反意见，没有期望在学术研究上有所建树，如图 6 – 1 所示。

具体来看，经过博士阶段的科研训练，在学术抱负表现上，不同类型博士生之间虽然还有一定的差距，但大多并不具有显著性差异。首先在人口学特征变量上，不同性别博士生学术抱负表现出显著性差异（$p = 0.030$，$p < 0.05$），男博士生群体中表示自己希望做出有影响力学术成就的平均值为 4.08，而女博士生只有 3.94。在婚姻状况方面，不同感情状态类型的博士生在学术抱负上也具有显著性差异（$p = 0.028$，$p < 0.05$），已婚未育、未婚且有恋人的博士生群体中高学术抱负出现的比例要比已婚已育、未婚且无恋人博士生群体更高。

此外，在教育环境因素的影响方面，博士生导师的学术级别与学生的学术抱负也存在一定的关联，单因素方差分析显示，师从不同学术级别导师的博士生在学术抱负上存在显著性差异（$p = 0.026$，$p < 0.05$），导师为长江学者、“千人计划”引进人才或“国家杰出青年科学基金”获得者等高水平人才的博士生的学术抱负最高（M = 4.19，SD = 0.722）；导师是院士的博士生的学术抱负水平最低（M = 3.94，SD = 0.948），如表 6 – 2 所示。

表 6 – 2　　理科博士生学术抱负的差异性分析

变量	分类	均值	标准差	样本量	F 值	sig
性别	男	4.08	0.781	395	0.023	0.030
	女	3.94	0.799	252		
婚姻状况	已婚已育	3.95	0.780	55	3.057	0.028
	已婚未育	4.15	0.725	96		
	未婚且有恋人	4.09	0.759	249		
	未婚且无恋人	3.92	0.846	236		
	硕博连读	4.00	0.830	294		
	本科直博	4.05	0.838	123		

续表

变量	分类	均值	标准差	样本量	F 值	sig
导师称号	院士	3.94	0.948	32	3.114	0.026
	长江学者、“千人计划”引进人才或“国家杰出青年科学基金”获得者等	4.19	0.722	155		
	普通教授或者研究员	3.98	0.807	423		
	普通副教授或副研究员	3.94	0.649	34		

（二）研究伦理养成情况

为了考察当前理科博士生研究伦理的养成情况，本书设计题项为“我非常清楚哪些行为属于学术不端”作为监测指标。调查显示，对自己“非常清楚哪些行为属于学术不端”的认可平均值达到了 4.14，调查总体中 84.4% 的博士生认为自己充分掌握了学术规范知识。具体来看，高达 84.4% 的博士生确认自己非常清楚学术不端的表现行为（包括符合与非常符合），只有 13.3% 的学生表示自己不确定是否对学术不端有着清晰认知。而完全认为自己不清楚哪些行为属于学术不端的比例仅占 2.3%。因此如果单从规范性认知的角度来看，结果表明，我国当前理科博士生的学术伦理养成情况是比较好的。如图 6－2 所示。

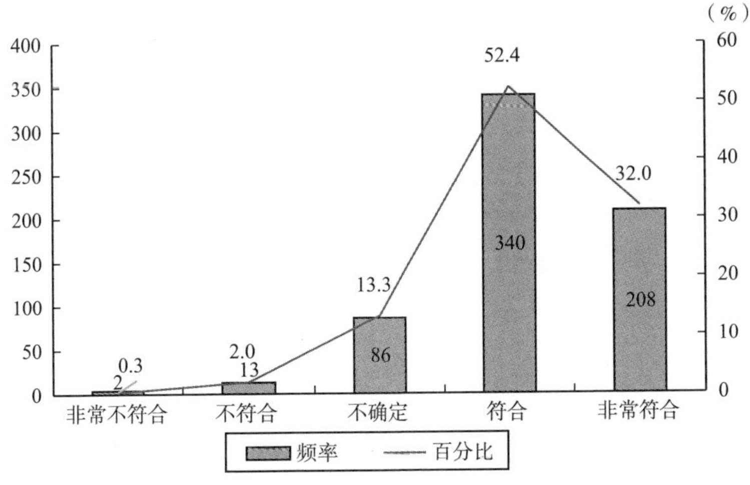

图 6－2　理科博士生学术规范养成情况

此外，从不同类型博士生的具体表现来看，单因素方差分析结果显示，并不具有统计学上的显著性差异。如在不同招考方式上，普通招考、硕博连读和本科直博的博士生学术规范认知水平均值分别为4.13、4.15、4.11，三者之间几乎没有明显差异。同样，在学科类型上，从表6－3中可以看出，除了化学学科博士生的学术规范认知情况略低外，数学、物理、生物与地理与海洋科学等学科之间的差异都很小。单因素方差分析结果也表明，不同学科博士生之间的学术规范养成情况没有显著性差异（$p=0.382$，$p>0.05$）。此外，在实验室级别上，单因素方差分析也表明，三者之间不存在显著性差异（$p=0.126$，$p>0.05$）。这表明当前理科博士生的学术规范认知水平较高，并不存在内部性差异，如表6－3所示。

表6－3　博士生学术规范养成的差异分析

维度	类别	N	均值	标准差	F	Sig
招考方式	普通招考	231	4.13	0.660	0.151	0.860
	硕博连读	293	4.15	0.781		
	本科直博	124	4.11	0.767		
学科类型	数学	111	4.12	0.783	0.811	0.542
	物理与天文	158	4.18	0.73		
	化学	113	4.03	0.700		
	生物	55	4.16	0.714		
	地理与海洋科学	66	4.21	0.621		
	其他	146	4.15	0.791		
实验室级别	国家重点实验室	194	4.14	0.768	2.076	0.126
	省部级重点实验室	169	4.22	0.659		
	一般实验室	255	4.07	0.765		

二、学科知识与方法技能

本节内容将聚焦于博士生学科知识结构和方法与技能知识掌握两个方面，其中专业理论知识主要分为知识深度、知识广度与知识前沿三个方面；方法与技能知识维度则考虑了当前科学研究应用化、国际化的发展趋势，选择知识产权知识、语言技能（此处主要指专业国际交流能力）两个方面进行分析。

（一）专业理论知识

在博士生的专业理论知识水平上，调查显示，博士生的专业知识深度与知识前沿把握并不是十分理想，博士生中认为自己对本专业基础理论知识理解深入、对学科前沿知识非常熟悉的符合程度均为 3.75（满分为 5，从 1 ~5 依次表示非常不符合、不符合、不确定、符合与非常符合）。其中，认同自己具有良好知识深度的博士生占到调查总体的 66.8%，认同自己熟悉知识前沿动态的博士生占到总体的 65.4%，相反，认为自己在知识深度与知识前沿表现较差的比例则双双超过了 1/3。至于知识宽度方面，其表现则非常不乐观，调查样本中认为自己“非常熟悉其他学科的知识和方法”的符合程度只有 3.42（满分为 5，从 1 到 5 依次表示非常不符合、不符合、不确定、符合与非常符合）。17.9% 的受调查者表示自己对其他学科的知识和方法并不是非常熟悉，还有 34.3% 的博士生不确定是否熟悉其他学科的知识和方法，二者共计占到调查样本总体的 52.2%，也就是说超过一半的理科博士生认为自己的知识面不够宽广。这表明我国当前理科博士生的知识素养还有很大提升的空间，部分学生的专业基础理论知识薄弱，学科前沿动态掌握不及时，特别是知识面较为狭窄。

（二）方法与技能知识

在方法工具知识方面，面对科学研究从基础研究向应用研究的漂移，有关知识产权方面的知识显得越发重要，本次调查发现，认可自己“非常熟悉知识产权方面规定”的符合程度只有 3.46（满分为 5，从 1 到 5 依次表示非常不符合、不符合、不确定、符合与非常符合），其中不确定、不认为自己掌握知识产权方面规定的分别占到 29.5%、18.6%，二者共占到总体的 48.1%，这表明理科博士生的知识产权知识较为欠缺。访谈中许多教师与学生对此表达了另外一种态度，例如，有的指出：“类似于知识产权法律知识倒是次要的，因为这方面你可以找到专门的人去做，你可以找法律顾问，这方面倒是次要的。我觉得重要的是思维方式的培养，你要想到哪个东西会产生什么样的应用价值。可能这种思维意识培养对博士生来说是非常重要的。这个不是一时半会会产生的，需要长久的一段时间才会产生。当前来看这方面的培养并不理想”（FP16）因此，就目前来看，在理科博士生的培养过程中，无论是具体的知识产权知识还是应用研究意识的培养都没有得到足够的重视，并没有为研究的应用化做好充分准备。

此外，随着科学研究国际交流与合作的日趋频繁，熟练运用作为学术通用语言的英语已经成为科学研究者的基本要求。然而从调查结果来看，博士生的学术英语交流能力存在严重不足，认同自己可以熟练开展学术英语交流的平均值只有3.33，超过一半的博士生表示无法熟练地进行专业英语交流，不认为（包括不符合和非常不符合）或不确定自己能熟练开展学术英语交流的比例分别达到21.6%、32.7%，二者共计达到54.3%。这表明博士生并没有做好应对未来科学研究国际化发展趋势的充分准备，如图6－3所示。

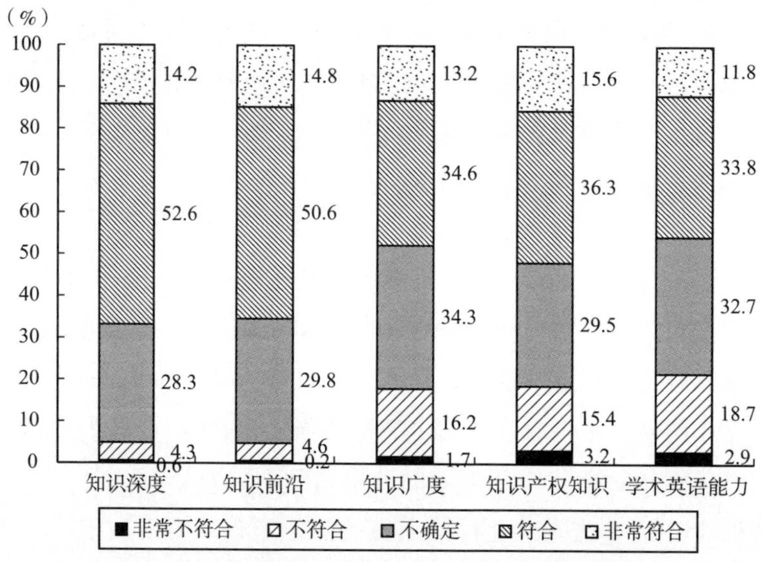

图6－3　理科博士生的学科知识与方法技能形成情况

三、科学思维与研究能力

（一）科学思维与认知能力

1. 理科博士生的科学思维水平考察。

无论博士生培养目标发生何种变化，通过原创性研究来训练博士生的心智、思维与科研能力都是必要途径。故而，原创性能力以及批判性思维是博士生培养中最为强调的两个方面，特别是对于今天的自然科学研究而言，一项没有创新的研究是很难获得学术共同体认可并出版发表的，因此博士生科研的原创性问题不在于是否有无而在于大小。调查显示，理科博士生中对自己研究具有原创性的认同程度为 3.92，从具体选项来看，调查群体中认为自己的研究具有原创性的比例达到 75%，其中非常符合、符合的比例分别为 20.2%、54.8%。而博士生中认为不确定或是没有原创性的比例共计 25%，这表明我国当前理科博士生的研究创新性水平整体上表现尚可（如图 6－4 所示）。

具体来看，个体在进入博士生培养轨道后，个体特征和教育背景因素（如性别、招生方式、学科等）的影响则不再明显，相比之下，不同级别的实验室所培养的博士生研究原创性水平具有显著性差异（$p=0.006$，$p<0.05$），国家重点实验室、省部级重点实验室和一般实验室的博士生研究原创性程度分别为 3.97、4.03 和 3.81，国家重点实验室与省部级重点实验室在博士生研究原创性能力培养上要明显强于一般实验室。如表 6－4 所示。

表 6－4　　理科博士生研究原创性水平的差异性分析

变量	分类	均值	标准差	样本量	F 值	sig
实验室	国家重点实验室	3.97	0.742	195	5.170	0.006
	省部级重点实验室	4.03	0.706	171		
	一般实验室	3.81	0.750	255		

不过，在批判性思维发展方面，描述性统计显示，高达 36% 的博士

生不确定自己是否具有良好的批判性思维，还有 10.2% 的博士生不认为自己具有较强的科学素养（包括非常不符合与不符合），三者共计达到 46.2%，换言之，接近小一半的博士生的批判性思维没有得到很好的发展（见图 6－4）。考虑到批判性思维具有较强的情境性特点，因此笔者分别从学生学习与研究的经历、环境展开分析。

首先，从大学后学习经历来看，本科直接攻读博士的学生表现出的批判性思维最为活跃，自我报告平均值达到 3.74，硕博连读生次之为 3.56，对比之下，普通招考生的批判性思维能力最低，只有 3.45。多因素方差分析表明，通过不同招考方式选拔的博士生之间具有显著性差异（$p=0.009$，$p<0.05$），事后最小差异显著比较法（LSD）分析发现，本科直博生与普通招考生在 0.05 水平上存在显著性差异（$p=0.002$，$p<0.05$），但硕博连读生与普通招考生之间则没有明显差别（$p=0.126$，$p>0.05$），如表 6－5 所示。

表 6－5　不同入学方式在批判性思维能力表现上的多重比较

(I) 入学方式	(J) 入学方式	均值差 (I－J)	标准误	显著性	95% 置信区间	
					下限	上限
普通招考	硕博连读	－0.114	0.075	0.126	－0.26	0.03
	本科直博	－0.289*	0.094	0.002	－0.47	－0.11
硕博连读	普通招考	0.114	0.075	0.126	－0.03	0.26
	本科直博	－0.175	0.090	0.052	－0.35	0.00
本科直博	普通招考	0.289*	0.094	0.002	0.11	0.47
	硕博连读	0.175	0.090	0.052	0.00	0.35

注：* 均值差的显著性水平为 0.05。

其次，不同类型导师所指导的博士生在批判性思维表现上也有较大差别，出乎意料的是普通教授或研究员所指导的学生在批判性思维能力上表现最弱，普通副教授或副研究员所指导的学生表现尚可，其中普通教授或研究员与长江学者、千人等杰出人才之间存在显著性差异（$p=0.000$，$p<0.05$）。按照批判性思维从高到低的排序，对学生批判性思维培养较

好的导师依次为长江学者、“千人计划”引进人才或“国家杰出青年科学基金”获得者等学术精英、普通副教授或副研究员、院士、普通教授或研究员，所指导学生批判性思维能力的水平分别是3.77、3.62、3.55和3.48（见表6－6）。

最后，不同级别实验室中的博士生在批判性思维养成上也有着明显差别，国家重点实验室中的博士生批判性思维为3.68，省部级重点实验室的博士生批判性思维能力的水平为3.53，而一般实验室内的博士生批判性思维只有3.47，三类实验室在博士生批判性思维养成上存在显著性差异（$p=0.031$，$p<0.05$），如表6－6所示。

表6－6　批判性思维养成的差异性分析

变量	分类	批判性思维
导师称号	院士	3.55
	长江学者、“千人计划”引进人才或“国家杰出青年科学基金”获得者等	3.77
	普通教授或研究员	3.48
	普通副教授或副研究员	3.62
	F值	4.803*
实验室	国家重点实验室	3.68
	省部级重点实验室	3.53
	一般实验室	3.47
	F值	3.478*

注：*表示$p<0.05$。

因此，综合来看，博士生的批判性思维水平整体较弱，不同培养制度或环境下学生表现的差异性分析，表明相比与其他情境，在一流科学研究活动、浓厚学术氛围以及平等学术交流关系中的博士生所具有批判性思维水平表现较好。因而如果能从整体上提升科学研究的水平、营造良好的学术氛围、尊重学生的主张与观点，博士生批判性思维水平可能会有较好的提升。

2. 认知能力养成情况。

一名社会化成功的博士生应具有提出好研究问题的能力、良好的问题分析能力与问题解决能力，这不仅是成为研究者所必须具备的一项科学素养，而且与研究的创新性直接相关，但在现实培养中三者并非同等重视。正如戈尔德与沃克（Golde，Walker）所言，提出研究问题本应该是博士生培养的重点和首要目标，但实际上这一环节经常缺失，常常由导师直接来分配研究问题，[①] 学生在这一过程中往往是被动的。许多学生在博士教育期间并没有培养出提出合适研究问题的能力，这成为当前博士生科学素养和认知能力培养中最为迫切的问题。

笔者调查发现，首先，在提出研究问题能力上，理科博士生中认为自己总能提出好研究问题的均值只有3.59，其中认为自己无法或不确定能提出好研究问题的博士生占到总体的45.4%（见图6-4）。在访谈中一位刚开始指导博士生的青年博士生导师，在谈到学生的问题提出能力水平时指出："就我短期的经验，要让我非要打一个分的话，我的打分也是比较低的。"（FP16）另外，一位青年研究员也表示："提不出好的研究问题能力……这个确实与我们国内体制有关系，因为你做的题目是导师给你规定的，导师拿出经费，你要经费研究什么题目，你需要多少钱，通常来说，不会让博士生自己做这个。"（SP18）这说明我国当前理科博士生的提出研究问题能力较弱，还有很大的提升空间。

其次，为了考察博士生研究分析能力，笔者设计题项为"我对研究问题或结果的分析常常得到老师的认同"进行调查。数据统计分析发现，理科博士生中认同自己具有较高问题分析能力的程度为3.78。具体来看，在分析问题能力方面，理科博士生中有5.1%的学生认为自己不具备良好的研究分析能力（包括非常不符合与不符合），27.6%的博士生不确定自己是否具备良好的研究分析能力，二者合计达到32.7%，接近1/3的博士生研究分析能力养成还不甚理想（见图6-4）。

最后，在解决研究问题能力方面，笔者用"我经常能独立解决研究中出现的问题"作为独立解决研究问题能力的测量题项。调查表明，相对于研究分析能力，博士生的解决研究问题能力表现较好，认可自己具有很好独立解决研究问题能力的程度为3.84，72.1%的学生认为自己经常能独

---

① ［美］克里斯·戈尔德、乔治·沃克：《重塑博士生教育的未来》，刘俭译，上海交通大学出版社2015年版。

立解决研究中出现的问题，但仍有 28% 的学生不确定或认为自己不具有良好的解决研究问题能力，如图 6－4 所示。

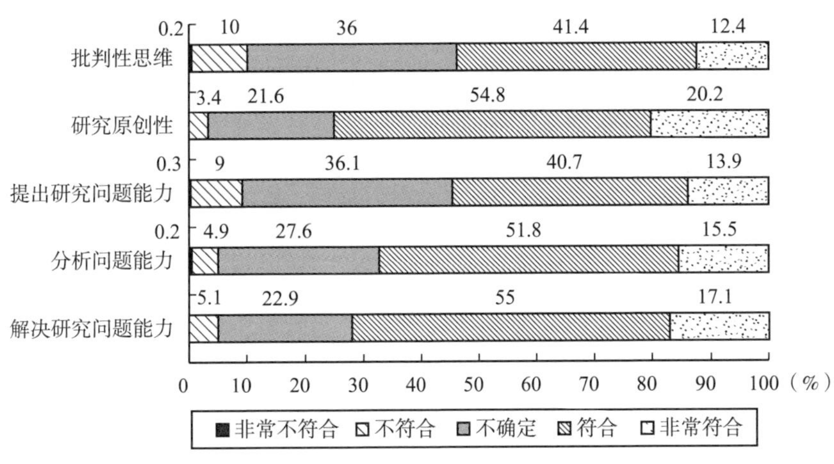

图 6－4　博士生的科学思维与认知能力水平

（二）研究实施能力

科学研究就是一个做实验的过程，实验的结果不取决于你对实验计划或科研成果描述得如何好，而在于你如何操作实验的过程。① 它表现为日常科研过程中对研究假设或研究设计一次次的试验、对实验数据的收集与反复分析等。因此完整的科学研究活动不仅离不开实验之前的思考和创想，更不能脱离脚踏实地的研究实践，具体而言，对实验仪器和专业软件的熟练操作、数据与信息的有效收集是最为常见的研究行为。

为了考察博士生的研究实施能力，笔者共设置了“我可以熟练操作常用的实验仪器和专业软件”“我有很强的数据与信息收集能力”两道题项分别作为研究操作技能、数据和信息收集能力的测量指标。首先在研究操作技能的养成方面，考虑到理学学科中有部分是属于明显的非实验性学科，因此在分析中剔除了数学学科，统计结果发现，博士生中对自己能够熟练操作实验仪器和专业软件的认同均值达到 4.01，认为非常符合、符

① ［英］南希·罗斯韦尔：《谁想成为科学家?：选择科学作为职业》，乐爱国译，上海科技教育出版社 2006 年版。

合的博士生比例分别占到22.7%、58.2%，二者共计达到80.9%，表明博士生具有较好的研究操作技能（见图6-5）。

此外，在信息收集能力培养上，博士生群体中对自己具有很强信息与数据收集能力的赞同均值为3.85，其中表示非常符合、符合的占比分别达到19.0%、52.0%，换言之，调查样本中71%的博士生认为自己具备较强的信息与数据收集能力，不确定或不认为具有良好数据和信息收集能力的占比则占到了总体的29%，故而还有较大提升空间（见图6-5）。

（三）研究呈现能力

在科研行业，一名研究者仅仅将研究工作做得出色是远远不够的，还必须具备上佳的学术交流能力，才能确保自己在学术界谋得一份职业，扩大自身的学术影响力，提升自己的学术声誉。① 在众多学术交流表现形式中，最为常见也是最为重要的当数学术写作和专业表达能力。

1. 学术写作能力。

如何撰写一份优秀的科研申请书、写一篇出色的科研论文，不仅关乎科学研究成果向同行的交流，而且事关科学家自身的学术前途。调查结果显示，当前理科博士生的学术写作能力并不强，认可自己有很强学术写作能力的平均值只有3.56，其中受调查群体中9.2%的学生认为没有良好的学术写作能力（包括非常不符合和不符合），还有35.8%的博士生不确定自己是否具有良好的学术写作能力，三者共计占到样本总体的45%，这表明学术写作能力是当前博士生培养中非常薄弱的环节（见图6-5）。

2. 专业表达能力。

除了学术写作之外，学术演讲与汇报也是学术共同体内外交流的一种重要形式，调查发现，博士生中认同自己具有出色专业表达能力的平均值为3.87，其中认为自己能非常清楚、专业地向他人讲述自己研究的比例占到样本总体的76.1%（包括非常符合和符合），相反，23.9%的博士生不认为或不确定自己拥有良好的专业表达能力。因此从总体来看，博士生的专业表达能力尚可，如图6-5所示。

---

① ［美］戴尔·F. 布卢姆、乔纳森·D. 卡普、尼古拉斯·科恩：《博士之路：自然科学研究生求学指南》，贾建军、贾米娜译，南京大学出版社2014年版。

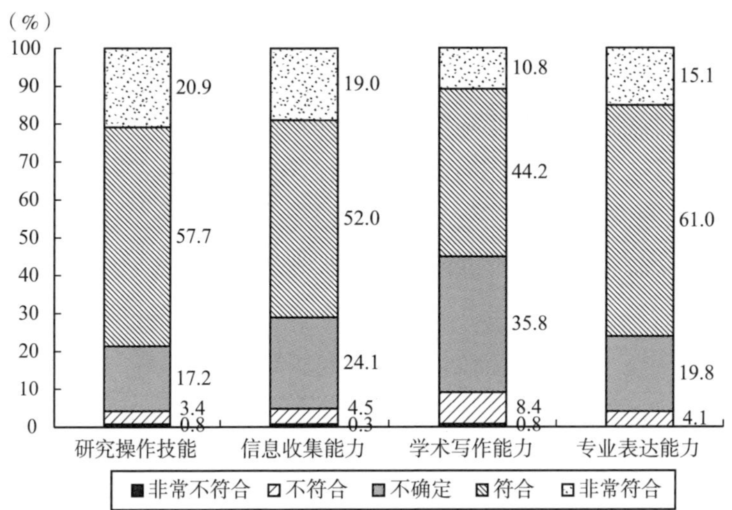

图6－5 理科博士生研究实施与结果呈现能力的形成情况

四、研究合作与管理能力

（一）科研共事合作能力

现代科学研究是一项集体性的科学事业，具体研究工作的推进离不开实验室内外成员相互之间的密切合作，其中对尚处于成长期的博士生而言，外部的科研合作通常是由导师或项目负责人来协调建立，因此所谓的科研合作能力养成主要是通过与实验室内部成员，如导师和同辈之间的合作与共事来实现的。

为了考察博士生与导师或实验室 PI、实验室成员共事合作的能力，笔者分别设置了“我与导师相处融洽”“与课题组（科研团队）其他成员的合作让我感到愉快”两道题项进行测量。统计结果表明，博士生群体中认同与导师相处融洽的平均值达到 4.23，认同与实验室成员合作顺畅的平均值达到 4.08。其中，认为与导师共事融洽的比例达到 90.4%（包括非常符合与符合），认为与实验室成员合作顺畅的比例达到 84.2%（包括非常符合与符合），这表明当前我国理科博士生的科研共事合作能力表现较好（见图6－6）。

此外，在学术人脉构建方面，博士生中表示与校外同行建立密切联系的平均值只有3.26，其中调查样本中26.6%的博士生指出没有密切交往的校外同行（包括非常不符合与不符合），29.4%的学生不确定，三者共计占到总体的56%，这表明在博士生层面，校外不同学术机构之间的学术交往较弱，超过半数的博士生没有建立自己的学术网络关系（见图6－6）。

（二）科研管理能力

现代科学研究的常规形态由多个团队成员组成的课题组在巨额项目经费、昂贵科研设备的支持下开展科学研究。因此研究的推进需要科学家很好地管理科研项目、科研团队，一名成功的科学家不只是专注于纯粹的科学问题研究，而且还需要具备娴熟的科研管理能力。由于管理能力的养成具有较强的实践性，单纯的知识教育往往难以起到预期的效果，因此，对于尚处于学徒期的博士生而言，唯有在科研项目参与过程中，通过不断模仿和学习导师的管理行为实践来提升自己的科研管理能力。

统计结果表明，博士生的科研管理能力相对较弱，相信自己“能很好地管理研究课题（项目、团队）”的平均值只有3.58，其中调查样本中9.2%的学生认为自己不具有良好的科研管理能力（包括非常不符合和不符合），36.6%的博士生不确定自己是否能很好地管理科研课题，三者共计达到45.8%，这表明博士生对于未来科学职业所需的科研管理能力准备还不充分，如图6－6所示。

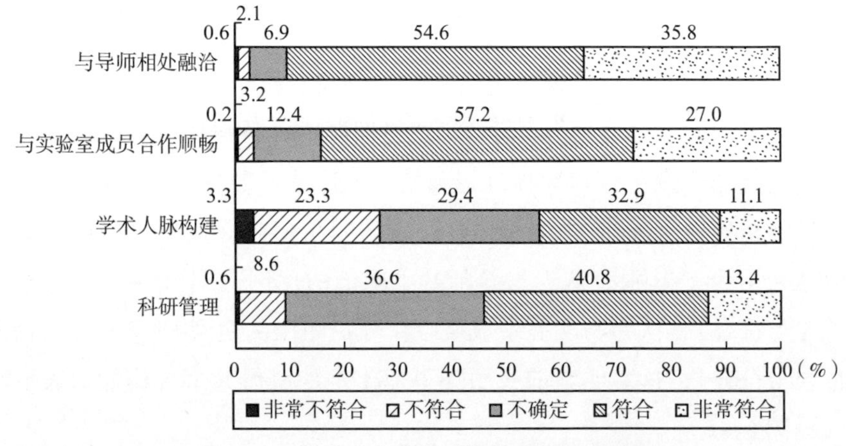

图6－6　博士生合作与管理能力的形成情况

而且从博士生的学习年限、学术平台和导师指导等方面来看，单因素方差分析结果显示，不同类别间博士生的科研管理能力并没有显著性差异，p 值均大于 0.05，这意味着博士生的科研管理能力并没有随着学习年限的增加而提高，不同层次实验室、不同级别博士生导师指导的博士生的科研管理能力都没有显著差异。

因此从整体来看，当前理科博士生中具有纯粹内在学术动机的比例较低，有相当部分的学生之所以攻读博士学位是出于外在工具性的考量（42%），不过相比之下，在博士生教育期间，学生的科研兴趣和热情以及学术抱负有了一定程度的提高。在学科知识与方法技能方面，博士生的知识深度、前沿知识掌握一般，知识宽度、知识产权知识和学术英语交流能力还有很大的不足。在科学思维与研究能力方面，提出好的研究问题能力、批判性思维和学术写作能力表现较差（超过 45% 不认同），问题解决能力、研究分析能力和信息收集能力养成情况不乐观（接近 30% 不认同），只有研究的原创性水平、研究操作技能和专业表达能力的养成尚可。在研究合作与管理能力方面，绝大部分博士生与导师和其他成员有着较好的合作，但在科研管理能力与学术人脉建构方面则不甚理想。

第二节　理科博士生素养与能力形成的支持条件

在对博士生素养与能力形成逻辑的分析中，我们发现，在学生成长为研究者的过程中，博士生素养与能力的发展不仅存在关键期，而且有关键环节与要素作支撑。其中影响最为显著的四个主要范畴分别为导师与实验室成员指导、院系学术氛围、组织条件与环境、学术共同体参与机会。故而，本节将从上述四个方面展开分析。

一、导师与实验室成员指导

大量的研究表明，导师的指导频率、内容以及方式对博士生的学术发展有着重要作用，在前文中也得到了验证，但除此之外，本书还发现，实验室其他成员在新手的成长中也发挥着不可小觑的影响。图 6－7 直观地呈现了博士生在攻读学位期间，不同年级学生所接受外部指导者的变化。从图 6－7 中可以看出，在博士一年级的时候，接近 54% 的学生指出指导自己日常科研最多的是师兄师姐、同级同学或其他老师，此后随着研究的深入，导师提供的指导与支持开始上升，特别是在博士三年级时达到了 67% 以上。因此，导师与实验室其他成员构成了博士生学术成长过程中的重要他人，他们对博士生给予的支持以及施加的影响，不仅直接决定了博士生的学术体验，而且对其学术信念、认知以及修养的发展有着显著影响。

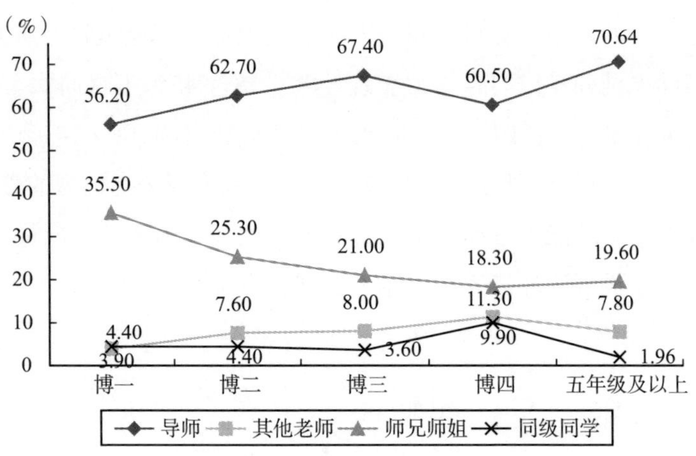

图 6－7　学生在不同阶段接受指导源的变化

（一）导师指导

从导师概念的原初含义来看，其作用在于成为学徒效仿的角色榜样，进而对学生施加影响和指导。导师对学生的影响既包括学术指导，为学生提供实质性的学术支持；又包括学术志趣的引导与激发，帮助学生在情意层面形成学术职业认同。

为考察当前博士生导师在激励学生科研兴趣、抱负方面的情况，研究设计了判断式问题“导师激发了我的学术志趣”进行测量，结果显示，总体上，学生对导师引导学术志趣的情况较为认可（M = 3.86，SD =

0.923），73.6%的受调查者比较认同这一说法（包括符合与非常符合）。不过这种认同因导师特征、类型的不同有较大差异，如导师为长江学者、“千人计划”引进人才或“国家杰出青年科学基金”获得者等精英学者或是正教授的博士生所受到的学术志趣激励更为强烈，认同导师激发了自己科研兴趣的比例分别达到72.6%、75.6%。相比之下，副教授或副研究员中能真正起到学术志趣激励的只有67.6%。此外，出乎意料的是，博士生对“院士”级导师的评价并不高，甚至在四种类型导师中评价最低，其中只有64.7%的学生认为自己的导师激励了自己的学术热情（见图6-8）。之所以出现这种现象，可能是因为院士通常会负责一个规模非常大的科研团队，大团队又细分为众多小的科研实验室和负责人，院士主要负责管理和协调事务性工作，因此名下的博士生们主要在下属的小团队中由其他负责人直接指导，这就导致院士与所指导学生之间的互动较少，学生接收到的学术熏陶和影响较少。

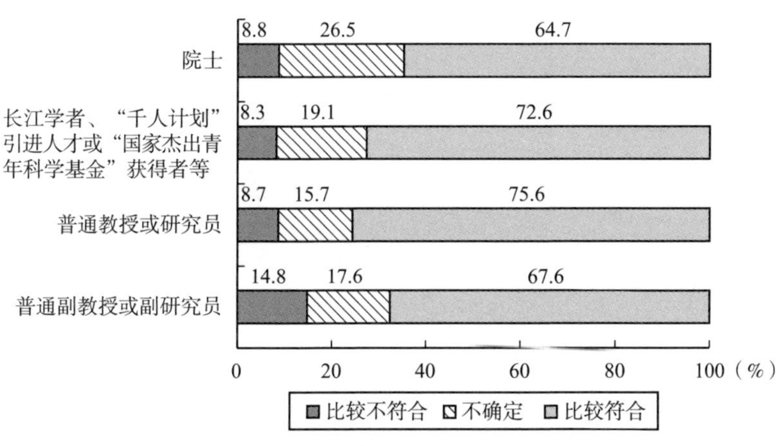

图6-8 导师的兴趣激发作用

在导师给予的学术支持方面，以“导师在学术上对我帮助很大”为题，调查发现，整体而言，绝大部分博士生表示导师对自己学术帮助作用很大，高达83%的学生认同这一说法，表明当前大部分的博士生导师有效发挥了学术指导作用。但具体来看，不同类型导师在对学生的学术支持上存在显著性差异（$p=0.002$，$p<0.05$），与通常的认识不同，在四类

导师中，院士对博士生的学术指导作用是最低的，只有70.6%的学生认为院士导师对自己的学术帮助很大，而在其他三类导师中，这一比例都超过了83%，导师为副教授的学生中认同比例更是高达88.2%（见图6－9）。而导致院士对学生学术帮助相对较低的原因与志趣影响低的原因相同，对于数据显示副教授对学生的学术支持度最高的现象，在前文研究中已经表明，作为新晋博士生导师的副教授，其科研团队大多处于起步期，还没有形成成熟传承的关系，为了让所指导的博士生尽快熟悉相关科研设备和研究方法，导师往往需要事无巨细、亲自示范，与博士生一道工作，这种密切合作共事的经历可能会提高学生的学术支持获得感。

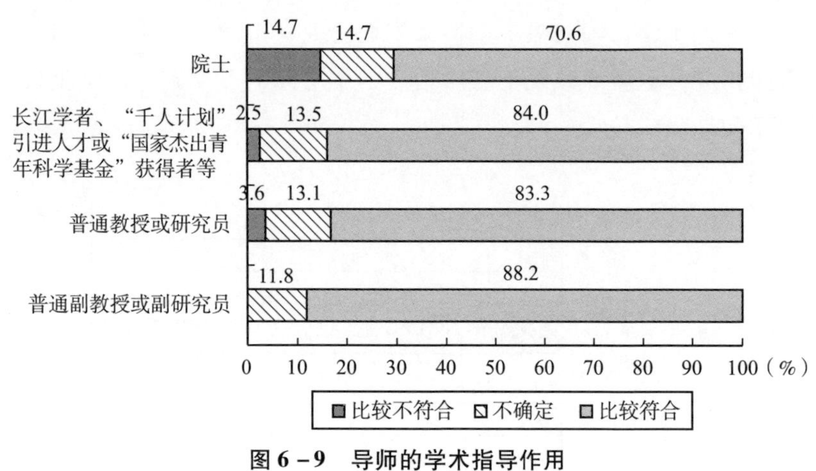

图6－9　导师的学术指导作用

（二）实验室成员指导

从前文研究专攻阶段实验室成员指导方式的分析中，可以发现，在以导师为核心人物形成的教学科研团队中，存在着一种高年级“传带帮助”低年级学生的文化与传统。尤其是在科研新手刚进入实验室的早期，所需的研究准备知识与技能往往是相对简单的，因此，在业已成型的科研团队中，新手最初的入门指导工作大多是由高年级的博士或其他科研人员来承担的，其他实验室成员很多时候充当了“小导师”的作用。此外，高年级成员在帮助新生适应实验室文化、促进博士生社会化方面也发挥着不可替代的影响。在笔者对部分研究生院高校理科博士生的调查中也发现，学生对实验室中其他成员提供的学术支持整体上持积极肯定的态度（M = 3.99，SD = 0.821），样本中 79.1% 的博士生认为实验室其他成员对自己的学术帮助很大（包括符合与非常符合）。

考虑到组织类型、学科文化等因素的差异，研究作了进一步的分析，首先在不同类型实验室中，团队成员能给予的学术支持存在显著性差异（$p = 0.000$，$p < 0.001$），由于国家重点实验室和省部级重点实验室中科研氛围较好、团队成员的学术能力相对较强，科研新手得到学术帮助的机会也多，因此重点实验室中学生认同“其他成员在学术上对我的帮助很大”说法的比例要显著高于一般实验室，国家重点实验室、省部级重点实验室和一般实验室的认同比例分别为 84.5%、81.4% 和 73.6%（见表 6－7）。

此外，关于不同学科对知识生产、科研组织以及团队合作方式的影响已经有大量研究，譬如托尼·比彻[①]、普莱斯[②]等人分析了不同学科文化中科研合作及开展方式，王东芳揭示了博士生教育中的师徒关系的学科差异[③]。但是针对实验室内高低年级成员之间的指导存在何种学科差异却没有得到进一步说明。本书在调查中发现，物理与天文以及化学等学科的博士生认同实验室其他成员提供有效学术支持的比例较高，分别为 83.8%、80.7%，而在生物学、数学、地理与海洋科学学科中，认同“其他实验室成员在学术上对自己帮助作用很大”的比例只有 70.4%、73.8%、78.4%，三者均低于平均认同值（79.1%），见表 6－7。从中可以看出，一方面，当前我国研究生院高校中生物学科研团队内部成员之间的互助支持有待加强；另一方面，在注重独立研究的数学学科、注重现场或实地研究的地理与海洋科学学科中，团队成员之间的指导与帮助相对较弱。

① ［英］托尼·比彻、保罗·特罗勒尔：《学术部落及其领地：知识探索与学科文化》，唐跃勤、蒲茂华、陈洪捷译，北京大学出版社 2015 年版。

② ［美］普赖斯：《小科学，大科学》，宋剑耕、戴振飞译，世界科学出版社 1982 年版。

③ 王东芳：《博士教育中的师生关系：学科文化视角的解读》，载《比较教育研究》2015 年第 6 期。

表 6－7　　不同类型实验室、学科中团队成员的学术支持差异　　单位：%

维度	类别	比较不符合	不确定	比较符合
实验室类型	国家重点实验室	1.6	13.9	84.5
	省部级重点实验室	3.1	15.5	81.4
	一般实验室	7.9	18.5	73.6
学科	数学	9.0	17.2	73.8
	物理与天文	4.5	11.7	83.8
	化学	4.4	14.9	80.7
	生物	3.8	25.8	70.4
	地理与海洋科学	1.6	20.0	78.4
	其他	5.4	13.5	81.1

二、院系学术氛围

关于研究者的训练，人们总是习惯性地从显性资源、正式制度等方面来看待，如导师、科研平台、考试选拔和分流淘汰等要素，即使有人提到学术文化与氛围也常常是浅尝辄止，难以深入。但在已有的大规模博士生调查中，发现微环境的学术氛围是一个关键变量，其重要性甚至仅次于博士生导师，[①] 这在本研究中同样得到了证实。可以说，组织学术氛围对博士生社会化的影响，不仅仅局限于魏德曼和施泰因（John C. Weidman and Elizabeth L. Stein，2003）所谓的学术规范层面[②]，而且会以潜移默化、间接方式作用于学生的科学素养和研究能力中。

借用彼得森和斯宾塞（Marvin W Peterson and Melinda G. Spencer，1990）对学术氛围内涵的界定，客观的组织氛围是一种可以被直接、明显地观察到的组织内正式活动或行为模式。[③] 组织学术氛围正是通过显性的人际互

① 张巧林、孙建军、卞清等：《博士研究生培养质量及其影响因素分析——博士生视角与导师视角的比较》，载《学位与研究生教育》2009 年第 4 期。

② Weidman J C，Stein E L. Socialization of Doctoral Students to Academic Norms. *Research in Higher Education*，Vol. 44，No. 6，2003，P. 645.

③ Peterson M W，Spencer M G. Understanding Academic Culture and Climate. *New Directions for Institutional Research*，No. 68，1990，P. 12.

动、活动来影响博士生的社会化，故而，笔者在本书中进一步将组织学术氛围界定为学生之间的学术讨论、师生学术交流、顶尖学者接触以及院系学术活动四个方面。

整体来看，当前我国研究生院高校的基层组织学术氛围尚可，在学生日常交往当中，同学之间也经常讨论感兴趣的学术话题（M = 3.99，SD = 0.801）；在组织层面，院系为学生提供了丰富的学术活动（如学术讲座、学术会议等）（M = 4.02，SD = 0.826）。在受调查对象中，认为院系安排丰富学术活动、生生学术讨论良好的比例分别达到 80%、78.5%。不过在高级、优质学术交往方面，表现则不尽如人意，认同频繁师生学术互动、高水平专家交流机会的平均值分别只有 3.44、3.57，其中高达 48.5% 的博士生指出并没有“经常与院系老师进行学术交流”，40% 的博士生指出并非“经常有机会接触本领域内的顶尖学者”，如图 6－10 所示。

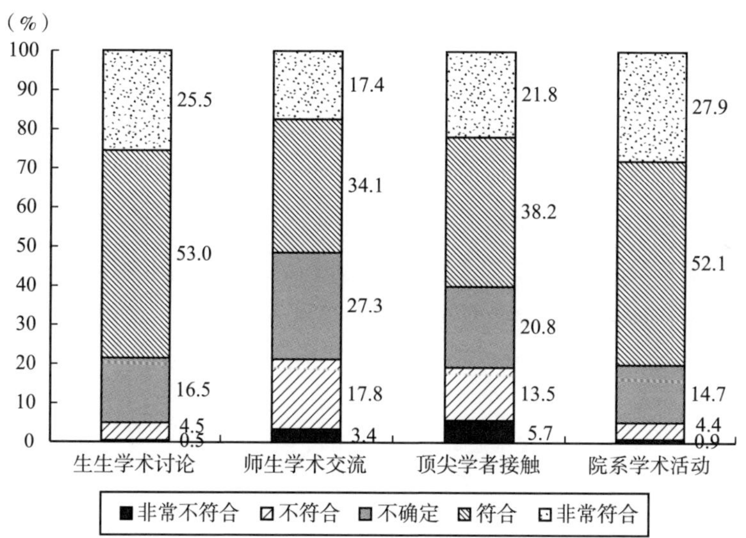

图 6－10　院系学术氛围

一个组织的学术氛围究竟如何，其实很大程度上取决于团队“领袖”的注意力偏好和学术影响力。引用访谈中一位受访者（HC8）的话说，实验室的学术氛围：“和导师的关系特别大。如果你的导师不是心向学术，那他的学生肯定不会心向学术，……实验室氛围就不会很好，肯定像一盘散沙。”为此，笔者考察了不同身份类型导师所在的团队，学生感受到的学术氛围差异。结果发现，在普通副教授、普通教授以及长江学者、“千人计划”引进人才或“国家杰出青年科学基金”获得者等杰出人才三类导师之间，除了长江学者等杰出人才所指导团队的学生有更多机会接触领域内顶尖学者外，其余体现学术氛围的指标差异并不大。相比之下，导师为院士的博士生所体验到的学术氛围则与前三者有所不同，如院士所指导的学生和同辈学生相互讨论学术话题的氛围相对较弱（认可度为67.6%），他们也并不认为“所在院系提供了丰富的学术活动（讲座、会议等）”（认可度为67.6%）。但是在师生频繁的学术交流、接触领域内顶尖学者机会方面表现出色，博士生的认可度明显高于其他类型导师所指导的学生，认可度比例分别为70.6%、69.7%（见表6-8）。

此外，实验室作为酝酿学术氛围的最小组织单元，不仅是科研设施、项目、科学家和学生相结合的教学科研场所，而且也是一个包含权力、规则与秩序的微型社会结构。实验室级别的不同，内部要素及运作也会存在很大的差异。调查发现，省部级重点实验室中接近83%的博士生指出，会“经常和同学讨论感兴趣的学术话题”，省部级重点实验室中学生之间学术讨论的氛围要强于国家重点实验室和一般实验室。除此之外，在师生频繁的学术交流、与顶尖学者接触机会以及院系提供丰富学术活动方面，数据均显示，国家重点实验室强于省部级重点实验室，国家或省部级重点实验室内的学术氛围又强于一般实验室，如表6-8所示。

表6-8　院系浓厚学术氛围认可度的差异分析　单位：%

变量	类别	生生学术讨论	师生学术交流	顶尖学者接触	院系学术活动
导师	普通副教授或副研究员	82.4	57.6	55.9	76.5
	普通教授或研究员	78.7	50.4	56.8	80.7
	长江学者、“千人计划”引进人才等	80.1	52.6	67.6	81.4
	院士	67.6	70.6	69.7	67.6

续表

变量	类别	生生学术讨论	师生学术交流	顶尖学者接触	院系学术活动
实验室级别	国家重点实验室	77.1	56.3	66.5	84.3
	省部级重点实验室	82.9	50.8	59	81.9
	一般实验室	76.3	46.8	55.7	75.5

通过上述分析，可以看出，当前在我国主要研究型大学中理科博士生所感受到的学术氛围较好，院系提供了较为丰富的各类型学术活动，博士生之间也有较密切的学术讨论气氛。但在高级、优质学术交往方面则较为欠缺，除了在导师为院士的团队中，其他类型导师的博士生普遍缺乏与院系教师频繁学术交流的机会。同样，在与领域内顶尖学者交流的机会方面，除非身处于具有人才称号（院士、长江学者、“千人计划”引进人才或“国家杰出青年科学基金”获得者等）导师的团队或国家重点实验室中，否则经常与领域内精英学者交流的机会在统计学意义上不到60%。因此如何为学生提供优质学术交往资源，加强师生间的高级学术交流将是营造良好学术氛围需要补缺的“短板”之一。

三、组织条件与环境

对大部分理学学科而言，实验仪器与资源是科学研究与学术训练的前提，对科研设备的高度依赖，使得与良好学术氛围形成的“软条件”同样，科研设施与资源构成的“硬条件”也有着非凡价值。根据资源提供主体来源的不同，在此，从实验室与院校两个层面对博士生的科研训练条件进行分析。

（一）实验室科研条件支持

在实验室科研条件方面，笔者主要关注科研团队规模、实验室科研经费、设备与材料三个方面。

首先，在实验室规模上，依据管理学的理论，5～6人的团队或管理幅度是最为有效的，超出之后，其效能就会降低。同样在学术组织当中，有大量研究也发现，当科研团队成员超过4～6人，表现就会明显下降，大团队想达到小型团队的水平，就需要额外投入更多的时间与精力，这在自然科学研究团队中尤为明显。[①] 在本次调查中，研究发现，学生所在团队规模大多超出了这一合理区间，受调查群体中学生所在团队的平均规模约为 13 人（SD = 7.182），众数为 10 人。其中，所在团队成员规模为 4 ~6 人的博士生仅占总体的 12.89%，所在团队人数少于 10 人的博士生只占总体的 30.42%。大部分博士生分布在人数为 10 ~ 12 人的科研团队中（24.48%），约计 45% 的博士生是在规模超过 13 人的较大科研团队中进行科研训练与学习（见图 6 – 11）。因此，从科研团队运行以及人才培养的有效性来看，我国当前理科博士生所处的科研团队规模偏大，这会在一定程度上弱化实验室中导师及其成员对低年级博士生的指导与帮助。

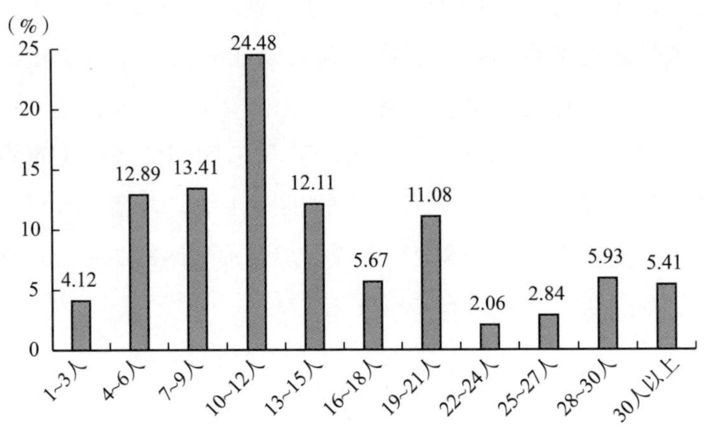

图 6 – 11　不同规模科研团队的占比分布

注：考虑到数学学科的特殊性，在此不做统计。

其次，在科研经费方面，随着国家对大学科学研究资金投入的持续增长，大多数大学实验室的科研经费比较充足（M = 3.91，SD = 0.907），在受调查学生中，认为自己“所在课题组或科研团队的科研经费充足”的占比达到 75%。不过不同类型导师所指导的科研团队中，科研经费的充足程度具有显著性差异（$p = 0.012$，$p < 0.05$），拥有院士、长江学者、“千人

① Heinze T, Shapira P, Rogers J D, et al. Organizational and Institutional Influences on Creativity in Scientific Research. *Research Policy*, Vol. 38, No. 4, 2009, P. 612.

计划”引进人才或“国家杰出青年科学基金”获得者等人才称号的导师所在实验室的科研经费明显高于普通教授或副教授。两类导师所负责实验室的科研经费充足程度的比例差距在10个百分点以上，其中在院士所领导的科研团队中经费充足的占比高达86.7%，而普通副教授只有66.7%，二者差距高达20个百分点。同样在不同级别的实验室中，科研经费也存在显著性差异（$p=0.01$，$p<0.05$），如表6-9所示。

表6-9　　课题组科研经费充足程度的差异分析

变量	类别	程度			卡方值	Sig
		比较不符合	不确定	比较符合		
导师	普通副教授或副研究员	18.5%	14.8%	66.7%	16.275	0.012
	普通教授或研究员	8.3%	20.1%	71.6%		
	长江学者、“千人计划”引进人才等	2.9%	13.3%	83.8%		
	院士	6.6%	6.7%	86.7%		
实验室级别	一般实验室	9.2%	22.2%	68.6%	13.221	0.010
	省部级重点实验室	9.9%	14.9%	75.2%		
	国家重点实验室	3.7%	12.8%	83.5%		

注：未统计数学学科。

最后，在实验室科研设备方面，从整体来看，博士生认为自己所在实验室或研究团队提供了较为充足的科研设备与材料（M=4.00，SD=0.847），调查对象中有78.8%的理科博士生对此持积极认可的态度。考虑到不同身份特征的导师、实验室级别可能存在差异，笔者又做了进一步的交叉表分析，结果显示，在不同导师所负责的实验室中，虽然随着导师职称级别或人才称号级别的上升，科研实验室的仪器设施的充足程度也相应提高，但是四类导师之间并不具有显著性差异（$p=0.16$，$p>0.05$）。而在不同级别的实验室中，就博士生的科研及其训练需求而言，国家重点实验室中科研设施的充足程度要明显强于省部级重点实验室和一般实验室，三类实验室中学生对科研设备充分性的认可程度分别为89.1%、75.8%和73.3%，三者之间具有显著性差异（$p=0.001$，$p<0.05$）。如表6-10所示。

表 6－10　　实验室科研设备与材料充足程度的差异性分析

变量	类别	程度			卡方值	Sig
		比较不符合	不确定	比较符合		
导师	普通副教授或副研究员	3.7%	25.9%	70.4%	9.242	0.160
	普通教授或研究员	7.7%	15.5%	76.8%		
	长江学者、“千人计划”引进人才等	3.7%	11.9%	84.4%		
	院士	0	13.3%	86.7%		
实验室级别	一般实验室	9.7%	17%	73.3%	17.788	0.001
	省部级重点实验室	6.2%	18%	75.8%		
	国家重点实验室	1.8%	9.1%	89.1%		

注：未统计数学学科。

（二）院校学术支持

从博士生科研及训练需求的必要性和发展趋势出发，笔者选择院校层面的博士生课程教学、跨学科支持和图书文献可获得性三个方面进行考察。通过统计分析发现，整体而言，博士生除了比较认可学校所提供的图书、文献等资料（M＝4.17，SD＝0.795）之外，对院校开设的课程（M＝3.51，SD＝1.095）、提供的跨学科支持（M＝3.25，SD＝0.955）的认可度一般。从图 6－12 中可以看出，博士生中认为自己“能够很方便地获取研究所需要的图书、文献等资料”的比例占到 86.1%（包括符合与非常符合）。而在博士生课程教学方面，不确定或不认为“博士期间开设的课程让自己收获很大”的比例共计占到了 44.6%。在跨学科支持方面，认为“学校在跨学科研究方面提供的支持”一般或不充分的比例高达 62.8%。这表明当前我国理科博士生的课程教学质量、跨学科支持存在较大的问题，还有非常大的改进空间。

针对课程收获、跨学科支持方面的较差表现，笔者又做了进一步的学科差异分析，发现在课程教学有效性上，虽然各理学学科博士生的评价都比较低，但物理与天文学科、地理与海洋科学学科的情况最为严重，认可度分别只有 44.9%、51.5%，也就是说这四类学科中约计一半的博士生认为没有在学校开设的课程中得到很大的收获。而在跨学科支持方面，数学、物理与天文等更为基础性的学科，相比之下，反倒认为获得的支持要比其他学科略高，化学与生物的博士生在跨学科支持方面认可度也不理想，只有35%左右，如表6-11所示。

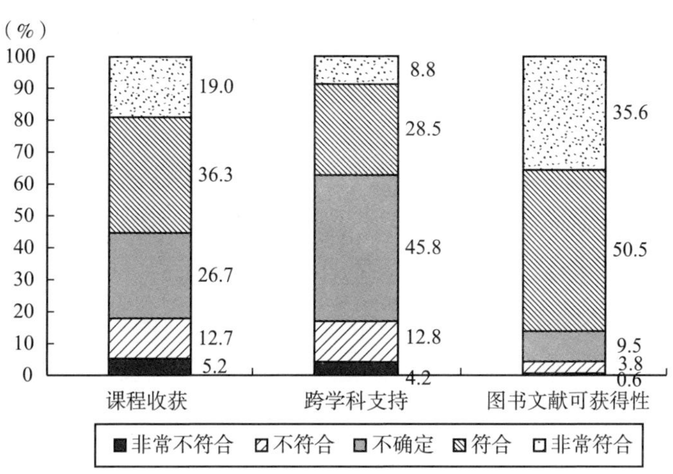

图6-12　院校层面学术支持状况

表6-11　院校学术支持认同度的学科差异分析　单位：%

学科	课程收获	跨学科支持
数学	60.0	37.6
物理与天文	44.9	39.7
化学	53.9	34.3
生物	59.6	36.5
地理与海洋科学	51.5	27.9
其他	64.4	41.1

四、学术共同体参与机会

从某种程度上可以说，学术共同体的实质就是学人之间的交往互动，麦克莱伦（Mcclellan）在《科学重组：十八世纪的科学协会》与戴安娜·克兰（Diana Crane）在《无形学院》中都强调学者之间的互动对科学研究的推进以及科学会形成重要意义。博士生作为学术队伍的后备力量，参与学术共同体不仅能够开拓学术视野、寻找科研合作机会，而且也是学科共同体社会化的一部分①。因此博士生早期参加学术共同体开展学术交往的经历具有教育性、学术性和功用性等多重价值。区别于组织内部实验室成员间的合作交流，在此研究主要关注组织外部、学术共同体内的学术交往与互动，所以笔者选择学术会议参与次数、学术会议参与程度两个方面进行了分析。

（一）学术会议参与次数

关于学术会议参与次数，在剔除掉超过 11 次以上的极端值外，共有 618 人应答，博士生平均参加会议次数为 2.34 次，其中 58.1% 的博士生参加会议的次数在 1 ~ 3 次，21% 的学生所参加的会议在 4 次以上，也就是说接近 80% 的博士生在读期间参加过 1 次以上的学术会议。具体来看，随着年级的提高，学生参与学术会议的次数也逐渐增加，不同年级博士生在参加学术次数上具有显著性差异（$p = 0.000$，$p < 0.05$），事后比较显示，三年级是一个重要转折点，博士三年级与前两年具有明显差异，但与后三年没有显著性差异。此外，从学生能够获得学术平台或学术资源支持方面来看，分析结果与常识基本一致，导师的学术称号越高，学生所在的实验室平台越高，学生参加的学术会议次数也越多，如表 6 - 12 所示。

表 6 - 12　　博士生学术会议参加次数与参与程度的差异性分析

变量	分类	学术会议参加次数	学术会议参与程度
年级	博一	1.84	0.66
	博二	2.23	1.24
	博三	2.83	1.71
	博四	2.75	1.67
	五年级	2.94	2
	五年级以上	3	2.15
	卡方值 F	4.879***	9.791***

① Gardner, Susan Kristina, and Pilar Mendoza, eds, *On becoming a Scholar: Socialization and Development in Doctoral Education*. Stylus, 2010, pp. 79 - 95.

续表

变量	分类	学术会议参加次数	学术会议参与程度
导师称号	普通副教授或副研究员	2.31	0.48
	普通教授或研究员	2.28	1.17
	长江学者、“千人计划”引进人才等	2.49	1.51
	院士	2.53	1.76
	卡方值 F	0.405	4.120***
实验室	国家重点实验室	2.56	1.36
	省部级重点实验室	2.33	1.43
	一般实验室	2.04	1.10
	卡方值 F	2.993	1.919

注：* 表示 p 值小于 0.5，** 表示 p 值小于 0.01，*** 表示 p 值小于 0.001。

（二）学术会议参与程度

在会议参与程度方面，笔者以学术汇报和学术 poster 次数作为测量指标，结果发现，博士生的学术会议参与程度相对逊色，从图 6－13 中可以看出，高达 47% 的博士生入学至今没有做过 1 次学术汇报或学术 poster，在有过学术汇报和学术 poster 展示经历的学生中，绝大部分人也只参与过 1～2 次。根据学生在不同年限参与的情况来看，虽然年级越高的学生参与会议的程度也越高，但是最小差异显著法（LSD）事后比较表明，博士生在前三年参与学术会议的程度存在明显差异，相互之间的 p 值均小于 0.05，此后差异性不再显著。而在学术资源和平台支持方面，高层次的学术导师和实验室平台表现出明显的优势，尤其是在导师资源方面，导师学术称号高的学生做过的学术汇报或学术 poster 显著高于学术称号相对低的导师。

因此从整体来看，当前我国理科博士生并没有积极参与学术共同体活动，尤其是在向专业同行展现自己研究方面表现较弱，这不仅不利于发展学生的专业演讲与表达能力、学术交往能力和学术人脉关系的构建，而且也没有充分利用学术会议来激发和培育博士生的学术认同。

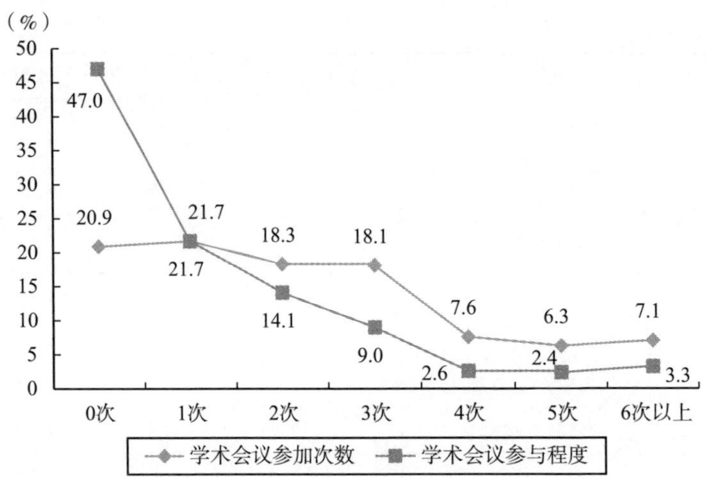

图 6－13　博士生学术会议参加次数与参与程度

第三节　小　　结

本章主要是在前文有关博士生素养与能力及其养成研究的基础上，分别就博士生素养与能力的养成情况、支持条件进行考察。从研究者素养与能力的发展水平来看，具有如下几个特征：学术动机多元化、科研志趣较高；应对未来科学跨学科、应用化以及国际化趋势所需的知识与技能的准备不足；批判性思维，问题提出、分析与解决能力等核心科学修养的发展不理想；科研管理能力与学术人脉建构能力不尽如人意。在博士生素养与能力发展的支持条件上，从整体来看，学生科研及训练的硬件资源配备较好，学术交往互动的软文化建设、面对知识生产模式转变的跨学科支持有待提高。具体而言，在实验室层面，导师及实验室成员对博士生的学术成长提供了积极帮助，科研资源得到较好保障，但高级学术交流的机会与氛围较为缺乏，科研团队规模偏大。在学校层面，图文信息资源供给充分，但课程教学有效性、跨学科支持、学术共同体交流支持都存在很大不足。

第七章

理科博士生素养与能力的形成逻辑和路径

第一节 博士生素养与能力的形成逻辑

一、累积性和突变性共存的能力发展特征

从学生成长为研究者的过程，是一个在量变累积基础上发生的质变现象。通过对博士生科研素养与能力成长的数据分析和深入访谈，发现在能力和素养发展上具有累积性和突变性共存的特征。其中，累积性是指科研素养与能力的发展需要长时间的积淀和培养，尤其是对于一个杰出的科学家而言，这种知识或科学品质的养成不仅仅是在博士生阶段，而且要追溯到早期的家庭教育环境、童年成长经历以及中学教育和大学教育中。早期兴趣、爱好的培育和发展，重要他人的感召与引导，都是促使杰出科学家比常规科学工作者更早开始知识积累与能力训练的有利因素。事实上，从统计学意义上来看，科学精英们扎堆出现在特定文明体、文化社群以及社会阶层的现象，正反映了科学家养成需要长期的认知训练和文化熏陶。[①] 进入博士学习阶段之后，一些科学素养和能力依然体现出

① ［美］谢羽亚丽珊德拉·A. 齐沃德：《美国科学在衰退吗?》，社会科学文献出版社 2017 年版。

这种累积性特征，它们在博士生训练阶段内均呈现出逐年提高的趋势，如学科专业知识、研究操作能力以及数据与信息收集能力等。因此完整、连续、优质和提前的科学认知、能力与品质训练对于优秀研究者的形成至关重要。

与此同时，科学素养与能力的形成又体现出突变性的特点。而所谓的突变性是指科研素养与能力在特定阶段出现飞跃性发展的现象，这不仅在本书关于博士生研究者素养与能力的调查中得以显现，博士生的科学认知能力与研究能力发展在时间序列上呈现出一个“厂”字形样态。通常而言，博士学习的第三年是学生科研素养与能力跃升的关键时期，此后，博士生的科研素能基本保持在一个恒定的状态，波动较小。这在深入访谈过程中也得到了进一步的验证，由于随着研究的深入，当课题进展到第二年时，很多人会遇到一个科研阈限，这种阈限具有转变性（某一方面的显著变化）、综合性（深层次认知能力间的相互关联）、不可替代性（必须通过努力才能克服）和问题频发的特征。① 为了突破瓶颈，研究新手们往往需要竭尽全力，使出浑身解数，不断钻研琢磨、尝试探索和自主学习。经此历练，最终通过阈限的博士生会在科研韧性、独立研究能力、问题解决能力、研究方法、分析能力、研究问题掌控和研究想法生产以及抗压能力等方面出现一个较大的跃升。故而，明确博士生科研素养与能力发展中累积性和突变性共存的特征，对于厘清、准确定位博士生学术发展的关键期，制定合理有效的政策具有重要作用。

二、以研究想法孕育为核心的学术能力自我确证过程

以博士生自身学术发展的视角来看，从博士生成长为研究者的过程就是一场关于学术能力自我怀疑与自我确证的内在较量。在衡量一个人是否适合做科研的众多指标中，学术发表是最为直观和客观的依据，毋庸置疑，学术成果的公开出版代表着个体得到了科学共同体的接纳与认可，它是反映个体是否具有从事科学研究能力的一个重要评价指标。但是科研发

① Meyer J H F. *Threshold Concepts within the Disciplines*. Sense Publishers，2008，P. 10.

表只是成为研究者的一个必要条件，并不因此就意味着个体具有从事创造性科学研究的素质。事实上，研究发现，有的博士生即使发表不少文章但仍对自己能否做好科研存有怀疑，而有的研究者在博士生阶段虽然没有出色的成果，但坚信自己的学术能力得到提升，具备开展科学研究的能力。所以问题的关键不仅取决于是否得到了外部学术共同体的认可，而且还在于个体对自我学术能力的主观判断。其中关于学术能力自我判断的关键标准是自己能否在所从事的领域中形成足够多的、好的“想法”，这也是许多博士生评判自己能否成为一个好研究者的主要考量，所以当自我确证出现失败时，很多人因此选择退出学术职业，这种基于自我学术能力判断而流出学术市场的行为对科研队伍的健康发展来说未必不是一件好事。因此，从某种程度上可以说，研究“想法”的产出能力是研究者素养与能力的核心，而科研发表则是研究想法的外化与验证，无论是通过自我认同还是外部认可，个体提出研究“想法”的能力只有得到证明之后，博士生才会确信自己具有成为研究者的资质，进而做出选择学术职业的决定。

故而，研究者的形成实质上是博士生对自己是否具有以研究“想法”为核心的学术能力的自我确证过程。研究想法、科学思维的养成是博士生成长的主要内容。博士生学术社会化的顺利完成，除了需要个体对科学研究、学术职业以及学科文化产生高度认同之外，更为关键的是产生“具备优秀研究者素质”的自我效能感。所以个体转变成为研究者，一方面，有赖于博士期间导师和培养单位对科学思维的训练，如培养学生发现问题、分析问题、思考问题以及解决问题的方法，而不只是掌握简单的研究操作技能；另一方面，会受到关于“什么是好研究，什么是好学者”的影响，一个良好的“角色榜样”、一段充实的“科研经历”不仅能有效激励、训练学生的科研素养和能力发展，而且有助于学生对自身的学术能力和职业选择作出理性的判断。

三、从依附向独立的仪式过渡

从依附走向独立是成熟研究者的重要标志，博士生的这一转变更像是一场“成人仪式”，又可称之为一次完整的阈限礼仪。[①] 对于以获得研究者资格为目标的博士生而言，在博士教育阶段必须遵循学术训练中的一些规定或安排。步入科研实验室意味着个体从此前的自由状态中隔离出来进入一个人为设计的特殊场所。[②] 为确保新手们尽快融入新集体，学会开展研究，培养单位向博士新生们提供了各种各样的“脚手架”，例如，结构性的课程与教学、定期召开组会、专门指定帮助新生的高年级博士生以及低风险的科研课题等。而个体在此阶段主要是以一种边缘性参与者的身份，通过熟悉实验仪器、模仿有经验者的角色行为、学习实验技能、展开探索性研究来习得既有的学科文化和科学规范。[③]

随着科学研究的逐步深入，博士生的专攻知识体系不断完善，外部支持性的脚手架则开始拆除，导师、高年级同学与研究新手的关系从最初的上下级指导转变为平等的交流讨论。面对科研过程中出现的瓶颈，博士生需要学着摆脱此前的依赖心理，发展独立研究的意识和态度。充分发挥自身的能动性与积极性，坚持不懈地钻研、琢磨和思考，不断创新研究思路与方法，主动管理自己的情绪和心态。批判性地吸收导师或其他同事给出的建议，形成自己的研究想法，提出可行性的研究假设、实验设计和实施方法。[④] 这些自主行动策略在阈限过渡进程中，不仅具有仪式性作用，更重要的是促进了科学素养与能力的成长，以致许多过来人在谈起这段经历的作用时常常用“洗礼”二字来形容。

经历过挑战性的课题研究之后，博士生的自主性得到了进一步的发展，其身份也从早期的学生转变为研究同事，导师越来越倾向于将其视作科研合作伙伴，并开始让他们负责指导低年级研究生的任务。这种身份的悄然转化赋予了博士生在研究问题、研究方向选择上更大的自主权和独立

---

① ［法］阿诺尔德·范热内普：《过渡礼仪》，张举文译，商务印书馆2010年版。

② Delamont S, Parry O, Atkinson P. Critical Mass and Pedagogic Continuity: Studies in Academic Habitus. *British Journal of Sociology of Education*, Vol. 18, No. 4, 1997, P. 547.

③ Roth W M, Bowen G M. Creative Solutions' and Fibbing Results' Enculturation in Field Ecology. *Social Studies of Science*, Vol. 31, No. 4, 2001, pp. 534 – 535.

④ Willison, J., & O'Regan, K. Research skill development framework. http://. adelaide. edu. au, 2017, 12. 11.

性。而学术社会化成功的博士生也会在此阶段独立发表科研论文、参加学术会议、思考未来研究方向或领域。这些新的转变促成了个体从学生向独立研究者身份的仪式聚合，最终在论文答辩会、学位授予仪式上得到了神化，以一种类似于圣职授任礼的形式实现了研究者的再生产[①]。因此，从博士生成长为研究者的过渡仪式，是随着博士生独立自主性提高而外部支持条件逐渐减少的过程，阈限仪式的目标在于产生新的独立科学研究者。

第二节　博士生素养与能力的形成路径

一、注重博士生学术志趣的先期选拔与过程筛选

关于博士生学术志趣的重要性，无论如何强调都不为过。前文研究发现，强烈的学术动机不仅与科研投入、学术成就以及选择挑战性科研课题之间有着密切关系，而且与研究者的其他素养有着诸多关联，如拥有强大学术驱动力的博士生往往更有可能具备勤奋、刻苦、坚持不懈和潜心静气等优良的学术品质。因此学术志趣在很大程度上是研究者素养与能力培养的先决条件，它决定着博士生自主投入的程度，也决定着外部支持作用的有效性。

不过问题的难点在于，学术志趣的形成是一个长时期、多方面因素综合影响的结果。到博士生阶段时，个体的心智以及志向已经基本定型，对于未来的职业发展规划也有了清晰规划。即使在博士生教育过程中受导师和实验室氛围影响有所提高，但增值空间并不大，很多情况下，经过博士学习与研究后，有的学生会发现自己并不适合做纯粹的科学研究，致使学术志趣和热情出现了减退。[②] 这种特征决定了博士生的学术志趣养成，一方面，应该重视先期选拔，导师和博士生培养单位在录取博士生时，不仅

---

① ［法］布尔迪厄：《国家精英：名牌大学与群体精神》，杨亚平译，商务印书馆2004年版。

② 鲍威、杜嫱、麻嘉玲：《是否以学术为业：博士研究生的学术职业取向及其影响因素》，载《高等教育研究》2017年第4期。

要关注学生在研究方面的成就和学术潜力，而且要注重考察学生的志向、目标与学术动机，鉴于后者往往没有客观一致的评价标准，故而在博士招生权限上应进一步扩大导师的自主权；另一方面，要关注过程性分流，由于学术志趣具有很强的潜伏性和内隐性特点，短时间内的正式面试很难准确甄别学生的科研志趣，因此，从可行性角度来看，应完善博士生分流退出机制，加大对本科直博、硕博连读等长学制博士生学术志趣的考察与分流。

二、推行实验室轮转制度，提高博士生与导师、实验室研究方向的匹配度

导师与实验室是影响博士生学术成长的两个关键因素，选什么样的导师，进入什么样的实验室很大程度上决定着个体的学习经历、学术成就和发展机遇。进一步说，导师的学术水平与实验室平台是博士生能力训练的先决条件，直接影响着学生的成长空间。不过本书发现，与导师和实验室水平同样重要的是，学生与导师和实验室之间的匹配程度，和谐的师徒关系、感兴趣的研究方向在博士生学术素养与能力的成长中扮演着重要角色。

良好师生关系的构建需要双方共同的努力，现实中管理者与研究者们常常将注意力放在博士生与导师确定学术指导关系之后的交往情况，并没有关注师徒关系确立制度本身的合理性。事实上，无论是普通招考、本科直博、硕博连读还是申请考核制，简单的导师信息说明或面试环节短暂的交流都无法让师生充分了解对方，这就导致部分学生进入实验室开始与导师互动时产生诸多之前无法预知的矛盾，从而影响学生得到有效的学术训练。所以较为合理的一种制度安排是在博士生入学之后，通过实验室轮转制度为师徒双方提供一定的磨合期，通过一到两个月的轮转，学生和导师对彼此的性格、指导风格以及研究方向都有了切身体验和理性认知，在此基础上，师生双方再确定是否建立指导关系，从而避免由于信息不充分做出非理性决策，造成学术指导的低效率。

此外，不同实验室的研究方向对博士生的学术发展也有着长远影响，

其中十分重要的一点是科研团队研究方向与学生科研兴趣的匹配。由于研究兴趣直接影响着个体主观能动性、精力投入、自主探索以及自我坚持的程度，博士生对研究方向或课题的兴趣越高，个体自主投入和挑战困难的韧性就越高，相应地在研究阈限过渡过程中能力和素质锻炼就越多。所以在着手博士论文课题研究之前，通过事先轮转来考察实验室研究方向、团队氛围与自己学术兴趣的吻合情况，进而决定自己是否选择进入该实验室，这对提高学生科研兴趣和实验室研究方向之间的匹配程度，激发博士生主动学习和从事挑战性研究具有重要意义。

三、提高基础知识教学的挑战性与方法类课程的比重

从博士生成为研究者是一个缓慢的转变过程，也是新手向专家转变的过程，这种过渡性特征导致博士生的知识结构既不同于本科生，又不同于专家型学者。本书研究发现，博士生教育阶段，个体的知识结构正是处于从公共普适型向个体专攻型转变的重要阶段，每个博士生的知识结构都是独一无二的，具有很强的个体性和精深性。个体专攻型知识结构的建立主要是通过博士生自主建构完成，传统强调专业基础的课程教学很难满足博士生知识建构的个性化需求。

基于博士生知识结构转型的特点，博士教育阶段课程教学的主要价值在于为学生个体专攻知识结构的形成奠定扎实的知识基础、提供自学能力的训练和方法技能知识的支持。因此，博士生课程教学的改革，一方面应加大基础知识教学的挑战性，增进学生对经典理论知识的理解深度，训练学生的思维能力，提高学生的自学意识与能力，另一方面应在校级层面统筹，鼓励不同院系和实验室开设时间灵活、短小精快的方法技能类课程，满足不同阶段博士生知识学习和研究的需求。

四、“高难度与高支持”相协调的学术训练环节设计

博士生“研究阈限通过”经历表明，学生从事的研究课题越具有挑战性，个体学术素养与能力的成长就越大，“研究阈限”在博士生培养过程中有着很强的教育价值。无论是定量分析还是深入访谈均显示，通过研究

阈限阶段之后，博士生的学术素养与能力出现了飞跃性的发展。有鉴于此，导师在选择研究课题时应充分考虑学生的最近发展区，为学生提供具有较高挑战性、创新性的研究选题，以此来激发博士生的积极性和能动性，发挥其潜能，实现学术素养与能力的发展。不过高度挑战性、开放性的课题同时也意味着研究风险和难度的增加，面对日益上升的延毕率、损耗率，使得许多导师与学生选择难度较小的研究课题。因此从博士生素养与能力发展最大化和现实可行性出发，应采取高难度与高支持相结合的策略，一方面，导师应在学生最近发展区内，结合学生的学术兴趣，选择“高难度”科研课题时。与此同时充分发挥学位论文开题委员会对博士生选题的评审作用，加强博士论文选题的考核与审查，确保学生攻读博士的研究课题具有较高的创新性和学术训练价值。

另一方面，对应于高难度、挑战性的科研课题，导师、院系以及学校应加大对学生的资助力度和制度支持。具体而言，第一，导师要因材施教，加大指导投入，在学术指导之余，注重对学生的鼓励和信心支持；第二，减轻学生发展负荷，避免让学生承担过多的与研究课题无关的事务；第三，学校要加大对博士生参与国际交流、参加学术会议等方面的经费支持，扩展学生学术视野，提高博士生的国际交往与合作能力；第四，学校应建立延期博士生的资助申请制度，区分延期的不同缘由和类型，对于因为完成具有高度挑战性研究而延期的学生给予持续资助；[①] 第五，政府要加快完善和发展博士后制度，吸引更多的博士后进入实验室承担导师的科研项目，为博士生的培养与成长提供发展空间和智力支持。

五、关注博士生素养与能力发展的关键期，提供针对性支持

在通往研究者职业的道路上，博士生前进的步伐并非始终是一个节奏，相反，带有明显阶段性特征的发展过程。[②] 由于不同阶段博士生所面

---

① 杨虎：《国内综合性大学延期博士生培养管理问题初探——基于对北京大学等高校博士生延期毕业问题的调查》，载《研究生教育研究》2015 年第 6 期。

② Thornton R, Nardi P M. The Dynamics of Role Acquisition. *American Journal of Sociology*, Vol. 80, No. 4, 1975, P. 870.

临的任务、条件以及关系有很大差异，所以学生需要发展的认知、能力和规范也各不相同。从博士生培养的角度来看，培养单位或导师应明确学生社会化过程中存在的节点，抓住博士生科研素养与能力成长的关键阶段，施以针对性的干预举措，促进学生能力发展的最大化。根据本书对博士生学术社会化过程的研究，博士生的学术成长可划分为研究专攻准备、研究锁入、研究阈限过渡和研究者素养与能力自我确证四个阶段。

其中，研究专攻准备阶段是博士生构建研究专攻知识结构、掌握实验室研究技能以及培养自学能力的重要时期，博士生培养单位应注重开发具有一定难度的理论知识课程，夯实学生的知识基础和深度，训练学生的自学能力。此外，在实验室内，导师或高年级博士应为学生提供与实验室研究方向相关的经典文献，为学生构建研究专攻知识结构提供建议与指导。与此同时，高年级博士生应发挥好“传带帮助”作用，指导研究新手们尽快熟悉实验室仪器，掌握实验研究所需的基本操作技能。

进入研究锁入阶段，首先，需要确定的是博士生的课题研究方向。在课题方向选择的过程中，导师应根据学生的能力和特长，对于有能力提出可行研究问题的博士，应以自主性支持指导方式为主，即通过给予学生相应的资源支持和指导，鼓励其展开探索性研究，引导学生进行独立思考和自主决策①；对于尚不能自主提出问题的学生，要结合其研究兴趣，共同协商确定研究方向和课题。在博士生开始独立负责课题研究初期，导师在研究方法、思路和方向上应给予较多的关注和帮助，与此同时，也应引导和鼓励学生进行自主思考和探究，不断提升学生的独立探究能力。

到达研究阈限过渡阶段，由于博士生的课题研究已经推进到了新的高度，外部指导的作用主要是为学生提供一种参考，更多的还是需要靠学生自己独立完成。所以在此阶段，导师除了需要和学生多加交流讨论之外，还应关注学生的信心和精神状态，给予更多的信心鼓励，并适时监测学生的研究进度，在必要时给予相应的支持。激励博士生发挥主观能动性、坚

① Overall N C, Deane K L, PETERSON E R. Promoting Doctoral Students' Research Self-efficacy: Combining Academic Guidance with Autonomy Support. *Higher Education Research & Development*, Vol. 30, No. 6, 2011, P. 794.

持不懈、不断尝试探索、克服困难。从中训练学生的科学思维、研究方法论、问题分析与解决能力以及抗压能力等。

在研究者素养与能力的自我确证阶段，学生的自主性已然得到了很大的发展，其中有学术志向的博士生在发表论文、参与学术会议等学科共同体活动上有着较高的积极性。故而，导师应在学术论文撰写与发表上给予更多的指导，对参加学术会议并作成果汇报的学生给予积极支持，为学生更好地融入学术共同体提供引荐和帮助。

六、加强学术交流，营造健康、浓厚的实验室学术氛围

大量的调查表明，学术氛围是影响博士生培养质量的重要因素，[①] 良好的学术氛围与科研绩效之间存在着积极相关[②]。但学术氛围究竟是什么，有何表现，以及如何影响博士生的成长，却是一个众说纷纭、莫衷一是的话题。本书研究发现，实验室学术氛围形成的首要因素是导师的取向和风格，具体而言，导师注意力与关注点的分配，导师对待学术的态度、科研工作方式、工作节奏都会成为学生学习的角色榜样，进而影响整个实验室的价值取向和科研风格。其次是文化传承，对于大部分非新建实验室来说，在博士生进入之时已经形成了既有的传统，新到者虽然会为既存文化带来新的影响，但更多情况是模仿学习实验室固有的行为模式，受到同化影响，所以实验室的历史传统也是影响实验室氛围形成的重要因素。再次是知识共享与交流，具体而言，一方面，体现为实验室内部成员之间有着频繁的学术交流讨论，研究互助氛围浓厚，高年级博士生乐于指导研究、传递经验；另一方面，表现为实验室与外部学术共同体的学术交流程度，是否经常邀请相关知名学者作报告，组织学术会议等。最后是学术氛围短板的高度，实验室团队中没有学术志趣的成员对学术氛围的形成有着很大的负面影响。

---

① 张巧林、孙建军、卞清等：《博士研究生培养质量及其影响因素分析——博士生视角与导师视角的比较》，载《学位与研究生教育》2009 年第 4 期。

② 赵富强、陈耘、张光磊：《心理资本视角下高校学术氛围对教师科研绩效的影响——基于全国 29 所高校 784 名教师的调查》，载《高等教育研究》2015 年第 4 期。

遵循博士生学术成长的规律以及学术氛围对博士生学术发展的影响机制。良好学术氛围的构建关键在于导师或实验室 PI，因此，第一，导师一方面应认识到自己言行的教育示范作用，以身作则，做好学生的学术榜样；另一方面应注重团队的学术软环境建设，加强实验室成员之间的沟通协调，创造条件鼓励团队成员相互交流讨论，形成高年级间传带帮助低年级的优良传统。第二，在研究生招考环节注重考察学生的学术志趣，在人才培养过程中严格学术质量标准，尽量提升实验室学术氛围的短板。第三，学校应考虑将实验室学术氛围作为考核单位和导师的一项指标，引导实验室 PI 或导师加强实验室学术氛围的建设。

第三节 研究贡献与不足

一、研究可能的贡献

本书以理科博士生的研究者素养与能力形成为主题，探究知识经济时代以研究者为职业目标的博士生所应具备的素养与能力，明确博士生教育阶段研究者素养与能力形成的特征和规律，以及博士生素养与能力形成的社会化过程。研究可能的贡献包括以下几个方面。

首先，基于自然科学研究者专业工作的特点，构建了博士生素养与能力框架。长期以来，博士学位被视作学术职业的必备条件，这种在历史进程中形成的耦合关系逐渐固化为一种习以为常的传统惯例，乃至于常常用博士学位的原创性、创新性标准来替代学术职业的要求。然而，随着外部科研赞助体制与使命陈述的改变，学术机构科研工作的属性与组织方式发生了很大变化，对跨学科、团队合作、国际交往以及研究应用化的强调，导致单一学科、学徒制训练模式下培养的博士生越来越难以适应新的要求。因此，本书在构建博士生素养与能力指标时充分考虑现代学术研究的特点，通过分析当下学术机构科学研究者的职业发展要求，建立博士生的研究者素养与能力指标。研究运用质性分析技术，对七个主要发达国家大学的66份科研能力与素养文本进行了节点编码统计，归纳提炼出学术志趣与品德、学科知识与方法技能、科学思维与研究能力、研究合作与管理能力四个范畴，具体包括9个一级指标、21个二级指标和42个三级指标。这既为导师和学校提供了博士生培养与改革的依据，也为博士生的发展构建了参考性框架。

其次，明确了博士生学术素养与能力形成的特点与方式，第一，研究发现，卓越研究者的学术志趣主要是在攻读研究生教育前形成的，个体幼年的家庭环境、高中教育经历和大学时的科研实践是影响学术志趣形成的主要事件，博士期间的培养虽然有作用，但增值并不显著，因此博士生的学术志趣更多是通过选拔方式获得的。第二，在学科知识与方法技能的习得方面，大学和研究生早期，不同高水平大学间的杂交学习经历、相近学科专业的教育经历有助于形成研究者多元、深度与宽广的知识结构；博士生阶段，学科知识学习的特征表现为精深、专攻化，个体主要是通过学生高效的自学能力、实验室成员的个性化指导以及学校灵活多样的选修课程等方式获得。第三，在科学思维与研究能力的培养上，对导师学术风格的模仿与导师的个性化指导，团队成员的互助和支持，以及挑战性科研课题是博士生学术训练的主要方式。在博士生教育阶段，科学认知与研究能力的发展呈现出累积性与突变性共存的特点，通常来看，博士第三年是博士生素养与能力飞跃发展的关键期。第四，研究合作与管理能力等通用性能力主要与个人性格和实践经验有关，博士生期间互助、共享型的实验室氛围对学生科研合作能力的发展有一定作用，科研项目参与或课题负责经历对科研管理能力的提升具有重要价值。

最后，构建了具有我国理科博士生成长特色的学术社会化模型。关于博士生的社会化研究在国外已经十分成熟，不过大部分研究主要是从身份认同、文化内化以及社会规范学习等视角切入，关注的议题基本为个体行为活动、社会关系、心理特征与角色等在不同阶段的变化，具体研究者素养与能力的发展并没有纳入社会化研究中，此外，在博士生社会化阶段的划分上也具有明显的教育制度痕迹。因此，本书采用定性与定量相结合的混合研究法，基于扎根理论研究形成的博士生社会化模型，发现理科博士生学术社会化是一场以“研究想法”孕育为核心的素养与能力的自我确证过程。理科博士生的社会化过程可划分为研究专攻准备、研究锁入、研究阈限过渡和研究者素养与能力自我确证四个阶段。其中，研究阈限在研究者形成过程中具有重要价值，是导致博士生素养与能力出现突变性发展的主要原因，也是博士生从依附转向独立的关键性环节。从学生成长为研究者的过程，是个体自主性与独立性不断增强、外部支持性条件逐渐减少的过程。在博士生成长的早期，学生主要是以边缘性参与的方式向导师和高年级博士学习，导师与高年级博士生的指导至关重要。但随着研究锁入程度的加深，导师所发挥的作用更多是方法建议、信心支持，博士生必须调动主观能动性，独立探索、自主克服科研瓶颈，才会有较大的进步。

二、研究的不足之处与未来展望

本书的不足之处包括以下几方面：

第一，不同学科有着独特的知识生产方式和学科文化，学科因素是博士生教育研究时的一个重要考量。为了最大可能地保持研究对象的同质性，笔者在研究对象的选取上主要集中于实验科学学科，理科当中的数学、理论物理等学科并非本书分析的重点。然而如此的抽样和安排也导致两个不足：一是在具体的研究分析过程中，由于没有对应性的学科做参照，导致分析没有凸显出学科文化对博士生科研素养与能力成长的影响；二是研究对象的局限致使研究所得出的结论在适用范围和可推广性上受到很大程度的限制。

第二，“博士生学术社会化”的问题本身决定了研究方法的质性取向，为了尽可能地从多个角度探究博士生成长为研究者过程的特点，笔者试图采用定性与定量相结合的混合研究法，但在具体的方法运用过程中，定量数据的分析更多是服务于定性建构的理论，二者的融合程度并不是很理想。此外，在质性分析中，本书选取了理论取向更浓厚的扎根理论研究方法，导致研究所形成的社会化模型存在过度强调理论生成的嫌疑，对于具体现象的歧义性分析不够细腻和生动。

第三，关于研究者素养与能力框架的构建主要来源于国外政府机构、专业协会和大学的政策文本，虽然笔者在能力指标筛选过程中谨慎处理国别性、就业多元化等因素的影响，并对形成的能力框架与既有研究者素能指标体系进行了比较分析，但是研究者素能维度划分以及指标的适用性仍有待检验。因此，如何在文献研究与政策文本分析的基础上，通过专家访谈法校正、大样本定量数据的实证检验，进一步完善和优化博士生的研究者素养与能力框架将是未来需要开展的工作。

第四，关于研究者素养与能力形成方式和过程的分析，研究无论在素材选取还是视角切入上，都是以学术社会化成功者作为分析对象，其目的在于构建优秀研究者成长的社会化过程，但与此同时，也造成研究对于学术社会化失败者成因分析缺失的不足，这导致笔者所构建的博士生学术社会化模型缺乏参照群体的对比，社会化模型的理论解释力可能因此会有所减弱。此外，在博士生延期毕业、损耗率日益提高的今天，学术社会化失败议题同样具有非常强的现实价值，故而，以学术社会化遇阻的博士生群体作为研究对象，将是未来亟待开展的另一个议题。

参考文献

[1] 陈洪捷等:《博士质量——概念、评价与趋势》,北京大学出版社 2010 年版。

[2] 陈其荣、廖文武:《科学精英是如何造就的:从 STS 的观点看诺贝尔自然科学奖》,复旦大学出版社 2011 年版。

[3] 陈向明:《质的研究方法与社会科学研究》,教育科学出版社 2000 年版。

[4] 陈学飞:《西方怎样培养博士:法、英、德、美的模式与经验》,教育科学出版社 2002 年版。

[5] 冯增俊:《现代研究生教育研究》,广东高等教育出版社 1993 年版。

[6] 国务院学位委员会第六届学科评议组:《一级学科博士、硕士学位基本要求》,高等教育出版社 2014 年版。

[7] 李盛兵:《研究生教育模式嬗变》,教育科学出版社 1997 年版。

[8] 刘献君:《发达国家博士生教育中的创新人才培养》,华中科技大学出版社 2010 年版。

[9] [德] 鲍尔生·弗:《德国教育史》,滕大春、滕大生译,人民教育出版社 1986 年版。

[10] [德] 马克斯·韦伯:《学术与政治:韦伯的两篇演说》,冯克利译,三联书店 2005 年版。

[11] [法] 阿诺尔德·范热内普:《过渡礼仪》,张举文译,商务印书馆 2010 年版。

[12] [法] 布尔迪厄:《国家精英:名牌大学与群体精神》,杨亚平

译，商务印书馆 2004 年版。

［13］［美］J. 莱夫、E. 温格、莱夫等：《情景学习：合法的边缘性参与》，王文静译，华东师范大学出版社 2004 年版。

［14］［美］R. K. 默顿：《科学社会学》，鲁旭东、林聚任译，商务印书馆 2009 年版。

［15］［美］阿巴斯·塔沙克里、查尔斯·特德莱：《混合方法论：定性方法和定量方法的结合》，唐海华等译，重庆大学出版社 2010 年版。

［16］［美］伯顿·克拉克著：《探究的场所：现代大学的科学研究和研究生教育》，王承绪译，浙江教育出版社 2001 年版。

［17］［美］伯顿·克拉克著：《研究生教育的科学研究基础》，王承绪译，浙江教育出版社 2001 年版。

［18］［美］戴尔·F. 布卢姆、乔纳森·D. 卡普、尼古拉斯·科恩：《博士之路：自然科学研究生求学指南》，贾建军、贾米娜译，南京大学出版社 2014 年版。

［19］［美］费曼：《发现的乐趣》，张郁乎译，湖南科学技术出版社 2005 年版。

［20］［美］哥德史密斯、孔洛斯、戈尔德：《芝加哥学术生涯规划：从研究生到终身教授》，吴波、叶丽芳、梁辰译，高等教育出版社 2012 年版。

［21］［美］哈里特·朱克曼：《科学界的精英——美国的诺贝尔奖金获得者》，周叶谦、冯世则译，商务印书馆 1982 年版。

［22］［美］克里德·戈尔德，乔治·沃克等：《重塑博士生教育的未来》，刘俭译，上海交通大学出版社 2015 年版。

［23］［美］刘易斯·科塞：《理念人：一项社会学的考察》，郭方等译，中央编译出版社 2004 年版。

［24］［美］罗伯特·金·默顿：《十七世纪英格兰的科学、技术与社会》，范岱年等译，商务印书馆 2000 年版。

［25］［美］罗伯特·卡尼格尔：《师从天才：一个科学王朝的崛起》，江载芬译，上海科技教育出版社 2001 年版。

［26］［美］美国科学、工程与公共政策委员会：《重塑科学家与工程

师的研究生教育》，徐远超、刘惠琴译，科学技术文献出版社 1999 年版。

［27］［美］普赖斯：《小科学，大科学》，宋剑耕、戴振飞译，世界科学出版社 1982 年版。

［28］［美］斯特劳斯、科尔宾：《质性研究概论》，徐宗国译，巨流图书公司 1997 年版。

［29］［美］斯托克斯：《基础科学与技术创新：巴斯德象限》，周春彦、谷春立译，科学出版社 1999 年版。

［30］［美］威廉·克拉克：《象牙塔的变迁：学术卡里斯玛与研究性大学的起源》，徐震宇译，商务印书馆 2013 年版。

［31］［美］谢宇、亚丽珊德拉·A. 齐沃德：《美国科学在衰退吗》，社会科学文献出版社 2017 年版。

［32］［美］约翰·彼得·迪金森：《现代社会的科学与科学研究者》，张绍宗译，农村读物出版社 1988 年版。

［33］［美］约瑟夫·本·戴维：《科学家在社会中的角色》，赵佳苓译，四川人民出版社 1988 年版。

［34］［美］朱丽·汤普森·克莱恩：《跨越边界——知识、学科、学科互涉》，姜智芹译，南京大学出版社 2005 年版。

［35］［苏联］拉契科夫：《科学学：问题·结构·基本原理》，陈益升译，科学出版社 1984 年版。

［36］［匈］伊什特万·豪尔吉陶伊：《通往斯德哥尔摩之路：诺贝尔奖、科学和科学家》，节艳丽译，上海科技教育出版社 2007 年版。

［37］［以色列］尤瓦尔·赫拉利：《人类简史：从动物到上帝》，林俊宏译，中信出版社 2014 年版。

［38］［英］E. M. 菲利普斯：《如何获得博士学位——研究生与导师手册》，余飞译，中国农业出版社 1996 年版。

［39］［英］W. C. 丹皮尔：《科学史及其与哲学和宗教的关系》，李珩译，商务印书馆 2009 年版。

［40］［英］W. 拜纳姆、J. 布朗、R. 波特：《科学史词典》，宋子良等译，湖北科学技术出版社 1988 年版。

[41]［英］贝尔纳：《科学的社会功能》，陈体芳译，商务印书馆1982年版。

[42]［英］贝尔纳：《历史上的科学》，伍况甫译，科学出版社1959年版。

[43]［英］理查德·惠特利：《科学的智力组织和社会组织》，赵万里、陈玉林、薛晓斌译，北京大学出版社2011年版。

[44]［英］迈克尔·博兰尼：《自由的逻辑》，冯银江、李雪茹译，吉林人民出版社2002年版。

[45]［英］迈克尔·吉本斯：《知识生产的新模式：当代社会科学与研究的动力学》，陈洪捷等译，北京大学出版社2011年版。

[46]［英］南希·罗斯韦尔：《谁想成为科学家：选择科学作为职业》，乐爱国译，上海科技教育出版社2006年版。

[47]［英］托尼·比彻、保罗·特罗勒尔：《学术部落及其领地：知识探索与学科文化》，唐跃勤、蒲茂华、陈洪捷译，北京大学出版社2015年版。

[48]［英］约翰·齐曼：《真科学：它是什么，它指什么》，曾国屏译，上海科技教育出版社2002年版。

[49] 金凌志：《理工科博士生创新绩效影响因素研究》，华中科技大学，2011年。

[50] 李永刚：《高校教学与科研结合的人才培养方式构建——以研究型大学为例》，华东师范大学，2014年。

[51] 梁丽：《美国学人留德浪潮及其对美国高等教育的影响（1815～1917）》，河北大学，2015年。

[52] 蔺玉：《博士生科研绩效及其影响因素的实证研究》，中国科学技术大学，2012年。

[53] 肖俊茹：《高层次学术型人才成长经历探索——基于对若干位优秀博士学位论文获得者的个案访谈》，华中师范大学，2008年。

[54] 赵欣：《上海研究型大学博士生学术训练状况研究》，华东师范大学，2015年。

［55］包水梅：《学术型博士生培养目标定位及其素质结构研究》，载《教育科学》2015 年第 2 期。

［56］鲍威、杜嫱、麻嘉玲：《是否以学术为业：博士研究生的学术职业取向及其影响因素》，载《高等教育研究》2017 年第 4 期。

［57］陈其荣：《诺贝尔自然科学奖与跨学科研究》，载《上海大学学报》（社会科学版）2009 年第 5 期。

［58］陈学飞：《传统与创新：法，英，德，美博士生培养模式演变趋势的探讨》，载《清华大学教育研究》2000 年第 4 期。

［59］杜海坤、陈攻：《欧洲大学协会提出高水平博士生教育新标准》，载《世界教育信息》2016 年第 1 期。

［60］巩亮、张万红、程会强等：《研究生科研能力的结构与评估》，载《江苏高教》2015 年第 4 期。

［61］郭建如：《我国高校博士教育扩散、博士质量分布与质量保障：制度主义视角》，载《北京大学教育评论》2009 年第 2 期。

［62］郭丽君、吴庆华：《试析美国博士生教育为学术职业发展准备的社会化活动》，载《学位与研究生教育》2013 年第 7 期。

［63］郭秋梅、刘子建：《美国研究型大学理工科博士研究生的培养特点及质量保障》，载《学位与研究生教育》2013 年第 11 期。

［64］黄海刚、苑大勇：《美国博士生教育质量评估与质量保障体系研究——基于历史和价值转换的视角》，载《外国教育研究》2014 年第 9 期。

［65］贾宝余、刘红：《研究生学术道德和学术规范教育的趋势与途径》，载《学位与研究生教育》2010 年第 5 期。

［66］李艳、马陆亭：《博士生培养质量与导师相关性的实证研究》，载《国家教育行政学院学报》2015 年第 4 期。

［67］刘建树、丁辛、陆嵘等：《行业背景工科博士研究生培养中导师作用的发挥——基于纺织学科获选全国优秀博士学位论文的分析》，载《学位与研究生教育》2011 年第 3 期。

［68］刘军仪：《科学规范的理论辨析——从学院科学到后学院科学时代》，载《比较教育研究》2012 年第 9 期。

[69] 刘莉、青颖：《从1999年~2013年“全国优秀博士论文”看我国人文社会科学博士生培养》，载《清华大学教育研究》2015年第2期。

[70] 刘牧、储祖旺：《新中国培养的两院院士成长因素分析》，载《理工高教研究》2006年第5期。

[71] 刘思达：《职业自主性与国家干预——西方职业社会学研究述评》，载《社会学研究》2006年第1期。

[72] 鲁白：《事业选择：学术界与工业界科学家的区别》，载《科学新闻》2011年第2期。

[73] 罗英姿、刘勇：《培育优越的学术环境提高博士生的创新能力》，载《黑龙江高教研究》2007年第7期。

[74] 马玲：《博士学位论文学术不端行为的实证分析及探索性建议》，载《中国高教研究》2011年第12期。

[75] 孟万金：《研究生科研能力结构要素的调查研究及启示》，载《高等教育研究》2001年第6期。

[76] 彭安臣、沈红：《博士生资助与博士生培养质量——基于12所大学问卷调查数据的实证分析》，载《学位与研究生教育》2012年第7期。

[77] 瞿振元、韩晓燕、韩振海等：《高校如何成为拔尖创新人才培养的基地——从年轻院士当年的高等教育经历谈起》，载《中国高教研究》2008年第2期。

[78] 任婷、秦静：《导师指导与博士生培养质量分析》，载《世界教育信息》2012年第2期。

[79] 沈文钦、赵世奎：《博士质量观及其差异性的实证分析——基于全国所有博士培养单位的调查》，载《教育学术月刊》2010年第1期。

[80] 水超、孙智信：《跨学科组织的历史与科学概念》，载《科技管理研究》2010年第19期。

[81] 孙希：《美国博士研究生培养模式探析及启示》，载《高校教育管理》2007年第2期。

[82] 孙颖、安俐静、怀丽：《博士生学术道德意识建构及学术道德教育的启示》，载《教育科学》2015年第1期。

［83］王东芳：《博士教育中的师生关系：学科文化视角的解读》，载《比较教育研究》2015 年第 6 期。

［84］王东芳：《博士教育中师生科研合作的学科差异》，载《高等教育研究》2014 年第 2 期。

［85］王东芳：《培养学科看护者？——博士教育目标的学科差异》，载《复旦教育论坛》2015 年第 2 期。

［86］吴殿廷、李东方、刘超等：《高级科技人才成长的环境因素分析——以中国两院院士为例》，载《自然辩证法研究》2003 年第 9 期。

［87］谢梦、王顶明：《研究型大学拔尖创新博士生培养激励机制——L 院士课题组案例研究》，载《高等工程教育研究》2016 年第 1 期。

［88］徐飞、卜晓勇：《诺贝尔奖获得者与中国科学家群体比较研究》，载《自然辩证法通讯》2006 年第 2 期。

［89］杨虎：《国内综合性大学延期博士生培养管理问题初探——基于对北京大学等高校博士生延期毕业问题的调查》，载《研究生教育研究》2015 年第 6 期。

［90］易勇、戚巍：《科学家培养拔尖创新人才的年龄结构分析——以 1999 ~ 2010 年全国优秀博士学位论文指导教师为例》，载《中国高教研究》2012 年第 7 期。

［91］尹晓东、高岩：《博士研究生科研创新能力培养主要影响因素的调查分析——以西南大学首届博士研究生国家奖学金获得者为例》，载《西南师范大学学报》（自然科学版）2014 年第 3 期。

［92］袁本涛、延建林：《我国研究生创新能力现状及其影响因素分析——基于三次研究生教育质量调查的结果》，载《北京大学教育评论》2009 年第 2 期。

［93］张国栋：《博士生培养模式各要素与培养质量的关系的实证研究——以上海交通大学为例》，载《研究生教育研究》2011 年第 2 期。

［94］张巧林、孙建军、卞清等：《博士研究生培养质量及其影响因素分析——博士生视角与导师视角的比较》，载《学位与研究生教育》2009 年第 4 期。

［95］张英丽：《我国博士生的学术职业选择与准备》，载《学位与研究生教育》2009 年第 2 期。

［96］赵富强、陈耘、张光磊：《心理资本视角下高校学术氛围对教师科研绩效的影响——基于全国 29 所高校 784 名教师的调查》，载《高等教育研究》2015 年第 4 期。

［97］郑路鸿、陈成文：《研究机会对研究生创新能力培养的影响研究——基于湖南长沙五所高校研究生的实证研究》，载《学位与研究生教育》2008 年第 2 期。

［98］郑觅：《博士生专业社会化理论研究概述》，载《学位与研究生教育》2014 年第 2 期。

［99］朱红、李文利，左祖晶：《我国研究生创新能力的现状及其影响机制》，载《高等教育研究》2011 年第 2 期。

［100］朱清时：《如何培养学生的创新能力》，载《学位与研究生教育》2002 年第 4 期。

［101］Amabile T M, Creativity in Context: Update to the Social Psychology of Creativity. Boulder, Colorado: Westview Press, 1996, pp. 6 – 15.

［102］Chompalov I, Lessons Learned from the Study of Multi – Organizational Collaborations in Science and Implications for the Role of the University in the 21st Century. Berlin: Springer Netherlands, 2014, pp. 170 – 171.

［103］Clark, Burton R. , ed, The Academic Profession: National, Disciplinary, and Institutional Settings. Oakland, California: University of California Press, 1987, pp. 60 – 90.

［104］Dewey J, Interest and effort in education. Boston: Houghton Mifflin, 1913.

［105］Gardner, Susan Kristina, and Pilar Mendoza, eds, On becoming A Scholar: Socialization and Development in Doctoral Education. Stylus, 2010, pp. 79 – 95.

［106］Gratzer, W. , in Watson, J. D. , A Passion for DNA: Genes, Genomes, and Society. Oxford: Oxford University Press, 2000, P. 231.

[107] James B C, Science and Common Sense. New Haven: Yale University Press, 1951, pp. 303 –305.

[108] Mcclellan Ⅲ J E, Science Reorganized: Scientific Societies in the Eighteenth Century. New York: Columbia University press, 1985, P. 180.

[109] McClellan J E, Specialist Control: The Publications Committee of the Académie Royale Des Sciences (Paris), 1700 – 1793. Philadelphia: American Philosophical Society, 2003, pp. 29 –35.

[110] McClelland C E, State, Society, and University in Germany, 1700 –1914. Cambridge: Cambridge University Press, 1980, pp. 141 –151.

[111] Meyer J H F. Threshold Concepts within the Disciplines. Sense Publishers, 2008, P. 10.

[112] National Academy of Sciences, Facilitating Interdisciplinary Research. Washington, D. C.: National Academies Press, 2005, P. 26.

[113] Noble, K, Changing Doctoral Degrees: An International Perspective. Buckingham: Open University Press. 1994, P. 6.

[114] Nyquist J D, Woodford B J, Re-envisioning the PhD: What Concerns to We Have? Seattle: University of Washington, 2000.

[115] Ornstein Martha, The Role of the Scientific Societies in the Seventeenth Century. Chicago: University of Chicago Press, 1938, P. 102.

[116] Phillips E M, Pugh D S, How to Get a PhD: A Handbook for Students and Their Supervisors. Maidenhead: Open University Press, 2005, P. 22.

[117] Simões A, Diogo M P, Gavroglu K, Sciences in the Universities of Europe, Nineteenth and Twentieth Centuries. Berlin: Springer Netherlands, 2015, pp. 216 –217.

[118] Sprat T, The History of the Royal-society of London: for the Improving of Natural Knowledge. Boston: Adamant Media Corporation, 2001, pp. 62 –67.

[119] Thorstein Veblen. The Higher Learning in American. New York: Sagamore Press, 1957, P. 63.

[120] Walker G E, Golde C M, Jones L, et al, The Formation of Scholars: Rethinking Doctoral Education for the Twenty-first century. New Jersey: John Wiley & Sons, 2009.

[121] Frentz K T. Comparison of Graduate Student Socialization in Two Selected Disciplines. Tallahassee: Florida State University, 1992.

[122] Gardner, Kristina S. If it were Easy, Everyone would Have A PhD: Doctoral Student Success: Socialization and Disciplinary Perspectives. Washington: Washington University, 2005, pp. 11 – 12.

[123] Shittu – Abina A. The Research Self-efficacy and Training Environment of PhD Nursing Students. Moraga, California: Saint Mary's College of California, 2015.

[124] Vaccaro N, The Relationship between Research Self-efficacy, Perceptions of the Research Training Environment and Interest in Research in Counselor Education Doctoral Students: An Ex-post-facto, Cross-sectional Correlational Investigation. Orlando: University of Central Florida, 2009.

[125] APEC Director of Studies & Research-and Cédric Etienne – Senior Manager at Deloitte Consulting Public Sector. Skills and Competencies Needed in the Research Field Objectives 2020. 2010. 7.

[126] Barrie S, Hughes C, Smith C. The National Graduate Attributes Report: Integration and Assessment of Graduate Attributes in Curriculum (Research Report). Australian Learning & Teaching Council, 2009, P. 27.

[127] European University Association. Doctoral Programmes for the European Knowledge Society: Report on the EUA Doctoral Programmes Project, 2004 – 2005. European University Association (EUA), 2005, pp. 13 – 15.

[128] European University Association. Salzburg Ⅱ Recommendations – European Universities' Achievements since 2005 in Implementing the Salzburg Principles. Brussels: EUA, 2010.

[129] Florida R, Cohen W. Engine or Infrastructure? The University Role in Economic Development. L. Branscomb, F. Kodama, & R. Florida (Ed.)

Industrializing Knowledge. 1999, pp. 6 – 10.

[130] Hadorn G H, Pohl C, Bammer G. Solving Problems through Transdisciplinary Research. The Oxford Handbook of Interdisciplinarity. Oxford University Press, Oxford, United Kingdom, 2010, pp. 433 – 436.

[131] Polziehn R. Skills Expected from Graduate Students in Search of Employment in Academic and Non-academic Settings, 2011.

[132] Warnow – Blewett J, Weart S R. AIP Study of Multi-institutional Collaborations: Phase 1, High-energy Physics. American Inst. of Physics, New York, NY (United States). Center for History of Physics, 1992.

[133] PEC Director of Studies & Research-and Cédric Etienne – Senior Manager at Deloitte Consulting Public Sector. Skills and Competenceies Needed in the Research Fileld Objectives 2020. 2010. 7.

[134] Calvert J, Martin B R. Changing Conceptions of Basic Research// Brighton, England: Background Document for the Workshop on Policy Relevance and Measurement of Basic Research, Oslo, 2001, P. 2.

[135] Bragg, A. K. The Socialization Process in Higher Education. Washington, DC: The American Association of Higher Education, 1976, P. 3.

[136] Hancock K L, The Role and Nature of the Doctoral Dissertation: A Policy Statement. Council of Graduate Schools, 1991.

[137] Buckley F, Brogan J, Flynn J, et al, Doctoral Competencies and Graduate Research Education: Focus and Fit with the Knowledge Economy? Learning Innovation & Knowledge Research Centre Dublin City University, 2009.

[138] Tierney, W. G., and Rhoads, R. A, Enhancing Promotion, Tenure and Beyond: Faculty Socialization as a Cultural Process. Ashe-eric Higher Education Report No. 6. Washington, DC: The George Washington University, School of Education and Human Development. 1994, pp. 2 – 6.

[139] Abdullah A H, Sentosa I, Human Resource Competency Models: Changing Evolutionary Trends. Interdisciplinary Journal of Research and Busi-

ness, Vol. 11, No. 1, 2012, P. 16.

[140] Anderson B, Cutright M, Anderson S, Academic Involvement in Doctoral Education: Predictive Value of Faculty Mentorship and Intellectual Community on Doctoral Education Outcomes. International Journal of Doctoral Studies, No. 8, 2013, pp. 195 – 201.

[141] Anderson M S, Louis K S, The Graduate Student Experience and Subscription to the Norms of Science. Research in Higher Education, Vol. 35, No. 3, 1994, pp. 273 – 299.

[142] Austin A E, McDaniels M, Preparing the Professoriate of the Future: Graduate Student Socialization for Faculty Roles. Higher Education, 2006, pp. 397 – 456.

[143] Austin A E, Preparing the next Generation of Faculty: Graduate School as Socialization to the Academic Career. The Journal of Higher Education, Vol. 73, No. 1, pp. 94 – 122.

[144] Baker V L, Lattuca L R. Developmental Networks and Learning: Toward an Interdisciplinary Perspective on Identity Development during Doctoral Study. Studies in Higher Education, Vol. 35, No. 7, 2010, pp. 810 – 812.

[145] Baker V L, Pifer M J. The Role of Relationships in the Transition from Doctoral Student to Independent Scholar. Studies in Continuing Education, Vol. 33, No. 1, 2011, pp. 5 – 10.

[146] Bargar R R, Duncan J K. Creative Endeavor in PhD. Research: Principles, Contexts and Conceptions. The Journal of Creative Behavior, Vol. 24, No. 1, 1990, pp. 60 – 61.

[147] Barron F, Harrington D M, Creativity, Intelligence, and Personality. Annual Review of Psychology, Vol. 32, No. 1, 1981, pp. 439 – 476.

[148] Barton R. 'Men of Science': Language, Identity and Professionalization in the Mid-victorian Scientific Community. History of Science, Vol. 41, No. 1, 2003, pp. 100 – 101.

[149] Beaver D B. The Many Faces of Collaboration and Teamwork in Sci-

entific Research: Updated Reflections on Scientific Collaboration. Collnet Journal of Scientometrics and Information Management, Vol. 7, No. 1, 2013, P. 48.

[150] Beaver D D B. Reflections on Scientific Collaboration (and its study): Past, Present, and Future. Scientometrics, Vol. 52, No. 3, 2001, P. 369.

[151] Beaver D, Rosen R. Studies in Scientific Collaboration: Part I. The Professional Origins of Scientific Co-authorship. Scientometrics, Vol. 1, No. 1, 1978, pp. 72 – 73.

[152] Ben – David J. The Profession of Science and its Powers. Minerva, Vol. 10, No. 3, 1972, pp. 369 – 370.

[153] Bess J L, Anticipatory Socialization of Graduate Students. Research in Higher Education, Vol. 8, No. 4, 1978, pp. 289 – 317.

[154] Bock G W, Zmud R W, Kim Y G, et al., Behavioral Intention Formation in Knowledge Sharing: Examining the Roles of Extrinsic Motivators, Social-psychological Forces, and Organizational Climate. MIS Quarterly, 2005, pp. 87 – 111.

[155] Braxton J M, Baird L L. Preparation for Professional Self-regulation. Science and Engineering Ethics, Vol. 7, No. 4, 2001, pp. 599 – 602.

[156] Brewer G A, Douglas J W, Facer R L, et al., Determinants of Graduate Research Productivity in Doctoral Programs of Public Administration. Public Administration Review, 1999, pp. 373 – 382.

[157] Briana Crotwell Timmerman, David Feldon, Michelle Maher, et al., Performance-based Assessment of Graduate Student Research Skills: Timing, Trajectory, and Potential Thresholds. Studies in Higher Education, Vol. 38, No. 5, 2013, P. 694.

[158] Brodin E M, Critical and Creative Thinking Nexus: Learning Experiences of Doctoral Students. Studies in Higher Education, Vol. 41, No. 6, 2016, pp. 971 – 989.

[159] Brown R R, Deletic A, Wong T H. Interdisciplinarity: How to Catalyse Collaboration. Nature, Vol. 525, No. 7569, 2015, pp. 315 – 317.

[160] Bullis C, Bach B W, Socialization Turning Points: An Examination of Change in Organizational Identification. Western Journal of Communication (Includes Communication Reports), Vol. 53, No. 3, 1989, pp. 273 -293.

[161] Bush V. Science: The Endless Frontier. Transactions of the Kansas Academy of Science (1903 -), Vol. 48, No. 3, 1945, pp. 240 -241.

[162] Calvert J. What's Special about Basic Research? Science, Technology, & Human Values, Vol. 31, No. 2, 2006, pp. 201 -205.

[163] Carty J J. The Relation of Pure Science to Industrial Research. Proceedings of the American Institute of Electrical Engineers, Vol. 35, No. 10, 1916, P. 1415.

[164] Chadha D. A Curriculum Model for Transferable Skills Development. Engineering Education, Vol. 1, No. 1, 2006, pp. 19 -24.

[165] Clark R D, Rice G A. Family Constellations and Eminence: The Birth Orders of Nobel Prize Winners. The Journal of Psychology, Vol. 110, No. 2, 1982, pp. 281 -287.

[166] Clark S M, Corcoran M. Perspectives on the Professional Socialization of Women Faculty: A Case of Accumulative Disadvantage? The Journal of Higher Education, Vol. 57, No. 1, 1986, pp. 22 -23.

[167] Clarke G, Lunt I. The Concept of 'Originality' in the PhD: How is it Interpreted by Examiners? Assessment & Evaluation in Higher Education, Vol. 39, No. 7, 2014, P. 807.

[168] Collinson J A, Professionally Trainer Researchers? Expectations of Competence in Social Science Doctoral Research Training, Higher Education Review, Vol. 31, No. 1, 1998, P. 59.

[169] Cyranoski D, Gilbert N, Ledford H, et al., Education: The PhD Factory. Nature News, Vol. 7343, No. 472, 2011, pp. 276 -279.

[170] Delamont S, Atkinson P. Doctoring Uncertainty: Mastering Craft Knowledge. Social Studies of Science, Vol. 31, No. 1, 2001, P. 89.

[171] Delamont S, Parry O, Atkinson P. Critical Mass and Pedagogic

Continuity: Studies in Academic Habitus. British Journal of Sociology of Education, Vol. 18, No. 4, 1997, P. 547.

[172] Denning P J. A New Social Contract for Research. Communications of the ACM, Vol. 40, No. 2, 1997, pp. 132 – 134.

[173] Durette B, Fournier M, Lafon M. The Core Competencies of PhDs. Studies in Higher Education, Vol. 41, No. 8, 2016, pp. 1355 – 1358.

[174] Etzkowitz H, Leydesdorff L. The Dynamics of Innovation: from National Systems and "Mode 2" to a Triple Helix of University-industry-government Relations. Research Policy, Vol. 29, No. 2, 2000, pp. 109 – 123.

[175] Etzkowitz H, Viale R. Polyvalent Knowledge and the Entrepreneurial University: A Third Academic Revolution? Critical Sociology, Vol. 36, No. 4, 2010, pp. 595 – 609.

[176] Etzkowitz H. Individual Investigators and Their Research Groups. Minerva, Vol. 30, No. 1, 1992, P. 28.

[177] Etzkowitz, Henry, and Lois S. Peters, Profiting from Knowledge: Organisational Innovations and the Evolution of Academic Norms. Minerva 29, Vol. 2, 1991, pp. 133 – 166.

[178] Fenge L A, Enhancing the Doctoral Journey: The Role of Group Supervision in Supporting Collaborative Learning and Creativity. Studies in Higher Education, Vol. 37, No. 4, 2012, pp. 401 – 414.

[179] Gardner S K, Barnes B J, Graduate Student Involvement: Socialization for the Professional Role. Journal of College Student Development, Vol. 48, No. 4, 2007, pp. 369 – 387.

[180] Gardner S K. What's too Much and what's too Little? the Process of Becoming an Independent Researcher in Doctoral Education. The Journal of Higher Education, Vol. 79, No. 3, 2008, pp. 327 – 346.

[181] Gilbert * R, Balatti J, Turner P, et al. , The Generic Skills Debate in Research Higher Degrees. Higher Education Research & Development, Vol. 23, No. 3, 2004, pp. 375 – 388.

[182] Gilbert *, Rob, et al., The Generic Skills Debate in Research Higher Degrees. Higher Education Research & Development, Vol. 23, No. 3, 2004, pp. 375 – 388.

[183] Golde C M, Beginning Graduate School: Explaining First-year Doctoral Attrition. New Directions for Higher Education, Vol. 1998, No. 101, 1998, pp. 55 – 64.

[184] Goodchild L F, Miller M M. The American Doctorate and Dissertation: Six Developmental Stages. New Directions for Higher Education, Vol. 1997, No. 99, 1997, pp. 20 – 22.

[185] Greene J C, Caracelli V J, Graham W F. Toward a Conceptual Framework for Mixed-method Evaluation Designs. Educational Evaluation and Policy Analysis, Vol. 11, No. 3, 1989, pp. 255 – 260.

[186] Hahn R. Scientific Research as an Occupation in Eighteenth – Century Paris. Minerva, Vol. 13, No. 4, 1975, P. 502.

[187] Hall J D, O'Connell A B, Cook J G, Predictors of Student Productivity in Biomedical Graduate School Applications. Plos One, Vol. 12, No. 1, 2017, pp. 1 – 14.

[188] Hancock S, Walsh E. Beyond Knowledge and Skills: Rethinking the Development of Professional Identity during the STEM Doctorate. Studies in Higher Education, Vol. 41, No. 1, 2016, pp. 37 – 50.

[189] Heinze T, Shapira P, Rogers J D, et al. Organizational and Institutional Influences on Creativity in Scientific Research. Research Policy, Vol. 38, No. 4, 2009, P. 612.

[190] Hicks D M, Katz J S. Where is Science Going? Science, Technology, & Human Values, Vol. 21, No4, 1996, pp. 383 – 386.

[191] Hinrichs J R, Value Adaptation of New Phd's to Academic and Industratrial Environments—a Comparative Longitudnal Study. Personnel Psychology, Vol. 25, No. 3, 1972, P. 546.

[192] Hoffmann, Terrence, The Meanings of Competency. Journal of Eu-

ropean Industrial Training, Vol. 23, No. 6, pp. 275 -286.

[193] Isaac P D, Quinlan S V, Walker M M, Faculty Perceptions of the Doctoral Dissertation. The Journal of Higher Education, Vol. 63, No. 3, 1992, pp. 241 -268.

[194] Ives G, Rowley G, Supervisor Selection or Allocation and Continuity of Supervision: PhD Students' Progress and Outcomes. Studies in Higher Education, Vol. 30, No. 5, 2005, pp. 535 -555.

[195] Jantsch E. Inter-and Transdisciplinary University: a Systems Approach to Education and Innovation. Policy Sciences, Vol. 1, No. 1, 1970, pp. 410 -411.

[196] Katz J S, Martin B R. What is Research Collaboration? Research Policy, Vol. 26, No. 1, 1997, pp. 9 -10.

[197] Kemp I J, Seagraves L. Transferable Skills—Can Higher Education Deliver? Studies in Higher Education, Vol. 20, No. 3, 1995, P. 327.

[198] Kiley M, Identifying Threshold Concepts and Proposing Strategies to Support Doctoral Candidates. Innovations in Education and Teaching International, Vol. 46, No. 3, pp. 293 -304.

[199] Kline R. Construing "Technology" as "Applied Science": Public Rhetoric of Scientists and Engineers in the United States, 1880 - 1945. Isis, Vol. 86, No. 2, 1995, P. 196.

[200] Kline S J. Innovation is not a Linear Process. Research Management, Vol. 28, No. 4, 1985, pp. 36 -45.

[201] Larivière V, PhD Students' Excellence Scholarships and Their Relationship with Research Productivity, Scientific Impact, and Degree Completion. The Canadian Journal of Higher Education, Vol. 43, No. 2, 2013, P. 27.

[202] Light D. Introduction: The Structure of the Academic Professions. Sociology of Education, Vol. 47, No. 1, 1974, P. 6.

[203] Louis K S, Anderson M S, Rosenberg L, Academic Misconduct

and Values: The Department's Influence. The Review of Higher Education, Vol. 18, No. 4, 1995, pp. 393 – 422.

[204] Louis K S, Holdsworth J M, Anderson M S, et al., Becoming a Scientist: The Effects of Work-group Size and Organizational Climate. The Journal of Higher Education, Vol. 78, No. 3, 2007, pp. 311 – 336.

[205] Lovitts B E. Leaving the Ivory Tower: The Causes and Consequences of Departure from Doctoral Study. Contemporary Sociology, Vol. 32, No. 2, 2001, P. 247.

[206] Lucier P. The Professional and the Scientist in Nineteenth-century America. Isis, Vol. 100, No. 4, 2009, pp. 712 – 728.

[207] Margaret Kiley. Identifying Threshold Concepts and Proposing Strategies to Support Doctoral Candidates. Innovations in Education & Teaching International, Vol. 46, No. 3, 2009, pp. 295 – 296.

[208] Mars M M, Bresonis K, Szelényi K. Science and Engineering Doctoral Student Socialization, Logics, and the National Economic Agenda: Alignment or Disconnect? Minerva, Vol. 52, No. 3, 2014, P. 361.

[209] Mayer K B, Book Review: The Scientist in American Industry: Some Organizational Determin-antsin Manpower Utilization Simon Marcson. American Sociological Review, Vol. 27, No. 2, 1962, P. 275.

[210] McCabe D L, Trevino L K, Academic Dishonesty: Honor Codes and other Contextual Influences. The Journal of Higher Education, Vol. 64, No. 5, pp. 522 – 538.

[211] McCabe D L, Treviño L K, Butterfield K D, Cheating in Academic Institutions: A Decade of Research. Ethics &Behavior, Vol. 11, No. 3, 2001, pp. 219 – 232.

[212] McCabe D L, Trevino L K, Individual and Contextual Influences on Academic Dishonesty: A Multicampus Investigation. Research in Higher Education, Vol. 38, No. 3, 1997, pp. 379 – 396.

[213] McClellan Ⅲ J E, The Académie royale des sciences, 1699 –

1793: A statistical portrait. Isis, Vol. 72, No. 4, 1981, pp. 562 –567.

[214] McLagan, Patricia A, Competencies: The Next Generation. Training & Development, Vol. 51, No. 5, 1997, pp. 40 –48.

[215] Medawar P B. Advice to A Young Scientist. Harper's, No. 259, 1979, P. 84.

[216] Merton R K, Reader G, Kendall P L, The Student – Physician: Introductory Studies in the Sociology of Medical Education. American Journal of Public Health & the Nations Health, Vol. 49, No. 1, 1959, P. 287.

[217] Miller S E, A Conceptual Framework for the Professional Socialization of Social Workers. Journal of Human Behavior in the Social Environment, Vol. 20, No. 7, 2010, pp. 924 –938.

[218] Miss R. H. Syfret, The Origins of the Royal Society. Notes and Records of the Royal Society of London, Vol. 5, No. 2, 1948, pp. 84 –85.

[219] Morrell J B. The Chemist Breeders: the Research Schools of Liebig and Thomas Thomson. Ambix, Vol. 19, No. 1, 1972, pp. 1 –46.

[220] Mowbray S, Halse C. The Purpose of the PhD: Theorising the Skills Acquired by Students. Higher Education Research & Development, Vol. 29, No. 6, 2010, pp. 653 –661.

[221] Mullins G, Kiley M, 'It's a PhD, not a Nobel Prize': How Experienced Examiners Assess Research Theses. Studies in Higher Education, Vol. 27, No. 4, 2002, pp. 369 –386.

[222] Multon K D, Brown S D, Lent R W, Relation of Self-efficacy Beliefs to Academic Outcomes: A Meta-analytic Investigation. Journal of Counseling Psychology, Vol. 38, No. 1, 1991, pp. 30 –38.

[223] Nerad M, The PhD in the US: Criticisms, Facts, and Remedies. Higher Education Policy, Vol. 17, No. 2, 2004, P. 194.

[224] Nyquist J D. The PhD: A Tapestry of Change for the 21st Century. Change the Magazine of Higher Learning, Vol. 34, No. 6, 2010, P. 19.

[225] Overall N C, Deane K L, Peterson E R. Promoting Doctoral

Students' Research Self-efficacy：Combining Academic Guidance with Autonomy Support. Higher Education Research & Development, Vol. 30, No. 6, 2011, P. 794.

[226] Paglis L L, Green S G, Bauer T N, Does Adviser Mentoring Add Value? A Longitudinal Study of Mentoring and Doctoral Student Outcomes. Research in Higher Education, Vol. 47, No. 4, 2006, pp. 451 – 476.

[227] Park C. New variant PhD：The Changing Nature of the Doctorate in the UK. Journal of Higher Education Policy and Management, Vol. 27, No. 2, 2005, P. 190.

[228] Paulovich A, Creativity and Graduate Education. Molecular Biology of the Cell, Vol. 4, No. 6, 1993, P. 565.

[229] Peterson M W, Spencer M G. Understanding Academic Culture and Climate. New Directions for Institutional Research, No. 68, 1990, P. 12.

[230] Phillips J C, Russell R K, Research Self-efficacy, the Research Training Environment, and Research Productivity among Graduate Students in Counseling Psychology. The Counseling Psychologist, Vol. 22, No. 4, 1994, pp. 628 – 641.

[231] Roth W M, Bowen G M. Creative Solutions' and Fibbing Results' Enculturation in Field Ecology. Social Studies of Science, Vol. 31, No. 4, 2001, pp. 534 – 535.

[232] Rusnock A, Correspondence Networks and the Royal Society, 1700 – 1750. British Journal for the History of Science, Vol. 32, No. 2, 1999, pp. 155 – 169.

[233] Ryan R M, Deci E L. Intrinsic and Extrinsic Motivations：Classic Definitions and New Directions. Contemporary Educational Psychology, Vol. 25, No. 1, 2000, pp. 56 – 61.

[234] Seymour L. Chapin, Reviewed Work (s)：Science Reorganized：Scientific Societies in the Eighteenth Century by James E. McClellan, The Journal of Modern History, Vol. 59, No. 4, P. 816.

[235] Shavinina L V. Explaining High Abilities of Nobel Laureates. High Ability Studies, Vol. 15, No. 2, 2004, pp. 243 – 254.

[236] Slaughter S, Beyond Basic Science: Research University Presidents' Narratives of Science Policy. Science, Technology, & Human Values, Vol. 18, No. 3, 1993, P. 290.

[237] Thornton R, Nardi P M. The Dynamics of Role Acquisition. American Journal of Sociology, Vol. 80, No. 4, 1975, P. 870.

[238] Thune T. The Training of "Triple Helix Workers"? Doctoral Students in University-industry-government Collaborations. Minerva, Vol. 48, No. 4, 2010, P. 467.

[239] Trafford, Vernon, and S. Leshem, Doctorateness as A Threshold Concept. Innovations in Education and Teaching International, Vol. 46. No. 3, 2009, pp. 305 – 316.

[240] Turner R S. The Great Transition and the Social Patterns of German Science. Minerva, Vol. 25, No. 1, 1987, P. 72.

[241] Ulrich W, Dash D P. Research Skills for the Future: Summary and Critique of A Comparative Study in Eight Countries. Journal of Research Practice, Vol. 9, No. 1, 2013, pp. 1 – 8.

[242] Weidman J C, Stein E L. Socialization of Doctoral Students to Academic Norms. Research in Higher Education, Vol. 44, No. 6, 2003, P. 645.

[243] Weidman, John C. Twalc, Darla J. Stein, Elizabeth Leahy. Socialization of Graduate and Professional Students in Higher Education, A Perilous Passage? Ashe-eric Higher Education Report, Vol. 28, No. 3, 2001, P. 13.

[244] Whitley Jr B E, Keith – Spiegel P, Academic Integrity as An Institutional Issue. Ethics & Behavior, Vol. 11, No. 3, 2001, pp. 325 – 342.

[245] Willison J, O'Regan K. Commonly Known, Commonly not Known, Totally Unknown: A Framework for Students Becoming Researchers. Higher Education Research & Development, Vol. 26, No. 4, 2007, pp. 398 – 402.

[246] Withers C W J, Finnegan D, Higgitt R. Geography's Other Histories? Geography and Science in the British Association for the Advancement of Science, 1831 – c. 1933. Transactions of the Institute of British Geographers, Vol. 31, No. 4, 2006, pp. 433 – 451.

[247] 边国英：《知识历险与身份转换：社会科学博士生专业社会化过程研究》，万方数据知识服务平台网，2017 年 6 月 15 日。

[248] 教育部：《教育部、国务院学位委员会关于印发《学位与研究生教育发展“十三五”规划》的通知》，中国政府网，2017 年 1 月 17 日。

[249] 清华大学新闻中心国际部：《三代学者联结的三代学术情怀——兴趣、理想和批判性思维》，搜狐网，2017 年 5 月 24 日。

[250] 全国人民代表大会常务委员会：《中华人民共和国学位条例》，中国政府网，2005 年 5 月 25 日。

[251] 埃里克·康奈尔：《埃里克·康奈尔传记》，诺贝尔奖官网，2001 年。

[252] 艾伦·黑格：《艾伦·黑格传记》，诺贝尔奖官网，2000 年。

[253] 安东尼·莱格特：《安东尼·莱格特传记》，诺贝尔奖官网，2003 年。

[254] 彼得·阿格雷：《彼得·阿格雷传记》，诺贝尔奖官网，2003 年。

[255] 布莱恩·克比尔卡：《布莱恩·克比尔卡传记》，诺贝尔奖官网，2012 年。

[256] 大卫·温兰德：《大卫·温兰德传记》，诺贝尔奖官网，2012 年。

[257] 戴维·李：《戴维·李传记》，诺贝尔奖官网，1996 年。

[258] 道格拉斯·迪安·奥谢罗夫：《道格拉斯·迪安·奥谢罗夫传记》，诺贝尔奖官网，1996 年。

[259] 弗兰克·维尔泽克：《弗兰克·维尔泽克传记》，诺贝尔奖官网，2004 年。

[260] 赫拉尔杜斯·霍夫特：《赫拉尔杜斯·霍夫特传记》，诺贝尔奖官网，1999 年。

[261] 杰罗姆·弗里德曼：《杰罗姆·弗里德曼传记》，诺贝尔奖官

网，1990 年。

［262］科昂·塔努吉：《科昂·塔努吉传记》，诺贝尔奖官网，2012 年。

［263］克利福德·G. 沙尔：《克利福德·G. 沙尔传记》，诺贝尔奖官网，1994 年。

［264］库尔特·维特里希：《库尔特·维特里希传记》，诺贝尔奖官网，2002 年。

［265］拉塞尔·艾伦·赫尔斯：《拉塞尔·艾伦·赫尔斯传记》，诺贝尔奖官网，1993 年。

［266］罗伯特·格拉布：《罗伯特·格拉布传记》，诺贝尔奖官网，2005 年。

［267］罗伯特·柯尔：《罗伯特·柯尔传记》，诺贝尔奖官网，1996 年。

［268］罗伯特·劳克林：《罗伯特·劳克林传记》，诺贝尔奖官网，1998 年。

［269］罗伯特·理查德森：《罗伯特·理查德森传记》，诺贝尔奖官网，1996 年。

［270］罗伊·格劳伯：《罗伊·格劳伯传记》，诺贝尔奖官网，2005 年。

［271］马丁·查尔菲：《马丁·查尔菲传记》，诺贝尔奖官网，2008 年。

［272］马丁·佩尔：《马丁·佩尔传记》，诺贝尔奖官网，1995 年。

［273］马丁努斯 J. G. 韦尔特曼：《马丁努斯 J. G. 韦尔特曼传记》，诺贝尔奖官网，1999 年。

［274］马里奥·莫利纳：《马里奥·莫利纳传记》，诺贝尔奖官网，1995 年。

［275］迈克尔·史密斯：《迈克尔·史密斯传记》，诺贝尔奖官网，1993 年。

［276］特奥多尔·亨施：《特奥多尔·亨施传记》，诺贝尔奖官网，2005 年。

［277］威廉·菲利普斯：《威廉·菲利普斯传记》，诺贝尔奖官网，1997 年。

［278］威廉姆·菲利普斯：《威廉姆·菲利普斯传记》，诺贝尔奖官

网，1995 年。

[279] 希尔多尔 · W. 汉斯：《希尔多尔 · W. 汉斯传记》，诺贝尔奖官网，2005 年。

[280] 下村修：《下村修传记》，诺贝尔奖官网，2008 年。

[281] 南部阳一郎：《南部阳一郎传记》，诺贝尔奖官网，2008 年。

[282] 益川敏英：《益川敏英传记》，诺贝尔奖官网，2008 年。

[283] 天野弘：《天野弘传记》，诺贝尔奖官网，2014 年。

[284] 克利福德 · 沙尔：《克利福德 · 沙尔传记》，诺贝尔奖官网，1994 年。

[285] 托马斯 · 施泰茨：《托马斯 · 施泰茨传记》，诺贝尔奖官网，2009 年。

[286] British_Science_Association：About the British_Science_Association, https：//www. britishscienceassociation. org/Pages/Category/about，2017.

[287] D Wernli, F Darbellay：《Interdisciplinarity and the 21st century research-intensive university》，https：//www. leru. org，2016. 11. 20.

[288] Quality Assurance Agency for Higher Education（QAA）：《Doctoral Degree Characteristics Draft for consultation》，www. qaa. ac. uk，2015. 1. 16.

[289] EU Commission：《Report of Mapping Exercise on Doctoral Training in Europe 'Towards a Common Approach'》，https：//ec. europa. eu/，2011. 6. 27.

[290] Graduate Careers Australia：《Postgraduate Research Experience 2015, A report on the perceptions of recent higher degree research graduates》，http：//www. graduatecareers. com，2016. 11. 12.

[291] Viate：《Introducing – the – Vitae – Researcher – Development – Framework – RDF – to – employers – 2011》，https：//www. vitae. ac. uk/，2011.

[292] Irish UniversitiesAssociation：《Irish Universities' PhD Graduate Skills Statement》，http：// www. iua. ie.

[293] Maarten Rikken：《Insights into international research collaboration》，https：//www. researchgate. net，2016. 10. 13.

[294] National Postdoctoral Association:《Core Competencies of a Successful Scientist》, https://www.fredhutch.org , 2017.

[295] National postdoctoral association:《 Rationale for Core Competencies》, http://www. nationalpostdoc.org, 2017.

[296] NSF:《IGERT introduce》, http://www.igert.org , 2016 .

[297] NSF:《Proposal & Award Policies & Procedures Guide (PAPPG)》, https://www.nsf.gov. 2017.

[298] Research Councils UK:《Joint Statement of the Research Councils Skills Training Requirements for Research Students》, https://www.vitae.ac.uk/, 2011. 3.

[299] Council of Graduate Schools:《The Preparing Future Faculty Program》, http://www.preparing-faculty.org/, 2003.

[300] University of St Andrews:《The Royal Society》, http://.st-andrews.ac.uk, 2004. 8.

[301] Willison, J. , & O'Regan, K. :《Research skill development framework》, http://.adelaide.edu.au, 2017, 12. 11.

附　录

一、理科博士生科研素养与能力养成调查问卷简版

亲爱的同学：

您好！感谢您在百忙之中抽出时间来填写问卷，本次调查采用无记名方式，调查结果仅用于学术研究，我们将对您的个人信息绝对保密。下面的题目是对您在学习、科研和工作方面一些基本情况的了解，答案无对错之分，请选出最符合您真实情况的选项，谢谢！

中国研究生院院长联席会

研究生教育年度报告课题组

2017 年 8 月

（一）基本信息（注：本问卷中选择题如无说明，均为单选）

1. 您的性别（　　）。　　A. 男　　B. 女

2. 您的年龄________。（填空）

3. 您的婚姻状况（　　）。

A. 已婚已育　　B. 已婚未育　　C. 未婚且有恋人　　D. 未婚且无恋人

4. 您所就读专业的学科类别为（　　）。

A. 数学　　B. 物理　　C. 化学　　D. 生物

E. 天文学　　F. 地理学　　G. 海洋科学　　H. 其他

5. 您的年级或在读时间（　　）。

A. 博一　　B. 博二　　C. 博三　　D. 博四

E. 五年　　　F. 六年及以上

6. 您的入学方式（　　）。

A. 普通招考　B. 硕博连读　C. 本科直博

7. 您的导师是（　　）。

A. 院士

B. 长江学者、“千人计划”引进人才或“国家杰出青年科学基金”获得者等

C. 普通教授或研究员

D. 普通副教授或副研究员

8. 您的导师指导的博士生数量为________。（填空）

9. 您入学至今共参加过________（填空）项科研项目。

10. 您入学至今共发表 SCI 文章________篇（填空），EI 文章________篇（填空），获得________项专利。（填空）

11. 您入学至今参与过________次学术会议（填空），其中做过________次学术汇报（填空），________次 poster。（填空）

12. 您父亲的职业是（　　），母亲的职业是（　　）。

A. 公务员　　　　　　B. 企业中高级管理人员

C. 科研人员、教师、医生、工程师和律师等

D. 生产、运输与制造业工作者　E. 农林牧渔劳动者

F. 商业人员　　　　　G. 服务人员

H. 个体户　　　　　　I. 其他

（二）科研支持与环境

1. 您所在的学科是否为国家重点学科（　　）。　A. 是　　B. 否

2. 您所在的实验室属于（　　），您所在的课题组（科研团队）有________人。（填空）

A. 国家重点实验室　　B. 省部级重点实验室

C. 学校重点实验室　　D. 普通实验室

3. 您是否从事跨学科研究：A. 是　B. 否（请打钩），您觉得学校在跨学科研究方面提供的支持（　　）。

A. 非常不充分　B. 不充分　　C. 一般　　　　D. 充分
E. 非常充分

4. 在现阶段，对您日常科研指导最多的是（　　）。

A. 导师　　　B. 其他老师　C. 师兄师姐　　D. 同级同学

5. 您在下列事项中平均每天的时间安排大约为（周一到周五）。（请在下方填空）

A. 实验操作________小时　　B. 数据采集、分析________小时
C. 文献阅读________小时　　D. 睡眠时间________小时

6. 请您根据实际情况，对导师与学校提供的科研支持状况进行评价。

序号	题项	非常不符合	不符合	不确定	符合	非常符合
1	导师激发了我的学术志趣	1	2	3	4	5
2	导师在学术上对我的帮助很大	1	2	3	4	5
3	我与导师相处融洽	1	2	3	4	5
4	我经常和同学讨论感兴趣的学术话题	1	2	3	4	5
5	我经常与院系老师进行学术交流	1	2	3	4	5
6	我经常有机会接触本领域内的顶尖学者	1	2	3	4	5
7	与课题组（科研团队）成员的合作让我感到愉快	1	2	3	4	5
8	我所在院系提供了丰富的学术活动（讲座、会议等）	1	2	3	4	5
9	博士期间开设的课程让我收获很大	1	2	3	4	5

（三）请您对自己目前的科研素养与能力进行评价

序号	题项	非常不符合	不符合	不确定	符合	非常符合
1	我对科学研究充满兴趣与热情	1	2	3	4	5
2	我对本专业基础理论知识理解深入	1	2	3	4	5
3	我非常熟悉本学科的前沿知识	1	2	3	4	5
4	我非常熟悉相关学科的知识与方法	1	2	3	4	5

续表

序号	题项	非常不符合	不符合	不确定	符合	非常符合
5	我具备从事科研工作的能力和信心	1	2	3	4	5
6	我希望在学术领域做出有影响力的成就	1	2	3	4	5
7	我非常熟悉知识产权方面的规定	1	2	3	4	5
8	我非常清楚哪些行为属于学术不端	1	2	3	4	5
9	我总是对他人研究（包括论文）提出疑问	1	2	3	4	5
10	我的研究具有原创性	1	2	3	4	5
11	我对研究问题或结果的分析常常得到老师认同	1	2	3	4	5
12	我经常能独立解决研究中出现的问题	1	2	3	4	5
13	我总能提出好的研究问题	1	2	3	4	5
14	我可以熟练操作常用的实验仪器和专业软件	1	2	3	4	5
15	我有很强的数据与信息收集能力	1	2	3	4	5
16	我能非常清楚、专业地向他人讲述自己的研究	1	2	3	4	5
17	我有很强的学术写作能力	1	2	3	4	5
18	我能很好地管理研究课题（项目、团队）	1	2	3	4	5
19	我可以熟练地用英语进行学术交流	1	2	3	4	5
20	我与很多校外的同行研究者建立了密切的联系	1	2	3	4	5

问卷到此结束，感谢您的配合！

二、理科博士生科研素养与能力养成访谈提纲

（一）个人信息

籍贯，过去的教育经历，目前就读年级与研究问题（简要介绍）。

（二）学术职业选择动机

为什么决定学习这个专业、为什么读博、有没有学术职业抱负等；

目标有无发生改变？若改变是在什么时候？为什么？

（三）科研素养与能力的认知及准备

1. 你觉得成为一个优秀科学家或从事原创性科学研究，应该具备什

么样的知识、能力、素质？

2. 你觉得自己在这方面的准备怎么样？问题出在哪里，为什么？

3. 你觉得应该如何培养这些素质？通过什么途径，什么方式最有效？

（四）科研能力与素养养成的影响要素

1. 导师指导的内容、方式、风格及效果如何？对自己的成长起到了什么作用？

2. 其他老师或同学对自己成长的影响是什么？在什么阶段，通过什么方式？

3. 博士期间参加的科研项目是否锻炼了未来研究所需要的能力和素养？

4. 实验室氛围如何，相互竞争还是合作？是否培养了自己的团队合作能力？对自己的科研锻炼或价值观念发挥了什么样的作用？

5. 能否接触到科学前沿研究内容或领域内的顶级科学家？

6. 你对目前的课程教学如何看？有没有帮助自己形成良好的知识结构？对研究的作用？

（五）科研素养与能力养成的发展阶段

1. 在整个博士学习过程中，对你影响或帮助最大的一个人或一件事是什么？

2. 你在研究过程中遇到的最困难的事是什么，发生在什么时候？如何克服的？

3. 回顾自己的博士学习与科研经历，你觉得博士科研过程中经历了哪些阶段？不同阶段的内容与任务是什么？

4. 如果让你重新选择，你觉得在不同阶段，最应该学习哪方面的能力和素养？

5. 回顾自己的博士学习与科研经历，你觉得在哪些方面发生了改变？

6. 对于未来学术职业，你有什么打算？你觉得做好准备了吗？

（六）其他

1. 你还有其他问题或需要补充的吗？

2. 非常感谢你花时间参与我的访谈，如果你有什么问题，请随时联系我。

后　记

通常而言，研究问题或是来源于个体对自身处境的困惑，或是受到所处时代和社会事件的刺激。不过无论是哪一种问题，都要求作者始终保持对自身与外界变动的敏感性，拥有持续的好奇心和思考力。因为将生活与学术相交融，将日常体验、观察与其研究工作相结合，不仅是一种莫大的乐趣，而且是产生和破解研究问题的重要方式。米尔斯描绘的治学之道或许难以成为所有学术人的生活常态，但应该是很多人似曾相识的经历。而本书的问题意识正是来源于本人自身的成长困惑和博士生教育领域的现实困境。

如何从博士生成长为一名独立研究者，既是大多数攻读博士学位者的初衷，又是博士生教育制度设计的主要目标。当前我国正处于经济发展方式转型的关键期，通过创新驱动来提升科技和产业水平、层次已经成为全社会各领域的共识，对于科技创新和知识人才的渴求，迫切需要博士生教育系统培养更多高质量的科学研究者。为此，政府和相关教育部门出台了一系列政策措施和改革方案，譬如提高研究生资助力度、加强学位论文抽检力度、开展博士生招生制度改革、注重博士生分流淘汰机制建设等。但是制度改革是否与博士生个体成长的特征相吻合，外部刺激是否真正有助于激发博士生学习和科研的积极性，这都是有待进一步考察和验证的课题。基于这一宏观背景，并结合自身的求学经历，我将此政策问题转换为微观的基础研究问题，即从博士生个体的视角来审视独立研究者的形成方式与过程，以此来发掘高质量博士生培养的重要阶段、环节与事件，剖析博士生社会化过程中与外部制度的互动机制，进而达到政策反思与优化的目的。

问题一旦确定后，便是漫长的研究过程。如何设计思路、推敲框架、克服难关、完成写作，每一个环节都要如琢如磨、苦思冥想、驻足良久，有些问题甚至贯穿整个过程。科学研究道路上遇到的这些困难对于研究新手们而言，不仅是知识与智慧的挑战，而且是意志、心理和身体上的考验。因此著作的最终完成看似是一个人的战斗，其实背后离不开许多人的支持与鼓励。

在众多需要感谢的人中，首先，是我的导师——闫光才教授。从2011年来到华师大高教所就读硕士和博士，承蒙导师接纳，我跟随导师学习已经七年多，七年多的师徒缘分，在任何一个人的求学生涯中都是弥足珍贵的，我也倍感珍惜。在研究生的学习生涯中，从读书到科研再到为学，是老师让我学会了如何条分缕析地去思考，明白了什么是好的学术研究，懂得了什么是一个好学者应有的品质和状态。在几年的相处当中，从学习到生活再到工作，我渐渐懂得老师是一个表面严厉、内心仁慈，当面批评、背后关心人的导师，老师总是在恰当的时候给予我中肯的意见和指导，对我的学术发展和职业选择帮助很大。在博士论文的研究过程中，闫老师不仅在论文选题上给予了我充分的自由和支持，而且在调查数据的收集上，借助研究生教育年度报告课题调研给我提供了极大的便利，另外，在明确研究思路以及完善文稿上也提出了很多重要的建议。

其次，感谢研究过程中给予我极大支持和帮助的各位老师，戚业国教授、唐玉光教授、荀渊教授、韩映雄教授、熊庆年教授、赵文华教授、李梅副教授、张东海副教授、李海生副研究员、马爱民副研究员和岳英老师等，他们在我论文开题和答辩等环节中提出了非常有启发和价值的建议，如现代科学研究者能力素养的特殊性问题、博士生科研能力的选拔和训练问题，等等，对于本书的完善起到了积极的作用。

衷心感谢刘晶、王海迪、孙艳丽、高芳祎、牛梦虎、徐永、岳英、付梦芸、宋齐明、徐贞、姚琳琳、刘文和闵韡等同门兄弟姐妹，感谢他们在学业和个人发展上给我的建议。另外，也要感谢刘佳、殷玉新、陈琳、钟小林和王道珍等同级博士，特别是与齐明、刘佳和殷玉新经常交流讨论科研过程中的难题，给了我不少思路和建议。在四年的博士生涯中，因为与他们的相识而变得丰富多彩，变得令人难以忘怀。

最后，要感谢学术之路上给予我重要支持的亲友。博士论文研究的几年恰逢也是家中多事之秋，突如其来的变故让我猝不及防，在我最艰难的时候，是女友海英不离不弃，给了我莫大的信心和安慰；在科研过程中，海英时常督促我的进度，并竭尽所能帮助我完成调研；在职业发展与地域选择上，是海英委曲求全，全力支持我的事业。患难相交，让我不胜感激，无以为报。感谢我善良而坚强的父亲、母亲、妹妹和亲人们，为了让我安心完成学业，默默承担了所有的压力和困难。另外，也要感谢何云锋教授一直以来对我的关心和支持，何老师是我科研生涯的启蒙者，与何老师亦师亦友，每次相谈都是长谈、畅谈，是值得我永远感恩的一位老师。感谢上海交大的陈沛博士和华中师大的张文龙，密切的交流也使我们成为了难得的好朋友。感谢接受我访谈的老师和同学们，他们的经历与智慧对我著作中学术社会化模型的构建起到了重要作用。此外，特别感谢经济科学出版社责任编辑张立莉，她工作认真、负责、严谨，为本书增色良多。

学术之路漫长且无涯，选择了学术职业，不管是“赌博”也好、“游戏”也罢，如果所学所研能对浩瀚的知识疆域和伟大的教育事业有所增益，便不负韶华，无怨无悔了。

李永刚

2019 年 3 月 11 日

于天津大学教育学院